浙江省哲学社会科学重点项目"资本'脱实向虚'背景下人工智能推进出口产品质量提升的内在机理及其政策启示"（22NDJC015Z）

浙江省软科学项目"绿色金融有效助力绿色创新的典型事实、内在机理及政策举措研究"（2022C35080）

浙江理工大学人文社科科研繁荣计划项目"市场负向需求冲击影响企业跨国并购的机理和实证"（20096178-Y）

市场负向需求冲击
影响企业跨境并购的机理与实证

徐晓慧　著

ZHEJIANG UNIVERSITY PRESS
浙江大学出版社
·杭州·

图书在版编目（CIP）数据

市场负向需求冲击影响企业跨境并购的机理与实证 /
徐晓慧著. —杭州 ：浙江大学出版社，2022.5
ISBN 978-7-308-22625-7

Ⅰ. ①市… Ⅱ. ①徐… Ⅲ. ①企业兼并－跨国兼并－
研究－中国 Ⅳ. ①F279.247

中国版本图书馆 CIP 数据核字（2022）第 085078 号

市场负向需求冲击影响企业跨境并购的机理与实证
SHICHANG FUXIANG XUQIU CHONGJI YINGXIANG QIYE
KUAJING BINGGOU DE JILI YU SHIZHENG
徐晓慧　著

责任编辑	丁沛岚	
责任校对	陈　翩	
封面设计	项梦怡	
出版发行	浙江大学出版社	
	（杭州市天目山路 148 号　邮政编码 310007）	
	（网址：http://www.zjupress.com）	
排　　版	杭州星云光电图文制作有限公司	
印　　刷	广东虎彩云印刷有限公司绍兴分公司	
开　　本	710mm×1000mm　1/16	
印　　张	11.25	
字　　数	180 千	
版 印 次	2022 年 5 月第 1 版　2022 年 5 月第 1 次印刷	
书　　号	ISBN 978-7-308-22625-7	
定　　价	58.00 元	

前　言

受 2008 年全球金融危机的影响,发达经济体经济增长速度放缓,美国、欧洲乃至全球股市市值大幅缩水,资本市场泡沫受到挤压,大量企业陷入经营困境面临破产。在这种情况下,一方面,发达国家经济体消费者的消费需求受到抑制,直接压缩了对中国商品的进口需求;另一方面,面临破产的企业价值被低估,希望尽快出售资产,导致这些企业变得相对"便宜",这无疑为中国企业"走出去"提供了难得的机遇。2008 年金融危机爆发以来,中国内地企业的跨境并购规模有了前所未有的增长,在境外"抄底"的状况引起了国际社会的广泛关注。基于此,本书以 2008 年全球金融危机下发达经济体消费者的需求大幅缩水为背景,分析市场负向需求冲击对中国企业跨境并购的影响,为今后市场需求波动下的中国企业境外拓展模式选择提供参考依据。

本书以 2008 年全球金融危机下发达经济体消费者的消费需求大幅缩水为背景,将出口与跨境并购纳入统一分析框架,构建单边市场博弈模型与双边贸易寡头博弈模型,从市场负向需求冲击对企业跨境并购决策的影响及其对企业跨境并购绩效的影响这两个维度,实证检验市场负向需求冲击影响中国内地企业跨境并购的内在作用机制。按照该思路,核心内容可以分成以下三个部分。

第一部分是对中国内地企业跨境并购发展及其特征的分析。本书运用大量的数据和经典的跨境并购案例分析中国内地企业跨境并购的发展,并从交易规模、并购参与主体、并购涉及的行业分布及目标企业的区域分布四个方面展现 2008 年全球金融危机前后中国内地企业跨境并购的特征。

第二部分是对市场负向需求冲击影响企业跨境并购的内在作用机理的分析。本书将出口与跨境并购纳入统一框架,构建单边市场博弈模型和双边贸易寡头博弈模型,分析市场负向需求冲击影响企业跨境并购决策及绩效的内在机理。考虑到在中国内地企业跨境并购中国有企业占据主导地位的显著特征及国有企业的政治背景,以"政企关联度"为研究视角,重点解析市场负向需求冲击及政企关联度影响国有企业跨境并购的内在机理。

第三部分是对市场负向需求冲击影响企业跨境并购的实证分析。分别对市场负向需求冲击如何影响企业跨境并购决策及如何影响跨境并购绩效进行了实证检验。在对前者的检验中,构建 Ordered Probit 模型和双变量 Probit 模型进行了计量回归检验;在对后者的检验中,采用事件分析法,利用单因素和双因素市场模型评估企业跨境并购的超额收益,建立计量回归模型检验了跨境并购获得的超额收益与市场负向需求冲击的关系。最后以 2008 年全球金融危机为案例,检验了金融危机对中国企业跨境并购绩效的影响。

本书通过理论分析与实证研究得到以下核心结论:在市场负向需求冲击足够大的情况下,企业会选择跨境并购,企业跨境并购获得正的超额收益。在市场负向需求冲击下,政企关联度越高的国有企业越有可能提出并购要约。

目　录

1 导　论

本章首先对研究的背景、目的及意义进行阐述，然后对研究思路、研究方法及可能的创新点做出说明。

1.1　问题的提出

1.1.1　研究背景

受 2008 年全球金融危机的不利影响，发达经济体经济增速减缓，如欧美国家的资本市场泡沫受到挤压，大批企业因市场价值被低估而面临破产，陷入高失业率和高通货膨胀率的困境。这种情况下，发达经济体消费者消费需求受到抑制，直接压缩了对中国内地企业的在出口需求量。2007 年，中国出口贸易的增长速度出现下滑趋势，同比下降了 1.5 个百分点；2008 年 11 月，中国出口贸易第一次出现负增长，与上年同期相比，下降 2.2 个百分点；2009 年 5 月，跌幅进一步加剧，与上年同期相比，下降了 26.4 个百分点（王小楠，2014）。根据联合国贸易和发展会议（UNCTAD）的数据，2012 年，中国对发达经济体出口贸易的增幅跌至 5.8%，对美国出口贸易占中国出口贸易的比重由第一位退居第二位，所占比重下降 1.9 个百分点。

同时，金融危机带来全球股市市值的大幅缩水，发达经济体和地区的企业市场价值被严重低估，大量企业陷入经营困境，尤其是欧美国家的一些企业变得相对"便宜"，使并购谈判变得相对容易。对中国内地企业而言，此次金融危机是进行跨境并购投资的一次难得机遇。根据 SDC Platinum 全球并购数据库（以下简称 SDC 数据库）的统计，2008 年，中国内地企业跨境并购交易额快速增长，总交易额达到 368.61 亿美元，占亚洲跨境并购总额的

41.3％。2009年,中国内地企业再次掀起跨境并购浪潮,跨境并购交易量同比增长26.7％,披露交易额的并购总额达到160.99亿美元,同比增长了90.1％。2011年,中国内地企业已完成的跨境并购的交易量和并购交易额双双增长,分别增长了93％和112.9％。① 2012年,中国内地企业跨境并购交易额达到579亿美元,创造了历史新高。2014年,中国内地企业跨境并购交易量环比增加40％,总交易额达到550亿美元。

在发达经济体消费者需求大幅下降的背景下,中国内地企业出口增长速度大幅下降,企业跨境并购速度却保持持续上升。为什么金融危机背景下会出现这种情况？是市场负向需求冲击导致的吗？市场负向需求冲击对企业跨境并购又有什么影响呢？本书旨在对以上问题进行探讨,解析金融危机背景下市场负向需求冲击对中国内地企业跨境并购的影响。

1.1.2　研究意义

对中国经济及企业个体发展而言,在当前全球经济结构发生深刻调整的背景下,探究市场负向需求冲击影响中国内地企业跨境并购机理刻不容缓,具有十分重要的理论与现实意义。

1.1.2.1　理论意义

目前,西方学者对企业并购的理论研究已经相对成熟,如企业并购动因的研究、企业并购价值效应的研究等都已经取得丰硕成果。但由于经济发展、社会结构、文化背景等差异,中国内地企业对待和处理并购交易的态度和方式与西方企业存在很大差异。显然,直接套用国外已有的理论模型对中国内地企业并购进行阐述得出的结论富有争议。同时,国内鲜有市场负向需求冲击影响企业跨境并购的相关研究成果,更多的是研究市场负向需求冲击对企业国内并购的影响。本书将其扩展到开放的背景下,加入新兴经济体中国有企业的国有背景这一因素,对理论模型进行扩展,以更好地解析转型经济体企业的现状。研究结论可以有效地解释新兴经济体企业跨境并购的现象。

---

① 中国内地企业跨境并购交易额指有披露交易金额的跨境并购交易额或交易总额。

1.1.2.2　现实意义

关于市场负向需求冲击影响企业跨境并购的机理与实证研究可以为回答以下问题提供启示:2008年全球金融危机后,中国内地企业如何选择境外拓展模式? 金融危机后期,发达经济体经济开始慢慢复苏,意味着消费者需求也将回升,此时中国内地企业又该如何选择境外拓展模式? 在未来发展中,企业如何依据经济波动来选择境外拓展模式? 此外,本书关于政企关联度对企业跨境并购影响的分析,可以为政府制定跨境并购政策提供启示,例如,如何在经济波动背景下促进民营企业跨境并购发展,或企业应该如何依据市场需求波动来选择境外拓展模式,等等。

1.2　研究思路和研究方法

1.2.1　研究思路

整体研究思路如下:基于2008年全球金融危机爆发后,发达经济体消费者需求萎缩、中国出口贸易大幅缩减、中国内地企业向欧美发达经济体发起跨境并购交易量大幅上升的现实背景,尝试通过理论研究和实证检验分析市场负向需求冲击对中国内地企业跨境并购的影响。具体的研究思路如下。

第一,对现有关于企业跨境并购的相关文献进行收集与梳理,找出理论依据及现有研究存在的不足,即本书研究的突破口。同时,收集、整理和分析相关数据和资料,对中国内地企业跨境并购现状有一个整体的把握。

第二,考虑中国内地企业跨境并购的现实背景,在已有理论模型基础上进行理论模型改建和拓展,将出口与跨境并购纳入统一框架,建立单边市场博弈模型和双边贸易寡头博弈模型进行内在机理解析。以"政企关联度"为研究视角,着重分析市场负向需求冲击影响国有企业的内在机理,同时考察政企关联度对市场负向需求冲击企业跨境并购关系的调节作用。

第三,在现有实证模型的基础上,以中国制造业行业数据以及企业的微观数据分别构建 Ordered Probit 模型和双变量 Probit 模型,对市场负向需求冲击影响企业跨境并购决策的内在机制进行实证检验。

第四,采用事件研究法评估企业跨境并购绩效,以跨境并购超额收益为被解释变量,以市场负向需求冲击为解释变量,建立多元计量回归模型进行实证检验。以 2008 年全球金融危机为例,阐述金融危机带来的市场负向需求冲击加剧对中国内地企业跨境并购绩效的影响。

第五,依据核心结论,从企业和政府角度给出具有实践意义的、富有针对性的政策建议,并指出本书研究中存在的不足及未来进一步研究的可行方向。

本书的具体研究思路如图 1.1 所示。

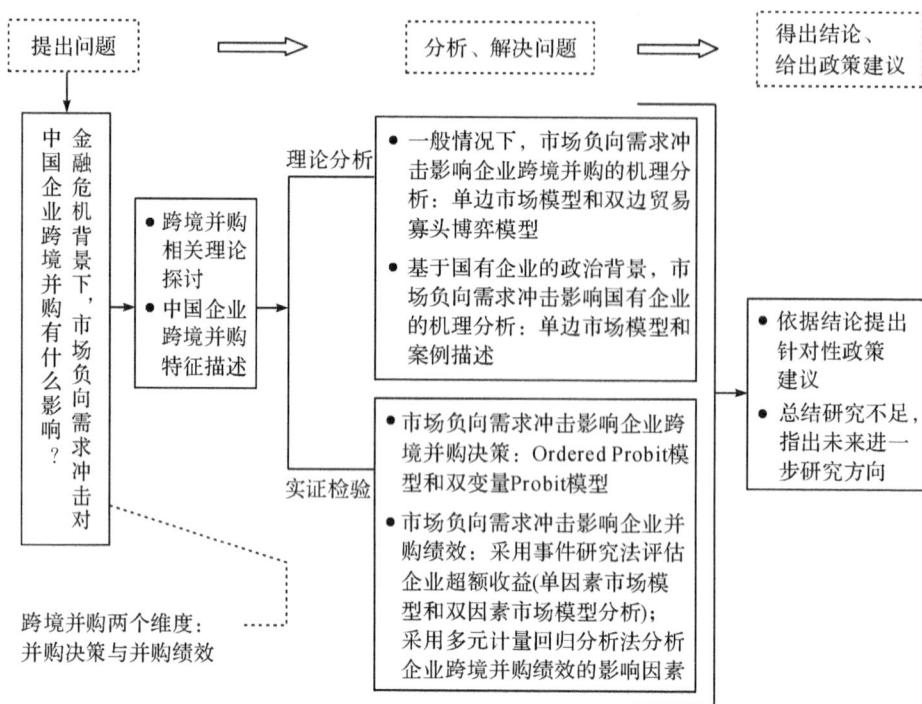

图 1.1　本书研究思路

1.2.2　研究方法

根据本书研究思路,主要采取以下研究方法。

在中国内地企业跨境并购的发展及其特征分析中,主要通过历年跨境并购的数据收集和统计分析,以及大量经典案例的列举来论证金融危机前后中国内地企业跨境并购的发展及其特征变化。

　　理论分析中,将出口与跨境并购纳入统一框架,通过构建单边市场二阶段博弈模型和双边贸易二阶段博弈模型,分析市场负向需求冲击对企业跨境并购决策和企业并购绩效的作用机理,以解释 2008 年全球金融危机爆发后中国内地企业跨境并购规模出现前所未有的扩大现象。

　　在市场负向需求冲击影响中国内地企业跨境并购的实证研究中,分别检验市场负向需求冲击对企业跨境并购决策的影响以及对企业跨境并购绩效的影响。在前者的实证研究中,以中国制造业的细分行业①数据和制造业企业数据为样本,采用 Ordered Probit 模型和双变量 Probit 模型进行计量回归。在市场负向需求冲击影响企业跨境并购绩效的实证研究中,主要采用事件研究法分别构建单因素市场模型和双因素市场模型测算跨境并购超额收益,再采用多元计量回归分析法探讨企业跨境并购绩效的影响因素。

1.3　研究对象和研究框架

1.3.1　研究对象

　　本书研究的是发达经济体消费者需求下降如何影响中国内地企业的境外拓展模式选择(出口或跨境并购),即市场负向需求冲击对中国内地企业跨境并购的影响。

1.3.2　研究框架

　　本书主要包括 7 个部分,每个部分的主要内容如下。

　　第 1 部分,导论。本部分主要给出本书要探讨的问题及其研究意义、研究方法、研究框架。

　　第 2 部分,文献综述。本部分主要梳理与本书相关的理论和实证研究文献。理论研究文献主要分成两个部分:一是关于并购动因理论及企业并购价值效应研究的成果综述;二是关于市场负向需求冲击与企业并购关系

---

　　①　指 ISIC-4 位码为 1511—3720 的行业。

的研究综述。总结现有并购研究的主要结论,为后面的理论建模和实证检验提供理论支持。

第3部分,中国内地企业跨境并购发展及其特征。以2008年全球金融危机为界,将中国内地企业跨境并购分成两个阶段,通过对并购数据的收集和梳理进行统计描述分析,通过展示大量的经典案例来展现中国内地企业跨境并购的主要特征。

第4部分,市场负向需求冲击影响企业跨境并购的内在机理。分别构建单边市场二阶段博弈模型和双边贸易寡头二阶段博弈模型进行解析。以"政企关联度"为视角,探讨市场负向需求冲击影响国有企业跨境并购的内在作用机制,探讨政企关联度与国有企业"走出去"所需市场负向需求冲击程度的关系。

第5部分,市场负向需求冲击影响企业跨境并购决策的实证检验。基于中国制造业细分行业2003—2011年的数据和中国制造业企业2003—2014年的数据,分别采用Ordered Probit模型和双变量Probit模型进行计量回归检验。

第6部分,市场负向需求冲击影响中国内地企业跨境并购绩效的实证检验。首先,采用事件分析法,利用单因素和双因素市场模型评估企业跨境并购的超额收益,设定多元计量回归模型进行实证检验。最后,以2008年金融危机为案例分析金融危机带来的市场负向需求冲击如何影响中国内地企业跨境并购绩效。

第7部分,结论与建议。给出本书的研究结论,依据本书第3至第6部分的研究结论给出具有针对性的政策建议,如在金融危机后期,中国内地企业是否继续选择以跨境并购方式进行境外拓展;企业是否应加强与政府的关联度。最后指出本书的不足之处及未来研究的可行方向。

本书的基本框架见图1.2。

导论

问题提出　　研究思路、方法　　研究对象、框架　　重难点、创新点

文献综述

并购动因
理论研究　　并购价值
效应研究　　市场负向需求冲击与
企业并购关系研究

中国企业跨境并购的发展及其特征

金融危机前
跨境并购发展　　金融危机前
跨境并购特征　　金融危机后
跨境并购发展　　金融危机后
跨境并购特征

市场负向需求冲击影响企业跨境并购的内在机理

基础模型：单边市场、
双边贸易寡头博弈模型　　拓展模型：市场负向需求
冲击与国有企业跨境并购　　案例分析：吉利
收购沃尔沃

市场负向需求冲击影响企业跨境并购决策的实证检验

实证检验　　计量回归结果描述　　实证结果分析

变量
选取、
模型
设定

数据说明、出口与跨境并购数据匹配

描述性分析、相关性分析、差异分析

Ordered Probit模型回归、双变量Probit模型回归

市场负向需求冲击影响企业跨境并购绩效的实证检验

跨境并购绩效评估　　计量回归结果分析　　2008年金融危
机对中国企业
跨境并购绩效
影响的检验

研究
方法：
事件
研究法

金融危机结构断点判断

单因素和双因素市场模型超额收益估算

差异化分析、多元回归计量检验

结论与建议

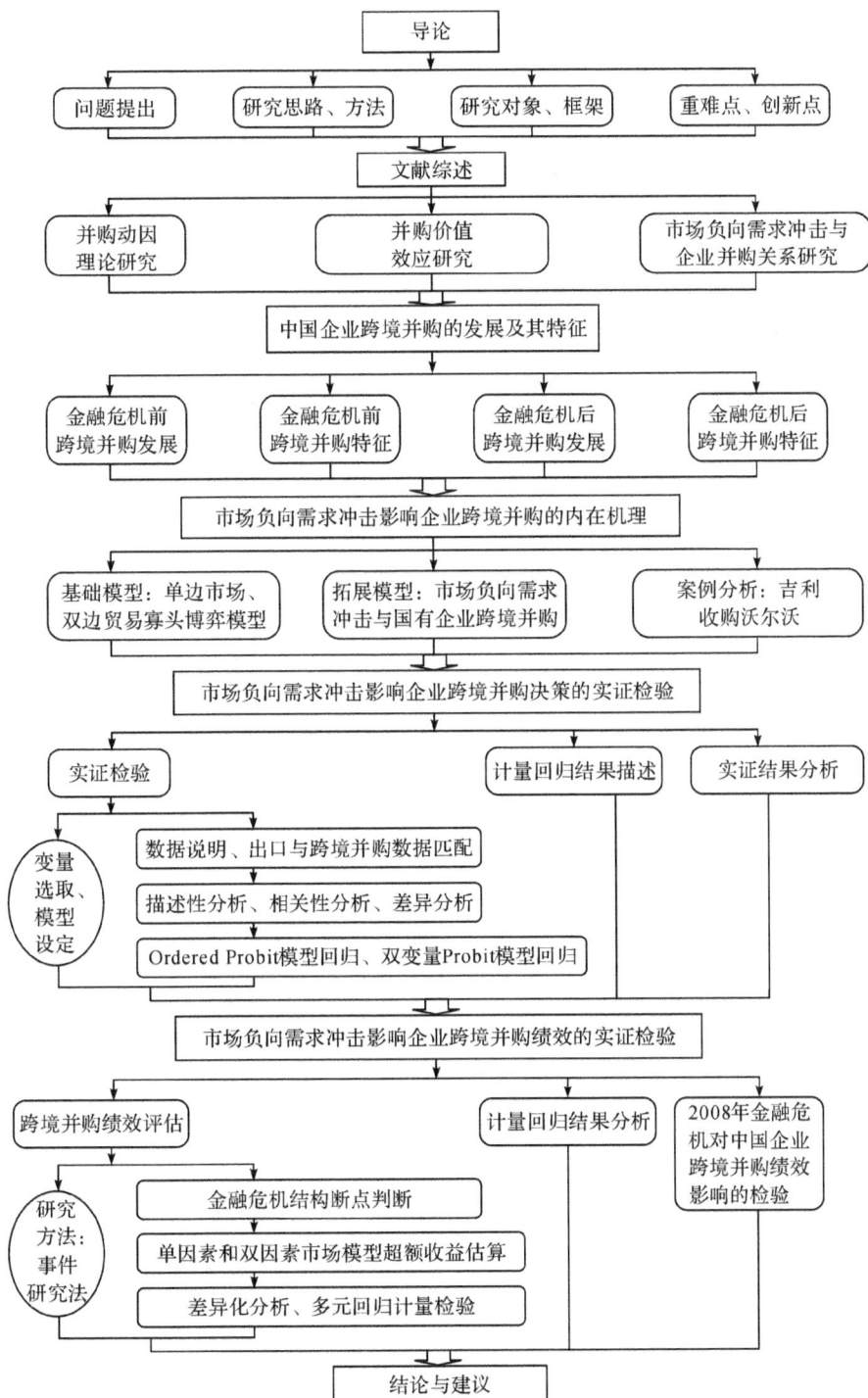

图 1.2　本书研究框架

1.4　可能的创新

本书可能的创新点主要表现在研究方法和结论上,具体如下。

第一,理论研究方法的创新。本书分别从市场负向需求冲击对企业跨境并购决策及并购绩效的影响两个方向进行探讨,将出口与跨境并购纳入统一框架,构造古诺博弈模型探讨市场负向需求冲击对企业跨境并购的影响。在理论模型构建中通过改变企业的目标函数,加入企业"政企关联度"变量,通过控制企业成本权重体现国有企业的"政企关联度",探讨在市场负向需求冲击下,政企关联度和市场负向需求冲击如何相互作用从而影响中国国有企业跨境并购模式的选择。

第二,样本数据选取的创新。中国内地企业的跨境并购交易样本来自汤姆逊 SDC Platinum 全球并购数据库。制造业的行业出口数据来自联合国商品贸易统计数据库(UN Comtrade)。获得行业出口数据的方法如下:首先,按照国际贸易标准分类 3(ISTC-3 位码)查找整理 ISTC-5 位码产品的年出口值;其次,将 ISTC-5 位码产品按 ISIC-4 位码进行行业归类,得到2003—2011 年 ISIC-4 位码为 1511—3720 的制造业细分行业的出口数据。制造业企业的出口数据来自万得(Wind)数据库,将企业主营业务收入按地区分类,如果收入标注中有"出口""贸易""出口境外"等字样的,则表示该年企业有出口交易。在中国制造业企业出口数据与跨境并购数据的匹配上,依据国民经济行业分类——字母加两位数据码与 ISIC-4 位码进行转换匹配。

第三,实证研究中计量方法的创新。本书主要就市场负向需求冲击对企业跨境并购决策及并购绩效的影响做了实证检验。在前者的分析中,以中国制造业细分行业与制造业企业数据为样本,采用 Ordered Probit 模型和双变量 Probit 模型进行计量回归分析;在后者的分析中,采用事件分析法,分别构建单因素市场模型和双因素市场模型估计企业跨境并购超额收益,以此排除跨境并购中汇率变化的影响,并设定计量模型进行实证分析。以 2008年金融危机为例,采用 Bai-Perron 多重断点检验判断金融危机初始点,实证检验金融危机带来的市场负向需求冲击对中国内地企业跨境并购绩效的影响。

第四,研究结论具有一定的创新性。核心结论显示,在市场负向需求冲击足够大的情况下,企业会选择跨境并购,企业跨境并购获得正的超额收益;在市场负向需求冲击下,政企关联度越高的国有企业越有可能发起跨境并购要约。

2 文献综述

在经济领域,企业并购一直是研究热点,吸引着众多学者从理论角度探索其背后的动因,从实证角度探索其价值效应。基于并购动因理论,关于并购对企业绩效影响因素的探讨表明,除了企业自身属性、并购交易特征外,外部的宏观经济环境亦会影响企业并购的价值(Shleifer et al.,2003),如企业并购与资本市场和经济周期紧密相关(Nelson,1959),经济波动改变企业并购行为(Reid,1968),消费者需要影响企业并购浪潮(Mitchell et al.,1996)等。

按一般到特殊的逻辑,本章结构安排如下:第一部分和第二部分评述经济稳定环境下有关并购动因及其价值效应的研究文献综述;第三部分评述市场负向需求冲击与企业跨境并购关系的研究文献综述;最后对现有研究进行评述。

2.1 并购动因理论分析

企业并购作为一种以公司为主体的战略投资行为,不仅表现为对外直接投资行为,还表现为企业的并购交易行为。基于此,对外直接投资理论和企业并购理论中关于企业投资动因的分析一定程度上都可以用来阐述企业跨境并购的动因。笔者主要从对外直接投资理论及企业并购动因理论两个方向对企业跨境并购的动因理论进行综述。

2.1.1 对外直接投资动因理论分析

Hymer(1960)提出的垄断优势理论开启了学界关于对外直接投资(foreign direct investment,FDI)动因理论的研究。以垄断优势理论为基础,

Aliber(1970)、Caves(1982)、Kinckerbocker(1973)等从不同视角对其进行了扩展。如 Aliber(1970)认为,国与国之间的利率和汇率差异是带来企业对外直接投资的动因;Xing 等(2006)发现,汇率是影响日本企业对外直接投资的重要因素;Caves(1970)认为,企业间的产品异质性、技术水平差异是引起企业对外直接投资的因素。此外,Knickerbocker(1973)从市场结构的寡占特征角度,Vernon(1966)从产品生产周期视角,Kojima(1978)从资源禀赋差异产生比较优势视角出发,分别对垄断优势理论进行了补充和发展。

Buckley 等(1976)提出的内部化理论被认为是对外直接投资理论研究的另一大主流理论,Hennart、Rugman 和 Goswami 分别从不同视角对其进行了扩展。如 Hennart(1977)以威廉姆森(Williamson)的交易成本理论为基点,研究了知识产品双方的信息不对称问题,提出了"有限理性"内部化理论。Rugman(1997)指出技术的专有属性造成了技术市场的不完全性,技术市场的不完全性又导致了技术转移的"内部化"。Goswami(2013)认为上下游企业间的技术转移成本决定企业的对外直接投资行为。

Dunning(1976)提出的国际生产折中理论被认为是传统对外直接投资理论研究的第三大主流理论,沿着此条线路发展出了市场学派理论(Comanor,1967;Kravis,1982;Nachum et al.,2005)、制度学派理论(Agodo,1998;鲁明泓,1999;Belderbos,2003;Luo et al.,2007;Lu et al.,2011;宗芳宇等,2012;Choi et al.,2016)和集聚理论(Venables,1996;Henisz et al.,2004;Gross et al.,2005;余珮等,2011;Burger et al.,2015)。Lien 等(2015)指出,企业所有权结构对新兴经济体企业对外直接投资的区位选择有重要的影响。

20 世纪 80 年代末 90 年代中,转型经济体企业对外直接投资规模快速扩大,掀起了关于转型经济体对外直接投资的研究热潮。对此比较有代表性的研究成果有小规模技术理论(Wells,1977;Shapiro et al.,2003)、技术创新产业升级理论(Cantwell et al.,1990;Ogawa et al.,1996;Blomstrom et al.,2000)及技术地方化理论(Lall,1983)。如 Branstetter(2006)证实日本企业对美国的对外直接投资促进了日本企业的技术进步。

关于对外直接投资动因的文献梳理结果表明,企业对外直接投资的动因是多元化的,可能是为了获得垄断优势,也可能是为了将市场竞争内部化,或是为了获得某种特定的优势。对转型经济体企业而言,其动机主要是实现技术升级,当然还有基于市场、资源、战略资产寻求等动因的对外直接投资行为(Cai,1999;Deng,2004;Chen et al.,2010;Kolstad et al.,2012)。

2.1.2 企业并购动因理论分析

企业并购的根本目的是提高企业价值,但企业并购交易特征的不同,导致企业并购实现价值提升的作用渠道不同,所以当企业以不同方式进行并购交易时,并购影响企业价值的作用渠道是不同的,为此,经济学者从不同视角对企业并购的动因进行了探讨。如协同效应理论认为企业并购的主要目标在于获得管理协同、经营协同和财务协同等协同效应(Jensen et al.,1983;Stulz,2004;Dong et al.,2006),以及提高市场份额(Shahrur,2005;Guler et al.,2007)。Jensen 等(1976)、Fama 等(1983)从委托—代理角度,认为企业并购主要是为了解决委托—代理问题,并购可以降低代理成本。Jensen(1986)认为企业自由现金流分派冲突引起的代理成本问题是引发企业并购的主要动因。所以,实现上下游企业的信息共享、降低交易成本是企业进行垂直并购的主要动因(Stigler,1950;Williamson,1970;Hughes et al.,2001;Kedia et al.,2011),如科斯(Coase,1990)指出企业采取纵向并购的方式,使部分生产经营活动在企业内部完成,可以降低交易成本。Arrow(1975)指出上游产品供给的不确定和下游企业对未来需求信息的不确定对纵向并购有激励作用。显然,混合并购的动因在于实现多元化经营,以分散经营风险(Addlman,1961;Schreiner,1969)。

国内关于企业并购动因理论的研究中,郑海航等(1999)认为中国内地企业的并购动因带有明显的中国特色,是体制因素下价值转移与再分配的结果(张新,2003),是经济、政治和投机动机相混合的产物(张月化,2000),其动因主要包括获取资源、扩张市场、获得政策优惠、合理避税(魏江,2002),以及追求规模经济、实现多元经营及获得直接的经济利益(蔡宁等,2002)。

关于企业并购动因的文献梳理结果表明,不同企业的并购动因存在差异,不同并购动因下企业并购的交易特征存在差异。同时企业所在地区的市场环境不同,亦会影响企业并购的动因,如中国内地企业并购的动因就带有明显的中国特色。

2.2　并购价值效应分析

2.2.1　并购绩效评估方法

2.2.1.1　事件研究法

自 Eckbo(1983)和 Stillman(1983)将事件分析法引入企业并购影响绩效的研究后,事件分析法被广泛应用于企业并购研究,并取得了一定的成果。Eckbo(1983)和 Stillman(1983)利用美国发生的大规模并购案例来研究企业横向并购是否会改变市场结构、影响市场竞争,结果发现在横向并购中并购方和行业内竞争对手企业都获得了正的超额收益,支持合谋理论。

同时,学者选取不同样本,基于不同事件窗口对企业股东价值进行评估,发现企业并购对企业股东价值的影响具有不确定性(Andrade et al.,2001;Moeller et al.,2005)。如 Conn 等(2005)、Francis 等(2008)、Francis 等(2008)、Karels 等(2011)、Rani 等(2015)发现企业并购可以获得正的超额收益,其中,Francis 等(2008)对 20 世纪 90 年代末至 21 世纪初的英国跨国并购交易进行了分析,发现跨国并购获得的平均超额收益为正。相反,Gregory 等(2005)、Moeller 等(2005)、Wooster 等(2006)、Aybar 等(2009)认为并购对企业绩效没有显著的影响,还有学者发现跨国并购会带来负的超额收益,导致企业绩效下降(Healy et al.,1992;Sirower,1977;Mitchell et al.,2000)。

2.2.1.2　基于会计指标的差异检验分析法

采用财务会计指标检验并购对企业绩效的影响时,学者们通常会选用多项财务指标,从多个角度考察并购对企业绩效的影响(Akben-Selcuk et al.,2011)。由于指标选取的不同或研究对象的差异,基于会计指标分析法研究企业并购对企业绩效的影响也没有得到一致的结论。如 Altunbas 等(2008)、Knapp 等(2006)采用财务指标法评估了企业绩效,发现并购后企业相关财务指标数据有所提高,企业并购有益于企业绩效提升。而 Mandelker 等(1972)、Herman 等(1988)、Ghosh(2001)、DeLong 等(2007)认为并购对企业绩效没有显著的影响,甚至会降低企业绩效(Hogarty,1978;Neely et al.,1987;Ravenscraft et al.,1987;Yeh et al.,2002)。

2.2.2 并购绩效影响因素

针对完全相反的结论,学者们开始考察影响企业并购绩效的因素(Fan et al.,2002)。基于企业并购动因理论的结论,关于企业并购绩效影响因素的研究,主要针对并购双方自身属性、并购特征及其他相关因素的影响。

2.2.2.1 企业自身属性

企业自身属性的影响主要指企业规模、资本结构及管制结构等微观因素的影响。如 Gorton 等(2009)指出并购方的规模会影响并购后的企业绩效。Moeller 等(2004)发现小规模企业并购获得正超额收益,大规模企业并购获得负超额收益,因为大规模企业在并购实施过程中更容易受管理者自大效应的影响。Bertrand 等(2012)支持了 Moeller 等的观点,认为企业并购绩效与企业规模负相关。Jensen 等(1976)指出企业资本结构反映了企业的管理能力,即约束着企业经理人的行为,降低了代理人风险,企业应该利用负债来降低代理成本。高负债率迫使经理人进行有效的投资。Gao(2011)研究发现企业负债率与企业并购绩效存在正相关性。Du 等(2015)认为企业自由现金流与企业跨国并购绩效负相关。Bushman 等(2007)认为企业的 Tobin's Q 值暗含了企业的投资机会,依据 Roll(1986)的过度自信假说,绩效好的企业反而更容易导致并购失败,降低企业价值。

2.2.2.2 并购交易特征

依据并购的效率理论,并购类型对企业并购绩效的影响成为企业并购研究的基本问题(Hitt et al.,2001),Kaplan 等(1992)认为并购双方的行业相似程度与并购方并购后的绩效正相关,并购方和目标企业的资产相似性和互补性直接影响对目标企业的选择,且通过协同作用影响企业竞争力和企业绩效(Kaplan et al.,1992;Maksimovic et al.,2008)。Kim 等(2009)从资产互补性角度证实了行业相关性与并购方并购绩效存在正相关性。Rumelt(1974;1982),Montgomery(1979),Bettis(1981),Corhay 等(2000),Luo(2002)采用事件分析法,计算累积超额收益,发现同行业并购获得的超额收益大于跨行业并购。然而,也有部分学者研究发现并购双方的行业相似程度与并购方绩效呈负相关,即非相关的并购获得的绩效收益大于相关的并购(Seth,1990;Matsusaka,1993;Aybar et al. ,2009),或者不存在线性关系(Ahuja et al. ,2001)。Chatterjee(1986)依据并购双方的行业关系,将企业并购分成同行业并购与跨行业并购,通过计算和比较累积超额收益发现跨行业并购可以获得更多的超额收益。Wansley 等(1983)将并购分成横向并购、纵向并购和混合并购,通过计算和比较超额收益发现混合并购获得的超额收益最大。

除并购类型外,基于并购动因理论中的信息与信号理论、委托—代理理论等,学者们考察了并购支付方式对企业并购绩效的影响。比较成熟的研究视角是基于资本结构理论,分别以企业激励、经营者行为、信号传递及控制权结构作为切入点,考察支付方式对企业并购绩效的影响。Hansen(1987)以不对称信息理论为基础,指出不同的并购支付方式揭示了并购方企业的未来投资机会和现金流现状,对企业并购绩效有影响,如现金支付表明收购方对收购的盈利性具有私有信息。Dennis 等(1995)指出现金收购会改变公司现有的管理结构,阻碍和干扰企业并购后的整合。Faccio 等(2005)支持采用现金支付进行跨国并购,因为国外目标企业投资者在投资组合决策上带有"国内偏好",他们认为收购国外股权的风险更大,因为对国外企业信息了解有限。

除此,学者还考虑了其他并购特征的影响。如 Dodd 等(1977)、Dodd(1980)、Asquith(1983)比较了已完成的并购与未完成的并购的绩效差异,发现只有已完成的并购获得了正超额收益。Dodd(1980)基于日股票收益发现成功的并购带来正超额收益,失败的并购带来负超额收益。John 等(1995)、Rau 等(1998)、Desai 等(1999)比较了不同并购类型的企业绩效差异,发现采用资产剥离方式的并购获得的企业绩效收益高于股权出售型并购的企业绩效收益。

2.2.2.3 其他相关因素

此外,学者们考察了其他相关因素的影响。Hennart 等(1997)、Ahern 等(2015)、Bottazzi 等(2016)指出东道国与母国的文化差异对企业跨国并购绩效有显著的影响,如法律规制差异(Malatesta et al. ,1993;Feito-Ruiz et al. ,2011)。尤其在对中国内地企业跨境并购绩效影响因素的探讨中,制度、企业与政府的关联程度、政府干预等因素的影响也是不可忽视的(顾露露等,2011;李秀娥等,2013)。关于企业与政府关联度对中国内地企业并购绩效的影响,学者们得出了两个相反的结论:Li 等(2006)、Pan 等(2008)、Shao 等(2012)认为企业与政府的关联性有助于提升企业并购绩效,而且对国有企业绩效的提升作用大于民营企业;Chen 等(2010)支持企业与政府关联程度越低,企业并购获得的绩效收益越大的观点。

还有部分学者考虑了股票价格(Nelson,1959;Shleifer et al. ,2003;Baker et al. ,2012)、并购方所在地区经济发展水平(Rahim et al. ,2013)、产品税率(Rahim et al. ,2013)、汇率(Harris et al. ,1991;Kish et al. ,1993;Georgopoulos,2008)及经济自由度(Moeller et al. ,2005)等因素对企业并购绩效的影响。

2.3　市场负向需求冲击与企业并购关系的研究

企业并购交易与经济发展水平息息相关,并购交易通常在经济繁荣时发展,在经济衰退时缩减(Maksimovic et al. ,2001)。Lambrecht(2004)认为企业并购的协同效应是产品市场需求的增函数,企业的并购收益也是产品市场的增函数,所以经济繁荣时,企业会更有动机发生并购。与此相反的观点认为,消费者需求降低带来了企业并购浪潮,如 Mitchell 等(1996)指出,市场负向需求冲击可以带来一些不能获利企业的倒闭,但是同时会迫使同行业内的企业进行合并来抵御其带来的压力。Mitchell 等(1996)认为市场负向需求冲击促使企业并购发生。Dutz(1989)的研究结果表明,钢铁行业的市场需求降低是该行业发生大规模并购的主要原因。行业内一家企业的并购交易会影响行业内其他企业的并购行为。以石油行业为例,在 20 世纪90 年代后期,由于需求下降和产量过剩,油价暴跌,导致石油行业内的龙头企业开始寻求大规模的合并。1998 年 8 月,英国石油公司和 Amoco 公司两家公司开创了石油行业的并购先河,几个月后,埃克森和美孚进行了美国史上最大的合并,并购交易额达到 880 亿美元,随后的几个星期,法国的道达尔公司和比利时的 Petrofina SA 加入并购热潮。Qiu 等(2007)对并购浪潮发生与市场负向需求冲击的直接关联性进行了论证,得出了市场负向需求冲击是企业并购浪潮发生的必要条件的结论。这一结论为本书的研究奠定了理论基础,但是他们的研究局限于境内并购,没有考虑到企业境外拓展模式选择与市场负向需求冲击的关系。在 Qiu 等(2007)研究的基础上,Li 等

(2013)从市场负向需求冲击角度探讨了金融危机对中国内地企业垂直并购美国企业的影响,认为在负向需求冲击下,对国外技术密集型上游产业进行跨国垂直并购是中国低端企业的最优选择。

2.4 评 述

2.4.1 研究现状

企业跨境并购是经济领域的研究热点,一直吸引着众多学者探索并购的动因及并购的价值效应。本书关于企业并购相关研究成果的综述,遵循从一般到特殊的研究方法,以经济环境为大背景,首先介绍经济稳定背景下关于企业并购动因与价值效应的研究,接着阐述经济波动背景下关于市场负向需求冲击与企业并购关系的研究结论。

总体而言,关于企业并购动因的理论研究目前国内外尚未形成系统的理论框架。关于市场负向需求冲击对企业并购动因影响的研究至今也没有得到统一的研究结论。国内外学者基于企业并购动因理论,考察了企业并购绩效的影响因素,分别从微观视角和宏观视角进行分析,考察了企业自身属性、并购特征及外部经济环境等因素的影响。从现有文献成果看,企业并购绩效是众多因素相互作用的结果,不是由单一因素影响决定的。

虽然市场负向需求冲击对企业并购影响的研究取得了一些成果,但缺乏针对市场负向需求背景下,新兴经济体对发达经济体跨境并购大幅增长现象的解释,更没有实证检验两者之间关系的研究,尤其是关于市场负向需求冲击影响企业并购绩效的研究。

2.4.2 现有研究不足

通过对企业并购相关研究成果的梳理,发现现有研究存在以下不足。

第一,从研究内容看,首先,尽管企业并购动因理论已经相对成熟,但关于市场负向需求冲击如何影响企业并购动因还没有形成系统的研究,尤其缺乏全球经济背景下关于发达经济体消费者需求减少如何影响新兴经济体企业对其的跨境并购投资行为的研究。其次,鲜有关于2008年全球金融危机下市场负向需求冲击如何影响新兴经济体企业跨境并购问题的探讨,唯一相关的研究是以发达经济体为研究对象,检验金融危机前后跨境并购绩效的差异;即使有关于市场负向需求冲击对企业跨境并购关系的研究,也没有关于市场负向需求冲击对新兴经济体企业跨境并购发达经济体企业影响的理论探讨。

第二,从研究方法看,首先,运用博弈分析方法分析中国内地企业"走出去"的战略选择,特别是涉及市场负向需求冲击影响企业跨境并购的理论探讨较为欠缺。其次,现有关于中国内地企业跨境并购战略影响因素的探讨,仅对某个特定的模式进行分析,如出口,或跨境并购,没有将可能的模式放在同一个框架下进行探讨和比较,进而检验市场负向需求冲击对境外投资决策的影响,如跨境并购决策的影响。

3 中国内地企业跨境并购的发展及其特征

本章关于中国内地企业跨境并购的现状分析如下:在 2008 年全球金融危机爆发及中国内地企业跨境并购交易规模骤变的大前提下,将中国内地企业跨境并购分成金融危机前和金融危机后两个阶段,通过收集和梳理跨境并购交易相关数据并对其进行统计描述,分析金融危机前后中国内地企业的发展,列举大量的典型案例,从企业并购交易规模、并购参与主体、目标企业区域分布及并购涉及的行业分布四个方面展现金融危机前后中国内地企业跨境并购的特征表现。

3.1 金融危机前中国内地企业跨境并购的发展及其特征

3.1.1 金融危机前中国内地企业跨境并购的发展

20 世纪 80 年代初期,中国内地企业跨境并购还处于萌芽期,仅有个别中国内地企业实现了跨境并购投资。加入世界贸易组织(WTO)之前,在全球跨境并购的浪潮中,中国内地企业基本是置身事外的,其跨境并购量不及全球跨境并购总量的 1%。加入 WTO 之后,中国内地企业跨境并购开始全面发展,尤其是 2004 年之后,不仅跨境并购的交易量上升,交易规模也开始扩大。依据中国内地企业跨境并购的交易量和交易额,金融危机前的中国内地企业跨境并购可以分成三个阶段(杨春桃,2014)。

3.1.1.1 萌芽期(20 世纪 80 年代至 1996 年)

1984 年初,中国银行与华润联合收购香港康力,拉开了中国内地企业跨境并购的序幕。随后几年出现了零星的企业跨境并购案例:1988 年 10 月,五金矿产集团以 2.1 亿美元收购了新西兰钢铁有限公司;1992 年,首钢集团收购了秘鲁铁矿 100％的股权；1993 年 5 月，中国投资公司投资 1.04 亿美元并购了香港 Great Eagle Hldg-London Plaza 公司，并于 1996 年以 1.81 亿美元收购了香港亚洲卫星通信。[①]

该阶段中国内地企业跨境并购的主要特征是零星且小规模。据 SDC 数据库统计，这一阶段中国内地企业已完成的跨境并购交易量仅有 96 起，其中交易量最多的一年（1993 年）也才 25 起，单个并购交易规模普遍偏小，交易金额最大的仅为 1.81 亿美元。目标企业所在地区主要集中在我国香港地区及欧美等发达经济体，其中目标企业在中国香港的 46 起，在美国的 17 起，共占总交易量的 66％。并购方主要是大型国有企业。

3.1.1.2 起步阶段（1997—2001 年）

1997 年，中国内地企业跨境并购总交易量达到 56 起，首次突破 50 起，其中有 3 起的交易额超过 1 亿美元，最大的是 Rodamco Pacific（Rodamco）公司以 1.06 亿美元收购新加坡 SSL（Tower E）Pte（Keppel Land）公司。虽然跨境并购交易量的绝对值增加了，但是相对于全球跨境并购总量来看，中国内地企业依然处于全球跨境并购浪潮之外。据 UNCTAD 1992—2001 年《世界投资报告》的相关数据，10 年间，中国内地企业每年的跨境并购交易额占同期全球跨境并购交易额的比例不到 1％，1999—2001 年，中国内地企业跨境并购交易额占全球总额的比值分别仅为 0.01％、0.04％和 0.08％。

这一阶段，中国内地企业跨境并购交易量虽然开始增加，但是单个交易规模依然很小，交易额低于百万美元的有 15 起，并购交易额最大的一起也仅有 3.61 亿美元。目标企业所在地区有所增加，如日本、新加坡，但我国香港地区和美国仍占主导地位，其中目标企业在中国香港的并购交易量占比高达 57％。并购参与主体开始出现大型民营企业，如 TCL、万向等。

3.1.1.3 全面发展阶段（2002—2007 年）

2002—2003 年，当全球跨境并购交易量呈下降趋势时，中国内地企业并购活动却异常活跃，尤其是跨境并购交易规模不断扩大。据《2015 世界投资报告》统计，2003 年，中国内地企业跨境并购交易额由 2002 年的 13.81 亿美

---

① 本书的并购案例都来自 SDC 数据库，下文不再另注。

元增加到 15.76 亿美元。① 2006 年,中国内地企业发起 118 起跨境并购投资,实现交易额 122.09 亿美元,占对外直接投资总额的 54.7%。

据笔者不完全统计,仅 2004 年下半年以来,中国内地企业就发起了多起较大规模的跨境并购。如,2004 年 9 月,上海汽车工业总公司以总价 5 亿美元购买了韩国 Ssangyong 公司 8.9% 的股份;11 月,盛大集团以总价 91.7 亿美元收购了韩国 Actoz 公司 28.96% 的股权等。2007 年,中国内地企业跨境并购的交易规模越来越大,目标企业涉及的地区呈现多元化发展。仅中国投资公司就发起了 8 起跨境并购交易要约,其中最大的两起并购交易额分别达到 27.72 亿美元和 26.03 亿美元。

这一阶段,中国内地企业跨境并购呈现出快速增长的态势,大型跨境并购(交易额超过 10 亿美元)开始出现,大型民营企业的跨境并购浪潮持续升温。

3.1.2 金融危机前中国内地企业跨境并购的特征

从跨境并购交易规模、并购方企业性质、目标企业所在地区、并购涉及的行业四个方面看,金融危机前中国内地企业跨境并购主要呈现以下特点。

1. 单个并购规模小

从单个跨境并购案的交易额看,金融危机前不同阶段的中国内地企业跨境并购都存在并购规模较小的特点,仅有个别案例达到了大型跨境并购规模。从 SDC 数据库披露交易金额的跨境并购案例来看,2003 年中国内地企业跨境并购交易中没有一起并购的交易额超过 10 亿美元(见表 3.1)。2005 年中国内地企业发起的大型跨境并购仅有 3 起,其中中国海油以 184.72 亿美元收购美国 Unocal Corp 成为史上最大的跨境并购交易。剩余 48 起披露交易额的跨境并购的交易总额仅为 12.81 亿美元,仅占该年全球所有跨境并购交易总额的 5.06%,其中还有 6 起的并购交易额小于 100 万美元,最少的仅为 4.8 万美元。2007 年,中国内地企业跨境并购中有 10 起超过 10 亿美元,交易额最大的为 56.17 亿美元(见表 3.2),有 131 起交易额小于 10 亿美元,该类并购交易的总额为 76.83 亿美元,其中最小的仅为 3.3

---

① 数据详见附表 1。

万美元,此类并购中最大的交易额为 7.7 亿美元。[①]

表 3.1 2003 年中国内地企业十大跨境并购事件

排名	并购方		目标企业		目标企业所在地区	并购金额/百万美元
	公司	行业	公司	行业		
1	中国海洋石油公司	石油和天然气,炼油	NCOC BV	石油和天然气,炼油	哈萨克斯坦	615
2	中国石油化工集团	石油和天然气,炼油	NCOC BV	石油和天然气,炼油	哈萨克斯坦	614.99
3	京东方科技集团股份有限公司	电子电气产品,电子电气设备	TPV Tech Ltd	计算机和办公设备	中国香港	134.713
4	华能国际电力	电力服务	OzGen	电力服务	澳大利亚	227
5	中国石油天然气集团公司	石油和天然气,炼油	N Buzachi Oil-field	石油和天然气,炼油	哈萨克斯坦	200
6	中国投资公司	投资	Amerada Hess Indonesia Hldg	石油和天然气,炼油	印度尼西亚	164
7	中国中化集团公司	批发贸易商品	Ecuador Block 16	石油和天然气,炼油	厄瓜多尔	100
8	恒安国际集团有限公司	造纸及纸制品业	United Wealth Intl(Hldg) Ltd	投资	中国香港	53.37
9	中国石化胜利油田	石油和天然气,炼油	Pirsaat Onshore Oil Field	石油和天然气,炼油	阿塞拜疆	44
10	比亚迪公司	运输设备	Xian Chen Chuan Auto LLC	零售贸易	中国香港	24.132

注:资料来自 SDC 数据库,余表同。

表 3.2 2007 年中国内地企业十大跨境并购事件

排名	并购方		目标企业		目标企业所在地区	并购金额/百万美元
	公司	行业	公司	行业		
1	中国工商银行	商业银行,银行控股公司	Standard Bank Group Ltd	商业银行,银行控股公司	南非	5616.671
2	中国国家开发银行	商业银行,银行控股公司	Barclays PLC	商业银行,银行控股公司	英国	5593.739
3	中国投资集团	投资	Morgan Stanley	投资	美国	5000.000
4	中国投资集团	投资	Blackstone Group LP	投资	美国	3000.000

---

① 2004—2006 年各年中国内地企业十大跨境并购事件详见附表 3 至附表 5。

续表

排名	并购方		目标企业		目标企业所在地区	并购金额/百万美元
	公司	行业	公司	行业		
5	中国国家开发银行	商业银行,银行控股公司	Barclays PLC	商业银行,银行控股公司	英国	2980.074
6	中国投资集团	投资	Nufarm Ltd	化学产品	澳大利亚	2772.677
7	平安保险(集团)有限公司	保险业	Fortis SA/NV	商业银行,银行控股公司	比利时	2671.982
8	中国投资集团	投资	OAO Mangistau-MunaiGaz	石油和天然气,炼油	哈萨克斯坦	2603.897
9	中钢集团	批发贸易商品	Midwest Corp Ltd	采矿业	澳大利亚	1376.884
10	中信证券股份有限公司	投资	Bear Stearns Cos Inc	投资	美国	1000.000

2.并购参与主体单一

从并购参与主体来看,在金融危机前的各个阶段,中国内地企业跨境并购的主要特征有二:第一,并购参与主体比较单一,主要集中在大型国有企业(如中海油、中石油、工商银行等)和大型民营企业(如 TCL、海尔、联想等);第二,从跨境并购涉及的主要行业看,每个行业的并购方都是零星的个别大型企业,如石油和天然气行业的跨境并购主体主要是中海油、中石油和中石化等大型国有企业。2002—2007 年,目标企业属于石油和天然气行业的跨境并购投资共有 66 起,交易量排在前三位的中石油、中石化和中海油的交易量分别为 20 起、16 起、12 起,三大企业总交易量占比高达 72.73%。如 2002 年,中海油共发起了 5 次跨境并购要约。2005 年,中石油投资 41.41 亿美元收购了英国 Petro kazakhstan Inc 100% 的股权。2006 年,中石化以 35.01 亿美元成功收购俄罗斯的 OAO Udmurtneft。在矿产行业,主要是金川集团和紫金矿业,2005—2007 年,金川集团成功完成 5 起跨境并购交易,累计并购交易额 0.85 亿美元。在银行领域,主要是中国工商银行,仅 2007 年就完成了 4 起跨境并购交易。在技术密集型的电子电气设备制造业中,具有代表性的是 TCL 集团和海尔集团。海尔集团 2002 年 10 月成功收购日本三洋 Electric-HH 冰箱部门,2007 年 3 月,投资 180 万美元收购泰国三洋通用电器公司。2004 年 9 月,TCL 集团投资 5500 万欧元合并了阿尔卡特的手机业务。在 IT 行业，主要是联想和华为。2005 年 5 月，联想收购了 IBM 全球 PC 业务。华为在 2004 年和 2006 年先后成功收购了中国香港的 Sunday 通信有限公司及尼日利亚的 Intercellular 有限公司。

3. 并购产业分布集中

从跨境并购的行业分布看，在金融危机前的各个阶段，中国内地企业跨境并购分布比较集中。大型并购交易的统计显示，中国大型资源类国有企业（如中海油、中石油等）频繁出击，无论是并购交易量还是交易规模，都表现得非常突出。2003—2007 年，中国石油公司、中国中华集团、中国海洋石油公司等大型国有企业共发起了 55 起跨境并购要约，披露交易额的跨境并购总交易额高达 340.88 亿美元，占跨境并购交易总额的 39.67%。表 3.3 报告了 1994—2007 年中国内地企业已完成跨境并购交易中并购方的行业分布情况，可以看出并购方为能源与自然资源行业的平均交易额最大。表 3.4 报告了 1994—2007 年中国内地企业已完成跨境并购交易中目标企业的行业分布情况，排在前三位的分别是金融保险行业、能源与自然资源行业及通信电子和软件外包行业。虽然从交易量看金融保险行业排在第一位，但从平均交易额看能源与自然资源行业排在第一位。在 2002 年已完成的跨境并购交易中，能源与自然资源类行业的跨境并购交易总额占比高达 71.43%。目标企业属于金融保险行业及通信电子和软件外包行业的跨境并购交易量分别排名第一和第三。1994—2007 年，并购方来自金融保险行业的跨境并购交易量为 235 起，其中 36 起为银行机构发起的跨境并购，总交易额达到 149.66 亿美元。2003—2007 年，目标企业属于金融行业的跨境并购共发生 146 起，披露交易金额的跨境并购总额达到 306.66 亿美元，占 35.69%。2007 年，金融行业的跨境并购交易额占比达到 72.64%，而能源与自然资源行业所占比例仅为 21.17%。从 2003—2007 年各年度的全国十大跨境并购案例看，中国内地企业的跨境并购目标对象主要集中在石油和天然气等能源行业，金融保险以及家电、通信等技术密集型行业，而劳动密集型制造业，如纺织服装业没有出现大型跨境并购。

表 3.3　1994—2007 年中国内地企业已完成的跨境并购行业分布（目标企业）

排名	目标企业所在行业	事件数/起	披露交易额的事件数/起	交易额/百万美元	平均交易额/百万美元
1	金融保险	142	94	24899.62	264.89
2	能源与自然资源	121	79	24828.68	314.29
3	通信电子和软件外包	107	57	2449.97	42.98
4	制造业	91	57	2042.30	35.83
5	服务业	62	29	1347.43	46.46
6	批发零售贸易	38	18	639.73	35.54
7	医药化工	24	11	55.71	5.06
8	公共设施	22	14	482.72	34.48
9	交通运输	22	17	1575.60	92.68
10	房地产	17	11	410.31	37.30
	总计	646	387	58732.07	151.76

注：参考顾露露等（2010）的研究共分成 10 个大的行业，每个行业中的产品依据 SIC-4 位码分类，详见附表 6。每个行业的企业跨境并购交易量和交易额的数据来自 SDC 数据库。表 3.4 同注。

表 3.4　1994—2007 年中国内地企业已完成的跨境并购行业分布（并购方）

排名	并购方所在行业	事件数/起	披露交易额的事件数/起	交易额/百万美元	平均交易额/百万美元
1	金融保险	235	159	32196.35	202.49
2	通信电子和软件外包	98	47	2131.54	45.35
3	能源与自然资源	96	55	17560.72	319.29
4	制造业	69	39	1704.79	43.71
5	服务业	45	22	514.50	23.39
6	批发零售贸易	31	16	1897.65	118.60
7	房地产	31	24	661.33	27.56
8	医药化工	18	9	598.71	66.52
9	公共设施	12	8	321.39	40.17
10	交通运输	11	8	1145.08	143.14
	总计	646	387	58732.06	151.76

4.目标企业所在地区分布集中

从并购目的地区域分布看，在金融危机的各个阶段，中国内地企业跨境并购的目的地分布比较集中。附表 8 给出了 1994—2007 年中国内地企业跨境并购中目标企业的区域分布情况。1994 年，中国内地企业共对 12 个地区发起了跨境并购投资,总并购交易量达到 25 起,其中对中国香港地区的交易数量达到 12 起,交易额占总跨境并购交易额的 33.74%;对美国的 3 起并购总交易额占总交易额的 24.51%。2002 年,中国内地企业共对 16 个地区实现 74 起跨境并购交易,主要集中在中国香港地区和美国、新加坡、印度尼西亚、德国,投资额约占总跨境并购交易额的 52.55%,交易总量占总交易量的 75.67%。随后几年,中国内地企业跨境并购目标企业涉及的地区虽然有数量上的微小扩展,但是对中国香港地区和美国的投资依旧占主导地位,目标企业的区域分布格局并没有发生实质性的变化。2006 年,中国内地企业共对 28 个地区实现 127 起跨境并购交易,其中在中国香港地区和美国、澳大利亚的交易总量占总交易量的 58.26%。

3.2　金融危机后中国内地企业跨境并购的发展及其特征

3.2.1　金融危机后中国内地企业跨境并购的发展

2008 年全球金融危机爆发后,中国内地企业跨境并购浪潮一浪推进一浪。2009 年,中国内地企业共完成 161 起跨境并购交易,披露交易额的 106 起跨境并购的总额达到 216.74 亿美元。2010 年中国内地企业共发起 294 起跨境并购的交易要约,披露并购交易额的 163 起跨境并购交易的总额达到 410.25 亿美元,同比 2009 年增长了 89.28%。2012 年中国内地企业共完成 163 起跨境并购,披露交易额的总并购额仅有 223.76 亿美元,比 2010 年下降了 83.3%。2014 年中国内地企业发起 306 起跨境并购交易,完成并购交易 151 起,披露交易额的 82 起跨境并购交易的总额达到 228.1 亿美元。[①]

据笔者不完全统计,仅 2008 年一年,中国内地企业就发动了多起大型跨境并购交易。如新汶矿业集团投资 12.23 亿美元合并了 Linc Energy 公司。2008 年 11 月,中信集团以 15 亿美元收购了 CITIC Pacific Ltd 39.85% 的股权,将总股份比例提高到 70.46%。2010 年 8 月,吉利汽车投资 18 亿美元收购了沃尔沃全部股权。2010 年 10 月,中石化以 71.09 亿美元成功入股巴西油田。

---

① 原始数据来自 SDC 数据库,书中数据依据原始数据计算得到。

3.2.2　金融危机后中国内地企业跨境并购的特征

从单个交易规模、并购参与主体、目标企业所在地区与并购的行业分布来看,金融危机后中国内地企业跨境并购的主要特征如下。

1. 单个交易规模扩大

2008 年全球金融危机爆发后,不仅跨境并购交易总量快速增长,大型跨境并购交易量也与日俱增。仅 2008 年一年,中国内地企业就有 6 起大型跨境并购交易,总交易额达到 126.69 亿美元。2009 年,中国内地企业大型跨境并购的总交易额同比增长了近 148.9%,达到 315.39 亿美元。据 SDC 数据库统计,2010 年,中国内地企业共实现 16 起大型跨境并购交易,交易额最大的一起单笔并购金额达到 71.11 亿美元,比 2004 年的总交易额还多73%。2014 年,中国内地企业大型跨境并购的累计交易额达到 218.82 亿美元,占该年总并购交易额的 86.4%。比较有代表性的案例有:联想收购摩托罗拉手机业务、IBMX86 服务器业务;东风汽车公司收购法国标致雪铁龙集团 14.1% 的股权;国家电网公司以 26.3 亿美元收购意大利存贷款能源公司35% 的股权,是当年本领域金额最大的并购事件。

表 3.5　2008 年中国内地企业十大跨境并购事件

排名	并购方		目标企业		目标企业所在地区	并购金额/百万美元
	公司	行业	公司	行业		
1	平安保险(集团)	保险	Fortis Invest Mgmt SA/NV	投资	比利时	3362.002
2	招商银行	商业银行,银行	Wing Lung Bank Ltd	商业银行,银行	中国香港	2473.585
3	招商银行	商业银行,银行	Wing Lung Bank Ltd	商业银行,银行	中国香港	2081.667
4	中国石化集团	石油和天然气,炼油	Tanganyika Oil Co Ltd	石油和天然气	加拿大	2028.484
5	中国中信集团	投资	CITIC Pacific Ltd	投资	中国香港	1500.137
6	新汶矿业集团	采矿业	Linc Energy Ltd-Emerald Teresa	采矿业	澳大利亚	1223.55

排名	并购方		目标企业		目标企业所在地区	并购金额/百万美元
	公司	行业	公司	行业		
7	中国中信集团	投资	CITIC Intl Finl Hldg Ltd	商业银行,银行	中国香港	854.620
8	投资集团	投资	CIFA SpA	机器设备	意大利	739.187
9	中国石化集团国际石油勘探开发公司	投资	AED Oil-Expl Permits(3)	石油和天然气,炼油	澳大利亚	555.960
10	中石化	石油和天然气,炼油	SOCO Yemen Pty Ltd	石油和天然气,炼油	澳大利亚	465.000

表 3.6　2014 年中国内地企业十大跨境并购事件

排名	并购方		目标企业		目标企业所在地区	并购金额/百万美元
	公司	行业	公司	行业		
1	投资集团	投资	Noble Agri Ltd	贸易品零售	中国香港	4000.000
2	国家社会保险基金	投资	CITIC Pacific Ltd	金属及金属制品	中国香港	2167.266
3	安邦保险集团	保险	Waldorf Astoria New York, NY	酒店娱乐	美国	1950.000
4	上海锦江国际酒店	酒店娱乐	Groupe du Louvre SASU	酒店娱乐	法国	1768.868
5	投资集团	投资	OmniVision Technologies Inc	电子电气设备	美国	1711.768
6	蓝星新化学材料	化学产品	Bluestar Adisseo Nutrition Grp	健康服务部门	中国香港	1648.603
7	弘毅投资(北京)公司	投资	PizzaExpress Ltd	饮食场所零售业	英国	1540.980
8	复星国际有限公司	投资	Caixa-Insurance Businesses	保险	葡萄牙	1412.053
9	投资集团	投资	10 Upper Bank Street	房地产;抵押贷款银行家和经纪	英国	1352.295
10	韩华新能源有限公司	电子电气设备	Hanwha Q CELLS Invest Co Ltd	电子电气设备	德国	1201.781

2.并购参与主体趋于多元化

金融危机后,中国内地企业跨境并购的并购参与主体逐步呈现多元化趋势,不仅大型民营企业跨境并购交易量增加,中小型企业也开始投入跨境并购行列中。根据 SDC 数据库数据,从 2008 年初到 2009 年 7 月底,中国民营企业完成的跨境并购总交易量占全国跨境并购总交易量的 46%,达到 33 起。如 2008 年 1 月,宁波雅戈尔投资 1.2 亿美元收购美国新马集团;2009 年,宁波永发集团以 190 万欧元收购了法国欧洲保险箱品牌下的全部销售网络。民营企业参与跨境并购的比例一路保持上升趋势。2012 年前三季度,民营企业完成的跨境并购交易量首次超过国有企业,占总交易量的比例高达 62.2%。2012 年全年,民营企业跨境并购的交易额累计达到 255 亿美元,相比 2010 年的 94 亿美元,提升了 171%。此外,并购交易总量与国有企业持平,说明越来越多的民营企业正投身到大型跨境并购的浪潮中。普华永道数据显示,2014 年前三季度,民营企业跨境并购的交易金额同比增长超过 120%,民营企业跨境并购交易数量达 120 起。从参与跨境并购的民营企业的规模分布看,既有像吉利、TCL、海尔等这样的大型民营企业,也有大量中小型民营企业。例如,2008 年,宁波永奥成功收购越南 Furnitech Components 家具公司 16.51% 的股权;2011 年,嵊州盛泰色织科技有限公司对香港新马服装集团发起并购要约;2014 年 2 月,深圳玛丝菲尔时装股份有限公司投资 3500 万欧元成功收购意大利 Krizia SpA 公司。

3. 目标企业地区分布趋向多元化

金融危机后,中国内地企业跨境并购中目标企业的地区分布越来越广,欧美市场成了中国内地企业进行跨境并购的首选地。依据 SDC 数据库统计,2008 年中国内地企业共对 37 个地区实现跨境并购投资,涉及 212 家境外企业,累计交易金额达到 212.35 亿美元。2009 年,中国内地企业共对 42 个地区的 249 家企业实现跨境并购投资,累计交易额达到 476.04 亿美元。2012 年,中国内地企业共对 46 个地区实现跨境并购投资,累计交易额达到 377.92 亿美元,其中对中国香港地区和澳大利亚、美国、加拿大、德国、英国这 6 个地区的投资总额累计达到 288.44 亿美元。2014 年,中国内地企业跨境并购项目共分布在 50 个地区,从并购交易额来看,排在前十的地区依次是:秘鲁、美国、中国香港地区、澳大利亚、加拿大、意大利、开曼群岛、德国、法国和荷兰。2014 年,以欧洲和北美为并购目的地的跨境并购交易总量约占全国跨境并购交易总量的 60%,而针对东亚等传统并购目的地的交易数量大幅下降。2014 年,中国内地企业跨境并购目标企业地区分布的一个突出新亮点是亚洲等成长性市场的比例增加显著。2014 年前三季度,目标企业位于亚洲其他地区的并购交易量共计 43 宗,仅次于对北美和欧洲的并购投资,同比增长近 180%。

4.并购行业趋于多元化

参考顾露露等(2011),将每个行业中的产品依据 SIC-4 位码进行行业分类,分成 10 个大的行业。据 SDC 数据库统计,2008—2014 年,跨境并购交易中目标企业所在行业排在前三位的分别是能源与自然资源行业、通信电子和软件外包行业及制造业行业。并购方所在行业排名前三的是金融保险行业、通信电子和软件外包行业及能源与自然资源行业。2008 年,跨境并购目标企业涉及采矿、制造业、医药化工等 9 个行业大类,其中劳动密集型行业共有 54 起,累计总额达 23.9 亿美元。2012 年,企业跨境并购涉及行业范围进一步扩大,共涉及 10 个行业大类。2012 年,采矿业跨境并购交易量明显增长,67 起跨境并购交易的累计交易额达到 128.95 亿美元,占所有跨境并购总额的 34.11%;通信电子和软件外包行业的并购量达到 50 起,总交易额达到 22.6 亿美元;制造业行业的并购交易量和交易额双双增长,33 起交易的累计交易额达到 46.17 亿美元,占所有跨境并购总额的 12.22%。2014 年,中国内地企业跨境并购涉及行业范围继续扩大,涉及 17 个行业,尤其是制造业,电力、热力、燃气和水的生产和供应行业,农、林、牧、渔业三个行业的跨境并购交易量增长飞速。其中制造业行业的跨境并购总交易量为 167 起,实现总并购交易额 118.8 亿美元;电力、热力、燃气和水的生产和供应行业的跨境并购交易量达到 18 起,实现并购交易总额 93.1 亿美元(是 2013 年的 26.6 倍);农、林、牧、渔业的跨境并购交易量达到 43 起,并购总额为 35.6 亿美元(是 2013 年的 6 倍)。

表 3.7　2008—2014 年中国内地企业已完成的跨境并购行业分布(目标企业)

排名	目标企业所在行业	事件数/起	披露交易额的事件数/起	交易额/百万美元	平均交易额/百万美元
1	能源与自然资源行业	250	185	87277.07	471.77
2	通信电子和软件外包行业	202	114	10087.60	88.49
3	制造业	171	94	12454.16	132.49
4	金融保险	120	78	16985.78	217.77
5	服务业	102	56	8905.67	159.03
6	批发零售贸易	62	39	9999.07	256.39
7	公共设施	48	26	13322.74	512.41

续表

排名	目标企业所在行业	事件数/起	披露交易额的事件数/起	交易额/百万美元	平均交易额/百万美元
8	医药化工行业	43	30	7347.07	244.90
9	房地产	26	19	2971.30	156.38
10	交通运输	22	14	5780.71	412.91
	总计	1046	655	175131.17	267.38

表 3.8　2008—2014 年中国内地企业已完成的跨境并购行业分布（并购方）

排名	目标企业所在行业	事件数/起	披露交易额的事件数/起	交易额/百万美元	平均交易额/百万美元
1	金融保险	341	229	76046.70	332.08
2	通信电子和软件外包行业	171	96	9416.51	98.09
3	能源与自然资源行业	150	106	50862.87	479.84
4	制造业	143	78	10931.82	140.15
5	服务业	80	47	4445.33	94.58
6	公共设施	46	28	11011.54	393.27
7	批发零售贸易	39	21	1106.23	52.68
8	医药化工行业	38	26	6627.13	254.89
9	房地产	22	16	4184.61	261.54
10	交通运输	16	8	498.43	62.30
	总计	1046	655	175131.17	267.38

3.3　小　结

　　本章分别展示了 2008 年全球金融危机前后中国内地企业跨境并购的发展趋势及其主要特征。金融危机前，中国内地企业的跨境并购经历了萌芽期、起步期和完全发展期三个阶段。从并购交易规模看，三个阶段的主要特征如下：改革开放初期，中国内地企业跨境并购处于萌芽阶段，只有个别企业进行跨境并购投资；加入 WTO 前，中国内地企业跨境并购基本置身于全球跨境并购浪潮之外；加入 WTO 以后，中国内地企业"走出去"的队伍日益壮大，企业跨境并购实现了全面发展。从单个交易规模看，金融危机前中国内地企业跨境并购的共同特征如下:企业单个跨境并购的交易规模仍普遍偏小;参与并购的主体比较集中,主要集中在大型国有企业和个别发展实力较好的民营企业;目标企业的地区分布及并购涉及的行业都比较集中。

2008 年全球金融危机爆发以后,中国内地企业跨境并购规模持续扩大。从单个并购交易规模、并购参与主体的企业性质、并购涉及的行业以及目标企业所在区位分布特征看,金融危机后中国内地企业跨境并购的主要特征如下:并购参与主体日益多元化,中国民营企业开始积极参与跨境并购,大型民营企业不仅跨境并购交易量日益增加,跨境并购交易规模也在不断扩大,还有大量的中小型民营企业也开始加入跨境并购的投资行列中。目标企业地区分布开始多样化,开始涉及非洲、亚洲、拉美等区域的转型经济体。参与并购的行业也日益多元化,如制造业,农、林、牧、渔业,电力、热力、燃气和水的生产和供应行业的跨境并购交易量不断上升,成为中国内地企业跨境并购的新亮点。中国内地企业跨境并购发展道路上,并购参与主体、目标企业地区分布及并购涉及行业的变化,说明中国内地企业跨境并购正在适应全球经济环境的发展而进行自我调整。

4 市场负向需求冲击影响企业跨境并购的内在机理

本章主要比较了 2008 年全球金融危机前后中国内地企业跨境并购的发展特征,主要特征显示:金融危机后中国内地企业跨境并购交易规模有了前所未有的扩大,大型跨境并购频频发生,民营企业跨境并购交易实现飞速发展。那么,2008 年全球金融危机爆发后,中国内地企业跨境并购规模为什么会有如此大的扩展? 金融危机对中国内地企业跨境并购有何影响? 金融危机又是如何影响中国内地企业跨境并购的? 此外,不同所有权结构的企业在跨境并购中的表现有哪些差异?

根据第 3 章金融危机后中国内地企业跨境并购的主要特征,围绕以上几个问题,本章将对市场负向需求冲击如何影响企业跨境并购决策和跨境并购绩效进行机理分析。研究路径如下:首先,通过构建单边市场古诺博弈模型和双边贸易寡头博弈模型,给出市场负向需求冲击影响企业并购决策及企业并购绩效的作用机理。其次,以"政企关联度"为视角,重点分析不同国有股份比例的国有企业,面临市场负向需求冲击时在跨境并购上的表现有何不同,阐述政企关联度、市场负向需求冲击如何相互影响并作用于企业跨境并购决策和并购绩效。

4.1 市场负向需求冲击影响企业跨境并购的基础模型解析

4.1.1 单边市场博弈模型

4.1.1.1 模型基本设定

假设在一个行业内存在 1 家境内企业和 $m(m \geqslant 3)$ 家境外企业同时为境

外消费者提供相同的产品,在境外市场进行产量竞争。m 家境外企业的集合定义为 M。假设境内企业 p 的边际生产成本为常数 c_p,境外企业 j 的边际生产成本为 c_j,所有企业的固定生产成本为零。借鉴 Qiu 等(2007)的研究,假设境外企业的边际生产成本大小关系为 Z_t。

境外市场具有代表性消费者的效用函数为

$$\mu = \alpha\left(q_p + \sum_{j=1}^{m} q_j\right) - \frac{\left(q_p + \sum_{j=1}^{m} q_j\right)^2}{2} \tag{4-1}$$

其中,α 代表境外市场容量,下标 p 和 j 分别表示境内企业 p 和境外企业 j。由式(4-1)和消费者预算约束得到境外市场的反需求函数,即

$$\alpha - \left(q_p + \sum_{j=1}^{m} q_j\right) = p \tag{4-2}$$

假设境内企业可以通过以下两种方式进入境外市场:出口或跨境并购。假设企业选择出口模式服务境外消费者,单位产品需要支付的关税税率为 t,令 $\bar{t} = \dfrac{2|c_p - c_1|[2 + 3m(2+m)]}{(2+m)(m^3 - 2 - 4m)}$,为保证出口模式下所有企业的产量为正,假设 $t < \bar{t}$[①]。结合式(4-1)和式(4-2),得到出口模式下境内企业 p 和境外企业 j 的目标函数分别为[②]

$$\max_{q_p^e} \pi_p^e = (p - c_p - t)q_p^e \tag{4-3}$$

$$\max_{q_j^e} \pi_j^e = (p - c_j)q_j^e \tag{4-4}$$

当境内企业通过跨境并购模式进入境外市场时,借鉴 Qiu 等(2007)的研究,假设并购发生在两家企业之间,且当境内企业向境外企业发出并购要约时,因为边际生产成本为常数,当两家企业合并后,将关闭掉生产成本高的企业,保留生产成本低的企业继续生产。令 $p+j$ 表示企业 p 和企业 j 之间的并购。并购后的边际生产成本 c_{p+j} 等于 $\min\{c_p, c_j\}$。依据境内企业与目标企业边际生产成本的大小关系,有以下两种情形:

第一,如果境内企业 p 选择比自身生产成本高的境外企业 $f(f \in M)$ 进行并购,企业 f 的边际生产成本 $c_f \in [c_p, c_m]$,且 $c_p < c_f$,则并购后将关闭境

---

① 全球平均关税税率保持下降趋势,直到 2013 年,WTO 成员的平均关税税率降到 6%,其中转型经济体 10%,发达经济体 3%。

② 为保证所有企业的产量为正,笔者假设 $\alpha > (1+m)\max\{c_p, c_j\} + (1+m)t - C_M, j = 1, 2, \cdots, m$。

外企业 f,选择境内企业 p 继续生产。采用下标 I 定义并购后的企业,上标 $\sharp$ 表示跨境并购。则跨境并购后企业 I 和企业 j 的目标函数分别为

$$\max_{q_I^\sharp} \pi_I^\sharp = (p - c_p) q_I^\sharp \tag{4-5}$$

$$\max_{q_j^\sharp} \pi_j^\sharp = (p - c_j) q_j^\sharp \tag{4-6}$$

第二,如果境内企业 p 选择比自身生产成本低的境外企业 $f(f \in M)$ 进行并购,即 $c_p > c_f$,则并购后将关闭境内企业 p,保留境外企业 f 继续生产。跨境并购后企业 I 和企业 j 的目标函数分别为

$$\max_{q_I^\sharp} \pi_I^\sharp = (p - c_f) q_I^\sharp \tag{4-7}$$

$$\max_{q_j^\sharp} \pi_j^\sharp = (p - c_j) q_j^\sharp \tag{4-8}$$

考虑两阶段博弈模型,博弈参与人分别为境内企业和境外企业。在第一阶段,境内企业选择进入境外市场的模式:出口或跨境并购。在第二阶段,境内企业进入境外市场的模式确定后,所有企业在境外市场进行古诺产量竞争。

采用逆向推导法求解模型。

4.1.1.2 模型解析

(1)产量

在第二阶段,如果境内企业选择出口进入境外市场,式(4-3)和式(4-4)分别对 q_p^e 和 q_j^e 求一阶导数,得到均衡产量,分别为[①]

$$q_p^e = \frac{a + C_M - c_p(1 + m) - (1 + m)t}{2 + m}$$
$$q_j^e = \frac{a + c_p + C_M - c_j(2 + m) + t}{2 + m} \tag{4-9}$$

将式(4-9)反代入式(4-3)和式(4-4)得到境内企业 p 和境外企业 j 的利润分别为

$$\pi_p^e = (q_p^e)^2 = \frac{[a + C_M - (1 + m)c_p - t - mt]^2}{(2 + m)^2}$$
$$\pi_j^e = (q_j^e)^2 = \frac{[a + C_M + c_p - (2 + m)c_j + t]^2}{(2 + m)^2} \tag{4-10}$$

---

① 上标 e 表示出口。

其中，$C_M = \sum_{j \in M} c_j, j = 1, 2, \cdots, m$。

如果境内企业 p 选择比自身生产成本高的境外企业 $f(f \in M)$ 进行并购，即 $c_p < c_f$。跨境并购发生后，将关掉境外企业 f 保留境内企业 p 进行生产。式(4-5)和式(4-6)分别对 $q_i^\#$ 和 $q_j^\#$ 求一阶导数，得到企业 I 的均衡产量和利润分别为

$$q_I^{\#1} = \frac{\alpha + C_M - c_f - mc_p}{m + 1}$$

$$\pi_I^{\#1} = (q_I^{\#1})^2 = \frac{(\alpha + C_M - c_f - mc_p)^2}{(m + 1)^2}$$

(4-11)

如果境内企业 p 选择比自身生产成本低的境外企业 $f(f \in M)$ 进行并购，即 $c_p > c_f$。跨境并购发生后，将关掉境内企业 p 保留境外企业 f 进行生产。式(4-7)和式(4-8)分别对 $q_i^\#$ 和 $q_j^\#$ 求一阶导数，得到均衡时并购后企业 I 的产量和利润分别为

$$q_I^{\#2} = \frac{\alpha + C_M - c_f(1 + m)}{m + 1}$$

$$\pi_I^{\#2} = (q_I^{\#2})^2 = \frac{[\alpha + C_M - c_f(1 + m)]^2}{(m + 1)^2}$$

(4-12)

(2)进入境外市场的模式选择

借鉴 Qiu 等(2007)的研究，定义 $\Delta\pi_{f,p}^\# \equiv \pi_{f+p}^\# - \pi_f^e - \pi_p^e$ 为境内企业 p 并购境外企业 f 的获利程度。当且仅当 $\Delta\pi_{f,p}^\# \geqslant 0$ 时，该跨境并购才是获利的。不可获利的跨境并购永远不会发生，因此当且仅当并购获利，企业才会选择跨境并购。

当境内企业 p 选择比自身生产成本高的境外企业 f 进行跨境并购，即 $c_p < c_f, f \in M$ 时，通过计算 $\Delta\pi_{f,p}^\#$ 得到当且仅当满足式(4-13)时，跨国并购才可以获利，即 $\Delta\pi_{f,p}^\# \geqslant 0$

$$\alpha \leqslant \alpha_{f,p} \equiv \frac{(2 + m)}{(m + 2)^2 - 2(2m + 3)} \{[(m + 1)^2 - 1]c_f$$

$$- 2(m + 1)c_p\} - \frac{2(m + 1)^2 t}{(m + 2)^2 - 2(2m + 3)} - c_p - C_M$$

(4-13)

$\alpha_{f,p}$ 对境外企业 f 的边际生产成本 c_f 求一阶导数，得到 $\frac{\partial(\alpha_{f,p})}{\partial c_f} > 0$。所以当 $c_f = c_m$ 时，$\alpha_{f,p}$ 取得最大值 $\alpha_{m,p}$，则有

$$\alpha_{m,p} \equiv \frac{(2+m)}{(m+2)^2 - 2(2m+3)}\{[(m+1)^2 - 1]c_m$$

$$-2(m+1)c_p\} - \frac{2(m+1)^2 t}{(m+2)^2 - 2(2m+3)} - c_p - C_M \qquad (4\text{-}14)$$

当境内企业 p 选择比自身生产成本高的境外企业 f 进行跨境并购时，如果 $\alpha \leqslant \alpha_{m,p}$，境内企业 p 会选择跨境并购。

如果境内企业 p 选择比自身生产成本低的境外企业 f 进行跨境并购，即 $c_p > c_f, f \in M$。通过计算 $\Delta \pi_{f,p}^{\sharp}$，得到当且仅当满足式（4-15）时，跨境并购才可以获利，即 $\Delta \pi_{f,p}^{\sharp} \geqslant 0$

$$\alpha_{f,p} \equiv \frac{(m+2)(1+m)mc_f}{(m+2)^2 - 2(2m+3)} - \frac{2(1+m)^2 c_p}{(m+2)^2 - 2(2m+3)}$$

$$- \frac{2(1+m)^2 t}{(m+2)^2 - 2(2m+3)} - C_M \qquad (4\text{-}15)$$

$\alpha_{f,p}$ 对境外企业 f 的边际生产成本 c_f 求一阶导数，得到 $\frac{\partial(\alpha_{f,p})}{\partial c_f} > 0$。所以当 $c_f = c_m$ 时，$\alpha_{f,p}$ 获得最大值 $\alpha_{m,p}^2$，则有

$$\alpha_{m,p}^2 \equiv \frac{(m+2)(1+m)mc_m}{(m+2)^2 - 2(2m+3)} - \frac{2(1+m)^2 c_p}{(m+2)^2 - 2(2m+3)}$$

$$- \frac{2(1+m)^2 t}{(m+2)^2 - 2(2m+3)} - C_M \qquad (4\text{-}16)$$

当境内企业选择比自身生产成本低的境外企业 f 进行跨境并购时，如果 $\alpha \leqslant \alpha_{m,p}^2$，境内企业 p 会选择跨境并购。

接下来，要证实境内企业何时选择生产成本高的境外企业或选择生产成本低的企业进行并购最优。

其一，当境内企业选择比自身生产成本高的境外企业进行跨境并购时，对于境外企业 i 和企业 $k(i,k \in M)$，假设 $c_p < c_i < c_k$，得到当且仅当 $q_i^e + q_k^e > \frac{1}{m+1}(q_p^{\sharp,p+i} + q_p^{\sharp,p+k})$ 时，$u_p^{\sharp,p+k} > u_p^{\sharp,p+i}$①。

其二，当境内企业选择生产成本低的境外企业进行跨境并购时，预期收益对目标企业边际生产成本求一阶导数得到 $\frac{\partial(u_p^{\sharp,f+p})}{\partial c_f} < 0$。所以，境内企业

---

① $u_p^{\sharp,p+i} \equiv \pi_i^{\sharp} - \pi_i^e, u_p^{\sharp,p+k} \equiv \pi_i^{\sharp} - \pi_k^e, u_p^{\sharp,p+i}$ 和 $u_p^{\sharp,p+k}$ 分别表示境内企业并购境外企业 i 和境外企业 k 的预期收益。

选择生产成本最低的企业 1 进行并购最优。

经以上讨论,得到引理 4.1:

引理 4.1 在足够大的市场负向需求冲击下,$\alpha \leqslant \alpha_{m,p}$ 或 $\alpha \leqslant \alpha_{m,p}^2$,企业会选择跨境并购。

如果境内企业选择生产成本较低的境外企业进行收购,即 $c_p > c_f$,则应该选择生产成本最低的境外企业进行并购,即企业 1;如果境内企业选择生产成本较高的境外企业进行收购,即 $c_p < c_f$,则应该选择生产成本最高的境外企业进行并购,即企业 m。[①]

接着探讨境内企业 p 在面临不同市场负向需求冲击时的目标企业选择,即是选择生产成本最低的企业 1 还是选择生产成本最高的企业 m。第一步,比较两种不同情况下跨境并购发生所需市场负向需求冲击临近点值的大小关系,即 $\alpha_{m,p}$ 和 $\alpha_{m,p}^2$ 的大小关系。经计算发现,当且仅当 $c_m > c_p$ 时,$\alpha_{m,p} > \alpha_{m,p}^2$。第二步,比较不同市场负向需求冲击程度下境内企业 p 并购企业 m 和并购企业 1 后的预期收益大小。结果显示,当且仅当 $c_m > c_m^4$ [②] 及 $\alpha > \alpha'$ [③] 时,并购企业 m 获得的预期收益 $u_p^{\#,m+p}$ 大于并购企业 1 获得的预期收益 $u_p^{\#,1+p}$。结合引理 4.1,得到以下两个结论:

第一,当境外企业 m 所在行业的平均生产成本比境内企业 p 的生产成本高,$c_m > c_p$ 时,$\alpha_{m,p} > \alpha_{m,p}^2$。为保证每种情况下企业的产量都为正,假设 $\alpha > \alpha'$。此时,α' 和 $\alpha_{m,p}^2$、α' 和 $\alpha_{m,p}$ 两组的大小关系难以确定。通过比较所有可能情况下的关系,得到:当 $\alpha \geqslant \alpha_{m,p}$ 时,出口是最优的选择;当 $\max\{\alpha_{m,p}^2, \alpha'\} \leqslant \alpha < \alpha_{m,p}$ 时,选择生产成本最高的境外企业 m 进行并购是最优的选择;当 $\alpha < \max\{\alpha_{m,p}^2, \alpha'\}$ 时,选择生产成本最低的境外企业 1 进行跨境并购是最优的选择。

第二,当境外企业 m 所在行业的平均生产成本比境内企业 p 的生产成本小,$c_m \leqslant c_p$ 时,$\alpha_{m,p} \leqslant \alpha_{m,p}^2$ 且可以确定 $\alpha' > \alpha_{m,p}$。此时,α' 和 $\alpha_{m,p}^2$ 的大小关系难以确定。通过比较所有可能情况下的关系,得到:当 $\alpha \geqslant \alpha_{m,p}^2$ 时,出口是最

---

① 借鉴 Qiu 等(2007)的研究,一般情况下条件 $q_i^{\#} + q_k^{\#} > \dfrac{1}{m+1}(q_p^{\#,p+i} + q_p^{\#,p+k})$ 都满足,除非潜在的目标企业生产效率极低或者境外企业极少。

② $c_m^4 = \dfrac{c_p[(m+1)2-1] - c_1(m+1)}{-1 + m^2 + m} < c_m^2$

③ $\alpha' = \dfrac{-c_p^2 m^2(2+m) + c_m^2 m(2+m)^2 + 2c_1(1+m)^2(c_p+t) - 2c_m(c_p[1+2m(2+m)] + (1+m)^2 t)}{2[c_1(1+m) - c_p m(2+m) + c_m(-1+m+m^2)]}$
$\qquad - C_M$

优的选择；当 $\alpha \leqslant \alpha_{m,p}^2$ 时，并购境外企业 1 是最优的选择。

结合引理 4.1 和上述分析，得到命题 4.1：

命题 4.1　市场负向需求冲击下，如 $c_m > c_p$，$\alpha < \alpha_{m,p}$；$c_m \leqslant c_p$，$\alpha < \alpha_{m,p}^2$，跨境并购会发生。[①]

第一，$c_m > c_p$ 时，如果市场负向需求冲击程度比较小，$\max\{\alpha_{m,p}^2, \alpha'\} \leqslant \alpha < \alpha_{m,p}$，境内企业 p 进入境外市场的最优模式为选择生产成本最高的境外企业进行跨境并购，即企业 m；如果市场负向需求冲击足够大，$\alpha < \max\{\alpha_{m,p}^2, \alpha'\}$，境内企业 p 进入境外市场的最优模式为选择生产成本最小的境外企业进行跨境并购，即企业 1，如图 4.1 所示。

第二，$c_m \leqslant c_p$ 时，市场负向需求冲击下，$\alpha < \alpha_{m,p}^2$，境内企业 p 进入境外市场的最优模式为选择生产成本最小的境外企业进行跨境并购，即企业 1，如图 4.2 所示。

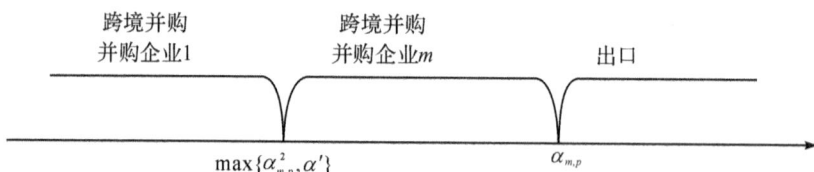

图 4.1　$c_m > c_p$ 时的企业跨境并购选择

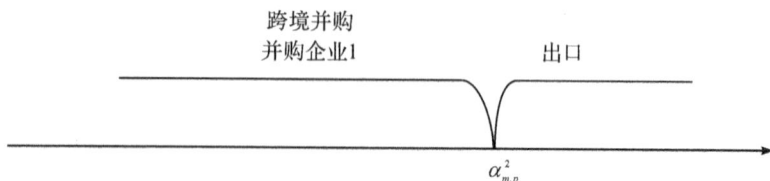

图 4.2　$c_m \leqslant c_p$ 时的企业跨境并购选择

当不同边际生产成本的企业进行古诺竞争时，并购的获利取决于以下三个效应的相互作用：并购双方竞争的内部化、行业内其他企业的正外部性以及通过并购获得的生产效率的提升（Salant et al.，1983；Qiu et al.，2007）。市场负向需求冲击下，生产成本最高的境外企业会低价出售，此时境内企业并购生产成本最高企业的主要动机是使低价并购使得并购双方的竞争内部化，但生产效率没有得到提升；境内企业选择生产成本最低的

[①]　在 Qiu 等（2007）的研究中，将市场规模萎缩定义为市场负向需求冲击。

企业进行并购的主要动机是竞争内部化并且获得生产效率的提升,但是此时并购的价格较高。因此目标企业的选择是三个效应相互作用的结果。

(3)市场负向需求冲击与企业跨境并购绩效

接着检验企业跨境并购前后的收益变化幅度,如果企业并购比自身生产成本高的境外企业,则带来的收益变化幅度[①]为

$$\pi_I^{\#} - \pi_p^e =$$

$$\frac{(\alpha - c_m - mc_p + C_M)^2}{(1+m)^2} - \frac{[-t - mt + \alpha - (1+m)c_p + C_M]^2}{(2+m)^2} < 0 \tag{4-17}$$

由式(4-17)可知,并购生产成本高的目标企业获得的收益小于出口模式下企业获得的收益。收益变化幅度 $\pi_I^{\#} - \pi_p^e$ 对市场容量 α 一阶求导,得到

$$\frac{\partial(\pi_I^{\#} - \pi_p^e)}{\partial \alpha} = \frac{1}{(1+m)^2(2+m)^2}\big(2[t + 3mt + 3m^2t + m^3t + 3\alpha + 2m\alpha -$$

$$(2+m)^2 c_m - (-1 + m + m^2)c_p + 3C_M + 2mC_M]\big) < 0 \tag{4-18}$$

由式(4-18)可知,当企业并购生产成本高的目标企业时,负向需求冲击程度与收益变化幅度呈正向相关关系。相比出口,市场负向需求冲击越大,企业并购带来的收益损失越小,选择跨境并购的可能性越高。

当企业收购比自身生产成本低的境外企业时,得到收益变化幅度为

$$\pi_I^{\#} - \pi_p^e =$$

$$\frac{[\alpha - (1+m)c_1 + C_M]^2}{(1+m)^2} - \frac{[-t - mt + \alpha - (1+m)c_p + C_M]^2}{(2+m)^2} > 0 \tag{4-19}$$

式(4-19)表明企业并购生产成本低的目标企业获得的收益大于出口获得的收益。收益变化幅度 $\pi_I^{\#} - \pi_p^e$ 对市场容量 α 一阶求导,得到

$$\frac{\partial(\pi_I^{\#} - \pi_p^e)}{\partial \alpha} = \frac{1}{(1+m)^2(2+m)^2}\big(2[t + 6mt + 6m^2t + 2m^3t + 6\alpha + 4m\alpha -$$

$$2(1+m)(2+m)^2 c_1 + 2(1+m)^3 c_p + 6C_M + 4mC_M]\big) > 0 \tag{4-20}$$

---

① 这里仅考虑并购这一交易行为对企业绩效的影响,所以直接采用并购下的收益与出口模式下的收益进行比较。

由式(4-20)可知,当企业并购生产成本低的目标企业时,负向需求冲击程度与收益变化幅度呈负相关。此时,企业跨境并购获得正预期收益,市场负向需求冲击越大,企业跨境并购获得的收益越大。

根据上述分析,得到命题4.2:

命题 4.2 从收益变化幅度看,如果企业并购比自身生产成本高的目标企业,市场负向需求冲击越大,企业并购带来的绩效损失越小;如果企业并购比自身生产成本低的目标企业,市场负向需求冲击越大,企业进行跨境并购获得的收益越大。[①]

4.1.2 双边贸易寡头博弈模型

4.1.2.1 模型基本设定

假设两个国家 H 和 F,H 国有企业 3,F 国有企业 1 和企业 2。三家企业为两国消费者提供同类或相似产品,在两国市场进行产量竞争。假设企业 1、企业 2 和企业 3 的边际生产成本都为常数 c,固定生产成本都为 0。假设 F 国政府对境外产品设定的关税税率为 t,H 国政府对同类产品设定的关税税率为 T。

借鉴 Vives(1984)的研究,假设在 F 国和 H 国,具有代表性的消费者的效用函数分别为

$$U(q_1, q_2, q_3) = \alpha(q_1 + q_2 + q_3) - \frac{(q_1 + q_2 + q_3)^2}{2}, \tag{4-21}$$

$$U(q'_1, q'_2, q'_3) = \alpha(q'_1 + q'_2 + q'_3) - \frac{(q'_1 + q'_2 + q'_3)^2}{2} \tag{4-22}$$

其中,α 表示市场容量,q_i 和 q'_i[②]分别表示市场 F 和市场 H 对企业 1、企业 2 和企业 3 的产量需求,$i=1,2,3$。预算约束下最大化效用函数得到 F 国和 H 国的反向需求函数,即

$$P = \alpha - \sum q_i \tag{4-23}$$

---

① 这里仅对两种模式下的收益进行比较,没有加入并购成本的考虑,当然加入并购成本的结果从直观上而言是一样的,因为在并购成本一定的情况下,跨境并购带来的收益超过出口收益越多,选择跨境并购的可能性就越大。

② 上标′表示市场 F。

$$P' = \alpha - \sum q'_i, i = 1,2,3 \tag{4-24}$$

其中，P 和 P' 分别表示 F 国和 H 国的产品价格。

假设 F 国企业可以通过以下两种模式进入 H 国：出口或跨境并购。当企业 1 选择以出口的模式进入 H 国时，结合式（4-23）和式（4-24）可得企业 1 在 F 国市场和 H 国市场的目标函数，分别为

$$\max_{q_1} \pi_1 = (\alpha - \sum q_i - c)q_1 \tag{4-25}$$

$$\max_{q'_1} \pi'_1 = (\alpha - \sum q'_i - c - T)q'_1 \tag{4-26}$$

企业 2 和企业 3 在 F 国市场和 H 国市场的目标函数分别为

$$\max_{q_4} \pi_2 = (\alpha - \sum q_i - c)q_2$$
$$\max_{q'_3} \pi'_2 = (\alpha - \sum q'_i - c - T)q'_2 \tag{4-27}$$

$$\max_{q_2} \pi_3 = (\alpha - \sum q_i - c - t)q_3$$
$$\max_{q'_1} \pi'_3 = (\alpha - \sum q'_i - c)q'_3 \tag{4-28}$$

借鉴 Motta 等（2012）的研究，跨境并购发生后企业生产效率得到提高，生产成本会降低，假设企业边际生产成本降为 $e_f c \in [0,c], e_f \in [0,1]$。假设 F 国的企业 1 收购 H 国的企业 3 后剩下两类企业：参与并购的企业 I 和没有参与并购的企业 O（企业 2）。并购后企业 I 为市场 F 和市场 H 提供的产量分别为 q_I^{MF} 和 $q_I^{MF'}$，企业 O 为市场 F 和市场 H 提供的产量分别为 q_O^{MF} 和 $q_O^{MF'}$。

企业 I 在 F 国市场和 H 国市场的目标函数分别为

$$\max_{q_I^{MF}} \pi_I^{MF} = (\alpha - \sum q_i^{MF} - e_f c)q_I^{MF}$$
$$\max_{q_I^{MF'}} \pi_I^{MF'} = (\alpha - \sum q_i^{MF'} - e_f c)q_I^{MF'} \tag{4-29}$$

企业 O 在 F 国市场和 H 国市场的目标函数分别为

$$\max_{q_O^{MF}} \pi_O^{MF} = (\alpha - \sum q_i^{MF} - c)q_O^{MF}$$
$$\max_{q_O^{MF'}} \pi_O^{MF'} = (\alpha - \sum q_i^{MF'} - c - T)q_O^{MF'} \tag{4-30}$$

企业进行两阶段博弈。博弈参与主体分别为 F 国的企业 1 和企业 2，以及 H 国的企业 3。第一阶段，F 国企业 1 决定以何种模式进入 H 国市场：出口或跨境并购。第二阶段，给定 F 国企业 1 的境外市场拓展模式后，所有企业在两国市场进行古诺产量竞争。

采用逆向推导法求解模型。

4.1.2.2 模型解析

(1)产量

当 F 国企业 1 选择出口模式进入 H 国市场时，式(4-25)至式(4-28)分别对 q_i 和 q'_i 求一阶求导，得到企业 1、企业 2 和企业 3 的均衡产量和利润，分别为

$$q_1 = q_2 = \frac{-c + \alpha + t}{4}$$

$$q_3 = \frac{-c + \alpha - 3t}{4}$$

$$q'_1 = q'_2 = \frac{-c + \alpha - 2T}{4} \tag{4-31}$$

$$q'_3 = \frac{-c + \alpha + 2T}{4}$$

$$\pi_1 = \pi_2 = \frac{(-c + \alpha + t)^2}{16}$$

$$\pi'_1 = \pi'_2 = \frac{(-c + \alpha - 2T)^2}{16}$$

$$\pi_3 = \frac{(-c + \alpha - 3t)^2}{16} \tag{4-32}$$

$$\pi'_3 = \frac{(-c + \alpha + 2T)^2}{16}$$

当 F 国企业 1 选择跨境并购模式进入 H 国市场时，式(4-29)、式(4-30)分别对 q_I 和 q_O，q'_I 和 q'_O 一阶求导，得到跨境并购后企业 I 和企业 O 的均衡产量与利润，分别为

$$q_I^{MF} = \frac{c + \alpha - 2e_f c}{3}, q_O^{MF} = \frac{\alpha + e_f c - 2c}{3}$$

$$q_I^{MF'} = \frac{c + \alpha - 2e_f c + T}{3}, q_O^{MF'} = \frac{\alpha + e_f c - 2(c + T)}{3} \tag{4-33}$$

$$\pi_I^{MF} = \frac{(c + \alpha - 2e_f c)^2}{9}, \pi_O^{MF} = \frac{(\alpha + e_f c - 2c)^2}{9}$$

$$\pi_I^{MF'} = \frac{(c + \alpha - 2e_f c + T)^2}{9}, \pi_O^{MF'} = \frac{[\alpha + e_f c - 2(c + T)]^2}{9} \tag{4-34}$$

（2）进入境外市场的模式选择

借鉴 Qiu 等（2007），定义 $\Delta\pi_{1,3}^{MF} \equiv \pi_{1+3}^{MF} - \pi_1^e - \pi_3^e$ 表示 F 国企业 1 并购 H 国企业 3 的获利程度。当且仅当 $\Delta\pi_{1,3}^{MF} \geq 0$ 时，该跨境并购才是可获利的。不可获利的跨境并购不会发生，因此当且仅当跨境并购可获利时跨境并购才会发生，即 $\Delta\pi_{1,3}^{MF} \equiv (\pi_I^{MF'} + \pi_I^{MF}) - (\pi'_1 + \pi_1) - (\pi'_3 + \pi_3) \geq 0$。经计算，得到当且仅当满足以下条件时，跨境并购可以获利，即 $\Delta\pi_{1,3}^{MF} \geq 0$，则有

$$\alpha \leq \alpha'' = \frac{1}{2}[34c - 32e_f c + 9t + 8T + (1152c^2 - 2304c^2 e_f + 1152c^2 e_f^2$$

$$+ 576ct - 576ce_f t - 9t^2 + 576cT - 576ce_f T + 144tT + 8T^2)^+] \tag{4-35}$$

式（4-35）证实在双边贸易贸易的寡头市场，当市场负向需求冲击足够大时，企业会选择跨境并购。

（3）市场负向需求冲击与企业跨境并购绩效

在寡头市场，企业 1 选择跨境并购获得的预期收益为

$$\mu_{1+3} = \frac{1}{144}[14c^2 - 9t^2 - 20T^2 - 18t\alpha + 68T\alpha + 14\alpha^2$$

$$+ 2c(9t - 2T + 50\alpha) - 64c(2c + T + 2\alpha)e_f + 128c^2 e_f^2] \tag{4-36}$$

式（4-36）对 α 一阶求导，得到 $\frac{\partial\mu_{1+3}}{\partial\alpha} \geq 0$。

图 4.3 为企业选择跨境并购时可得的预期收益。在阴影区域内，即 $\alpha_0 \leq \alpha''$ 时，企业会选择跨境并购（为保证所有企业产量为正，假设 $\alpha \geq \alpha_0 = \max\{3t + c, 2T + c\}$）。当 $\alpha = \alpha'''$①时，预期收益 μ_{1+3} 为零。根据图 4.3，在寡头市场上，市场负向需求冲击程度越小，企业跨境并购预期收益越大。

---

① $\alpha''' = \frac{1}{14}[-50c + 9t - 34T + 64ce_f + (2304c^2 - 1152ct + 207t^2 + 3456cT - 612tT + 1436T^2 - 4608c^2 e_f + 1152cte_f - 3456cTe_f + 2304c^2 e_f^2)^{\frac{1}{2}}] < \alpha''$

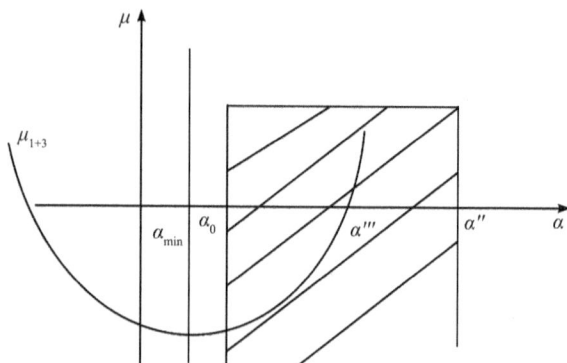

图 4.3 企业跨境并购的预期收益

4.2 市场负向需求冲击影响国有企业跨境并购的机理分析

在基础模型的设置中,没有考虑并购方与政府的关系对企业跨境并购的影响。然而,亚洲等新兴市场,与发达经济体市场有显著的差别,企业在新兴经济体市场的运营体系和操作都是独一无二的(Carney et al.,2011),制度对企业的行为具有重要的影响(Hosskisson et al.,2000)。自 1999 年中央提出"走出去"战略以来,中国政府相继出台了一系列政策支持企业开展跨境并购投资(Hagiwara,2006),政府的政策支持对中国内地企业跨境并购的快速发展起到了关键性的作用(Morck et al.,2008;顾露露等,2011)。在政府激励性政策的支持下,从并购方所有权结构看,国有企业跨境并购占据主导地位的特征有目共睹(Morck et al.,2008)。有学者指出这是资本市场的不完善使得国有企业很容易在市场上形成"所有权优势"(顾露露等,2011),如国有企业的政治背景可以使国有企业享受更多融资便利(Sapienza,2004;Khwajia et al.,2005),享受税收减免(Claessens et al.,2008)等优惠政策,还能以低成本获得有用资源(Johnson et al.,2003;Luo et al.,2007)。国有企业参与跨境并购享受优先待遇,如银行贷款和优惠政策(Kumar,2009)。由此,政企关联度与企业跨境并购的关系成为一个研究热点。

4.2.1 背景分析

2008 年全球金融危机导致全球股市市值大幅缩水,发达经济体或地区的企业贬值,消费者需求降低,大量企业陷入经营困境,尤其是美国和欧洲各国或地区的一些企业变得相对"便宜"。在这一背景下,对我国而言,企业跨境并购无疑是新常态下我国企业实现技术升级、产业结构调整升级及融入全球产业结构调整的一个难得契机。

但我国尚处在经济转型期,市场体系不够发达,导致我国企业跨境并购普遍面临融资难的问题,这严重制约着我国企业"走出去"的步伐。为抓住此次机遇,原银监会多次调整并购贷款条例,以期纾解企业融资难题,支持企业"走出去"。比如,2008 年中国银监会发布《商业银行并购贷款风险管理指引》的通知(银监发〔2008〕84 号),准许商业银行发放并购贷款。2009 年 1月,银监会工作会议明确提出加强对大型企业并购活动的信贷支持。2015年 3 月,银监会修订了《商业银行并购贷款风险管理指引》(银监发〔2015〕5号),延长商业银行并购贷款期限至 7 年,将并购贷款占并购交易价款的比例从 50% 提高到 60%。从个案分析看,政府一系列激励性政策对我国企业跨境并购起到了极大的推动作用,2010 年吉利成功收购沃尔沃就是最典型的案例。吉利收购沃尔沃过程中,通过一系列举措与政府建立了良好的合作关系[①],获得中国银行浙江分行与伦敦分行牵头的财团承诺的近 10 亿美元 5 年期贷款。当然,2008 年金融危机给沃尔沃带来的重创是一个难得的契机:该年销量同比下降了 20% 以上,总收入由 2007 年的约 180 亿美元跌至约 140 亿美元;2009 年累计亏损达到 6.53 亿美元。从吉利收购沃尔沃的案例可以看出,政府的大力支持与沃尔沃汽车市场需求降低是成功收购不可或缺的两个因素。

此外,比对 2008 年前后我国企业跨境并购整体规模,发现金融危机后中国内地企业跨境并购规模呈现前所未有的扩大趋势。2008 年,中国内地企业跨境并购交易额实现 368.61 亿美元,占全球跨境并购总额的 5.5%,占亚洲跨境并购总额的 41.3%。2009 年,中国内地企业跨境并购交易量同比增长 26.7%,披露的交易额达到 160.99 亿美元,同比增长 90.1%。2012年,中国内地企业跨境并购创历史新高,达到 579 亿美元。2014 年,中国内地企业跨境并购交易量激增,环比增长近四成,总交易额达 550 亿美元。[②]

---

① 2009 年到 2010 年,吉利相继在北京和上海注册吉利万源国际投资有限公司、上海嘉尔沃投资有限公司和上海吉利兆圆国际投资有限公司,当地政府都有参股。

② 数据来源:SDC 数据库。

再从并购方企业所有权结构看,金融危机后民营企业跨境并购交易量逐年攀升,改变了以往国有企业跨境并购一直占据主导地位的局面,2014 年,民营企业跨境并购交易量首次超过国有企业。[①] 我国资本市场的不完全性使得具有政治背景的国有企业在市场上很容易形成"所有权优势"。实际上,直到 2015 年,并购贷款条例中的一些条件的设置,仍使得实际操作中,政府担保成为并购贷款的"必要"条件。[②] 所以,比对金融危机前后并购贷款政策的实质性改变及并购方所有权结构的变化,很难判定政府支持是金融危机后我国企业跨境并购规模大增的主要诱因。那么,金融危机后,到底是外部市场环境变化(市场负向需求冲击)还是政府激励性政策带来了中国内地企业跨境并购的增长? 从并购方所有权结构的变化看,在市场负向需求冲击下,政企关联度对我国企业跨境并购又有何影响? 政企关联度不同的企业在市场负向需求冲击下的跨境并购表现是否存在差异?

围绕以上问题,本节借鉴产业组织理论的前沿框架——混合市场模型,深入分析金融危机背景下(市场负向需求冲击),政府与企业的关联度如何影响企业跨境并购,为非常态下我国产业结构调整及企业跨境并购提供政策建议。

4.2.2　加入"政企关联度"的单边市场博弈模型分析

4.2.2.1　模型基本设定

假设有两个经济体:转型经济体和发达经济体。转型经济体有 1 家国有企业,发达经济体有 $n(n \geqslant 3)$ 家民营企业,同时为发达经济体的消费者提供同类产品,在发达经济体市场进行产量竞争。发达经济体企业的集合定义为 N。假设转型经济体国有企业的边际生产成本为 c_d,发达经济体民营企业 i 的边际生产成本为 c_i。假设所有企业的固定生产成本都为零。借鉴 Qiu 等(2007)的研究,将发达经济体民营企业的边际生产成本大小关系设为

[①]　资料来源:《2014 中国海外并购七大新亮点》,2014 年 12 月 31 日,http://blog.sina.cn/s/blog_49205b0e0102v8dm.html。

[②]　比如,《商业银行并购贷款风险管理指引》中规定:"商业银行原则上应要求借款人提供充足的能够覆盖并购贷款风险的担保,包括但不限于资产抵押、股权质押、第三方保证,以及符合法律规定的其他形式的担保。"资料来源:《并购贷款不能国企独享》,2016 年 3 月 8 日,http://finance.sina.com.cn/roll/2016-03-08/doc-ifxqaffy3726979.shtml。

$c_1 \leqslant c_2 \leqslant \cdots \leqslant c_n$。

假设发达经济体中具有代表性消费者的效用函数为

$$\mu = \alpha\left(q_d + \sum_{i=1}^{n} q_i\right) - \frac{\left(q_d + \sum_{i=1}^{n} q_i\right)^2}{2} \tag{4-37}$$

其中，α 表示发达经济体的市场容量，下标 d 和 i 分别表示转型经济体的国有企业 d 和发达经济体的企业 i。由式(4-37)和预算约束可以得到发达经济体的反向需求函数，即

$$p = \alpha - \left(q_d + \sum_{i=1}^{n} q_i\right) \tag{4-38}$$

假设转型经济体国有企业可以选择以下两种模式进入发达经济体市场：出口或跨境并购。如果转型经济体的国有企业选择出口发达经济体市场，每单位产品的关税税率为 t。定义 $\bar{t} = \frac{|c_n - c_d|(2+6n+3n^2)}{[2n-2\beta+n^2(1+\beta)](1+n)}$，为保证出口模式下所有企业的产量为正，假设 $t < \bar{t}$。

借鉴 Merrill 等(1966)以及 Matsumura(1998)的研究成果，假设转型经济体国有企业面对发达经济体市场的消费者需求，选择最优的产量去最大化利润和收益的线性函数。[①] 出口模式下，转型经济体国有企业的目标函数为

$$\begin{aligned}
\max_{q_d^e} S_d^e &= \pi_d^e + \beta p q_d^e = (p - c_d - t)q_d^e + \beta p q_d^e \\
&= [(1+\beta)p - c_d - t]q_d^e \\
&= (1+\beta)\left[p - \frac{(c_d + t)}{1+\beta}\right]q_d^e
\end{aligned} \tag{4-39}$$

其中，$\beta \in [0,1]$，表示国有企业与政府的关联程度：β 值越大，国有企业与政府的关联程度越大；$\beta = 0$，表示企业为完全的民营企业。从式(4-39)可知两点：第一，相比利润最大化的民营企业，国有企业边际成本的权重较小，β 值越大，边际成本的权重越小。以中国为例，相较于民营企业，国有企业拥有一定的政治背景，可以分配到更多的银行贷款和政府预算支持。第二，从式(4-39)的结构看，国有企业的目标函数是利润和销售收益的加权平均，因为国有企业承担更多的社会责任，需要确保就业量和社会稳定。所以，相比追

---

① 假设参考 Sun 等(2005)的研究。

求利润最大化的民营企业，国有企业目标函数中的销售收益比例越大，则国有企业的规模越大，政企关联度越大。为避免国有企业倒闭造成社会不稳定，国有银行更愿意为国有企业提供"软贷款"（Lu et al.，1997；Steinfeld，1998）。

出口模式下，发达经济体民营企业 i 的目标函数为[①]

$$\max_{q_i^e} \pi_i^e = (p - c_i)q_i^e \tag{4-40}$$

如果转型经济体国有企业通过跨境并购服务发达经济体的消费者。借鉴 Qiu 等（2007）的研究，假设并购交易发生在两家企业之间，转型经济体的国有企业是并购的要约人提出并购要约，因为所有企业的边际生产成本是常数，当两家企业合并后，将关闭掉边际生产成本高的企业，保留并购生产成本低的企业继续生产。定义 $d+i$ 表示企业 d 和企业 i 之间的并购，并购后整体的边际生产成本（c_{d+i}）等于 $\min\{c_d, c_i\}$。因此，依据并购要约人和目标企业边际生产成本的大小关系，有两种不同的情况。

情况一，转型经济体国有企业并购比自身生产成本高的发达经济体的企业 $f(f \in \mathbf{N})$，民营企业的边际生产成本为 $c_f \in [c_1, c_n]$，且 $c_d < c_f$，并购后将关闭掉企业 f，保留国有企业继续生产。使用下标 I 表示并购整体，上标 M 表示跨境并购模式。国有企业的目标函数为

$$\max_{q_I^M} S_I^M = \pi_I^M + \beta p q_I^M = (p - c_d)q_I^M + \beta p q_I^M$$
$$= [(1 + \beta)p - c_d]q_I^M$$
$$= (1 + \beta)\left[p - \frac{c_d}{1 + \beta}\right]q_I^M \tag{4-41}$$

发达经济体民营企业 i 的目标函数为

$$\max_{q_i^M} \pi_i^M = (p - c_i)q_i^M \tag{4-42}$$

情况二，转型经济体国有企业并购比自身生产成本低的发达经济体的企业 $f(f \in \mathbf{N})$，即 $c_d > c_f$，保留民营企业 f 继续生产。转型经济体国有企业的目标函数为

$$\max_{q_I^M} S_I^M = \pi_I^M + \beta p q_I^M = (p - c_f)q_I^M + \beta p q_I^M$$
$$= [(1 + \beta)p - c_f]q_I^M = (1 + \beta)\left[p - \frac{c_f}{1 + \beta}\right]q_I^M \tag{4-43}$$

---

① 为保证每种情况下所有企业的产量为正，$a > (1+n)\max\{c_d, c_i\} + (1+n)t - C_N$，$i = 1, \cdots, n$。

发达经济体民营企业 i 的目标函数为

$$\max_{q_i^M} \pi_i^M = (p - c_i)q_i^M \tag{4-44}$$

在以上模型构建基础上,本书考虑两阶段博弈,博弈参与人为转型经济体的国有企业和发达经济体经济体的民营企业。在第一阶段,转型经济体国有企业选择进入发达经济体的境外拓展模式:出口或跨境并购。在第二阶段,所有企业在发达经济体市场进行产量竞争,即古诺竞争。

笔者采用逆向推导法求解模型。

4.2.2.2 模型解析

(1)产量

在第二阶段,转型经济体国有企业选择出口进入发达经济体市场时,所有企业同时选择最优产量最大化目标函数。式(4-39)和式(4-40)分别对 q_d^e 和 q_i^e 求一阶导数,得到国有企业和民营企业的均衡产量分别为

$$q_d^e = \frac{\alpha + C_N - (1+n)(c_d + t) + (a + C_N)\beta}{(2+n)(1+\beta)}$$

$$q_i^e = \frac{c_d + t + \alpha(1+\beta) + (1+\beta)C_N - c_i(2+n)(1+\beta)}{(2+n)(1+\beta)} \tag{4-45}$$

将式(4-45)代入式(4-41)和式(4-42),得到

$$S_d^e = \frac{[(1+n)(c_d + t) - \alpha(1+\beta) - C_N(1+\beta)]^2}{(2+n)^2(1+\beta)} \tag{4-46}$$

$$\pi_i^e = \frac{[c_d + t + \alpha(1+\beta) + (1+\beta)C_N - c_i(2+n)(1+\beta)]^2}{(2+n)^2(1+\beta)^2} \tag{4-47}$$

其中,$C_N = \sum_{i \in N} c_i, i = 1, 2, \cdots, n$。

在第二阶段,如果转型经济体国有企业通过并购发达经济体比自身生产成本高的民营企业进入发达经济体市场,即 $c_d < c_f$,则保留企业 i 继续生产。这种情况下,式(4-41)和式(4-42)分别对 q_I^M 和 q_i^M 求一阶导数,得到并购后企业 i 的均衡产量和利润分别为

$$q_I^{M1} = \frac{\alpha(1+\beta) + (C_N - c_f)(1+\beta) - nc_d}{(1+n)(1+\beta)} \tag{4-48}$$

$$S_I^{M1} = \frac{[\alpha(1+\beta) + (C_N - c_f)(1+\beta) - nc_d]^2}{(1+n)^2(1+\beta)} \tag{4-49}$$

在第二阶段,如果转型经济体国有企业通过并购发达经济体比自身生产成本低的民营企业进入发达经济体市场,即 $c_d > c_f$,则保留国有企业 d 继续生产。式(4-43)和式(4-44)分别对 q_I^M 和 q_i^M 求一阶导数,得到并购后企业 I 的均衡产量和利润,即

$$q_I^{M2} = \frac{\alpha(1+\beta) + (C_N - c_f)(1+\beta) - nc_f}{(1+n)(1+\beta)} \tag{4-50}$$

$$S_I^{M2} = \frac{[(\alpha + C_N - c_f)(1+\beta) - nc_f]^2}{(1+n)^2(1+\beta)} \tag{4-51}$$

(2)进入境外市场的模式选择

参考 Qiu 等(2007)的研究,定义 $\Delta\pi_{fd}^M \equiv \pi_{f+d}^M - \pi_f^e - \pi_d^e$ 表示转型经济体国有企业 d 并购发达经济体企业 f 的获利程度。假设当且仅当 $\Delta\pi_{fd}^M \geq 0$ 时,跨境并购可获利。没有企业会要约不可获利的并购,所以当且仅当 $\Delta\pi_{fd}^M \geq 0$ 时,企业跨境并购才会发生。

情况一,如果转型经济体国有企业选择比自身生产成本较高的发达经济体民营企业 f 进行并购,即 $c_d < c_f, f \in N$,通过获利条件的计算,得到当且仅当满足以下条件时,$\Delta\pi_{fd}^M \geq 0$ 成立,即

$$\begin{aligned}\alpha \leq \alpha_{fd} &\equiv (2+n)(1+\beta)[(1+n)^2 - (1+\beta)]c_f - [(1+n)^2(2+\beta)c_d \\ &- (2+n)(1+\beta)nc_d - (2+\beta)(1+n)^2 t]/[(1+n)^2(1+\beta) \\ &- (3+2n)(1+\beta)^2] - c_N\end{aligned} \tag{4-52}$$

α_{fd} 对 c_f 求一阶导数,得到 $\frac{\partial\alpha_{fd}}{\partial c_f} > 0$,所以当 $c_f = c_n$ 时,α_{fd} 取得最大值。因此,当 $\alpha \leq \alpha_{nd}$[①]时,企业会选择跨境并购。α_{nd} 对 β 求一阶导数,得

$$\begin{aligned}\frac{\partial\alpha_{nd}}{\partial\beta} &= \{(c_d + t)(2 - n^2 + 3\beta + 2n\beta)^2 + (2+n)(1+\beta)^2[2c_f(1+n)^3 \\ &- 2c_d(1+n)(3+2n) - (2+n)(3+2n)t]\}/ \\ &(1+\beta)^2(2 - n^2 + 3\beta + 2n\beta)^2 > 0\end{aligned} \tag{4-53}$$

假设在市场负向需求冲击发生之前,发达经济体原始市场容量的大小

---

① $\alpha_{nd} \equiv \frac{[(1+n)^2(2+n)(1+\beta) - (2+n)(1+\beta)^2]c_n - [(1+n)^2 + (2+n)n](1+\beta)c_d - (1+n)^2 cd - (2+\beta)(1+n)^2 t}{(1+n)^2(1+\beta) - (3+2n)(1+\beta)^2} - C_N$

为 α_0，采用 $\alpha_0 - \alpha_{nd}$ 衡量市场负向需求冲击程度。经计算得到 $\dfrac{\partial(\alpha_0 - \alpha_{nd})}{\partial \beta} < 0$，表明市场负向需求冲击程度和政企关联度之间呈负向关系。这表明转型经济体国有企业的政治背景越强、与政府的关系越密切，可以获得的贷款支持越高，面对的融资约束越小，参与跨境并购交易的可能性越大，因为面对的政企关联度越大，促发企业参与跨境并购的负向需求冲击点 α_{nd} 越大。

接着，证实在这种情况下，转型经济体国有企业 d 会选择生产成本最高的发达经济体企业 n 进行跨境并购。假设 $j, k \in \mathbf{N}$ 且 $c_d < c_j < c_k$，通过计算得到当且仅当 $q_j^e + q_k^e > \dfrac{1}{n+1}(q_d^{M,d+j} + q_d^{M,d+k})$ 时，$u_d^{M,d+k} > u_d^{M,d+j}$ ①。由此，得到如下引理 4.2：

引理 4.2　① 在足够大的市场负向需求冲击下，并购双方会选择跨境并购，$\alpha < \alpha_{nd}$；② 如果转型经济体国有企业选择发达经济体生产成本较高的企业进行并购，$c_d < c_f$，则会选择生产成本最高的企业进行并购，即企业 n；③ 市场负向需求程度与政企关联度之间呈反向关系，$\dfrac{\partial(\alpha_0 - \alpha_{nd})}{\partial \beta} < 0$。

情况二，如果转型经济体国有企业 d 选择生产成本较低的发达经济体民营企业 i 进行并购，即 $c_d > c_f, f \in \mathbf{N}$，经计算得到当且仅当满足以下条件时，并购的获利条件 $\Delta \pi_{fd}^M \geqslant 0$ 成立，即

$$\alpha \leqslant \alpha_{fd} \equiv \frac{(2+n)(1+\beta)\left[(1+n)^2 - (1+\beta+n)\right]c_f}{(1+n)^2(1+\beta) - (3+2n)(1+\beta)^2} - \frac{(1+n)^2(2+n)(c_d + t)}{(1+n)^2(1+\beta) - (3+2n)(1+\beta)^2} - c_N \tag{4-54}$$

同样，式(4-54)中的 α_{fd} 关于 c_f 求一阶导数，得到 $\dfrac{\partial \alpha_{fd}}{\partial c_f} > 0$，当 $c_f = c_n$ 时，α_{fd} 取得最大值。当 $\alpha \leqslant \alpha_{nd}^2$ ② 时，企业会选择跨境并购。α_{nd}^2 对 β 求一阶导数，得到

---

① $u_d^{M,d+j} \equiv \pi^M - \pi_j^e, u_d^{M,d+k} \equiv \pi^M - \pi_k^e, u_d^{M,d+j}$ 和 $u_d^{M,d+k}$ 分别表示转型经济体国有企业 d 并购发达经济体企业 j 和企业 k 的预期收益。

② $\alpha_{nd}^2 \equiv \dfrac{(2+n)(1+\beta)\left[(1+n)^2 - (1+\beta+n)\right]c_n}{(1+n)^2(1+\beta) - (3+2n)(1+\beta)^2} - \dfrac{(1+n)^2(2+n)(c_d + t)}{(1+n)^2(1+\beta) - (3+2n)(1+\beta)^2} - c_N$

$$\frac{\partial \alpha_{nd}^2}{\partial \beta} =$$

$$\frac{(c_d + t)(2 - n^2 + 3\beta + 2n\beta)^2 + (1+\beta)^2(2+n)}{[-c_d(2+n)(3+2n) + c_f(2+3n+4n^2+2n^3) - (2+n)(3+2n)t]} > 0 ①$$

$$(4-55)$$

所以 $\frac{\partial(\alpha_0 - \alpha_{nd}^2)}{\partial \beta} < 0$，表明当国有企业并购比自身生产成本低的目标企业时，市场负向需求冲击程度和政企关联度之间呈反向关系。

通过预期收益对企业边际生产成本求导得到 $\frac{\partial(u_d^{M,f+d})}{\partial c_f} < 0$，即转型经济体国有企业将选择发达经济体的生产成本最低的企业 1 进行跨境并购。

根据以上分析，得到引理 4.3：

引理 4.3 ①市场负向需求冲击足够大时，$\alpha < \alpha_{nd}^2$，如果转型经济体国有企业选择比自身生产成本较低的企业进行跨境并购，即 $c_d > c_f$，则会选择生产成本最低的企业进行并购；②市场负向需求程度与政企关联度呈反向关系，$\frac{\partial(\alpha_0 - \alpha_{nd}^2)}{\partial \beta} < 0$。

通过比较两种不同情况下企业选择跨境并购所需市场负向需求冲击临近点值的大小关系以及预期收益的大小关系，结合引理 4.2 和引理 4.3，得到命题 4.3：

命题 4.3 在市场负向需求冲击足够大时，$\alpha < \alpha_{nd}^2$ 或 $\alpha < \alpha_{nd}$，转型经济体国有企业会选择跨境并购。

第一，当发达经济体行业平均生产成本高于转型经济体企业生产成本 $(c_n > c_d)$ 且国有股份比例较高时 $\left(\frac{n^2 - 2}{2n+3} \leq \beta < 1\right)$，如果市场负向需求冲击程度比较小，$\max\{\alpha_{nd}^2, \alpha'\} \leq \alpha < \alpha_{nd}$，转型经济体企业 d 进入发达经济体市场的最优模式为选择生产成本最高的发达经济体企业进行跨境并购，即企业 n；如果市场负向需求冲击足够大，$\alpha < \max\{\alpha_{nd}^2, \alpha'\}$，转型经济体企业 d 进入发达经济体市场的最优模式为选择生产成本最小的发达经济体企业进行跨境并购，即企业 1。

---

① 借鉴 Qiu 等（2007）的研究，一般情况下条件都满足，除非潜在的目标企业生产成本极高或者境外企业个数极少。在本文中只要目标企业所在行业境外企业总数 $n > 7 + 6\sqrt{2}$ 就成立。

第二，当发达经济体行业平均生产成本低于转型经济体企业生产成本 $(c_n \leqslant c_d)$ 且国有股份比例较低时 $\left(0 < \beta < \dfrac{n^2-2}{2n+3}\right)$，如果市场负向需求冲击程度比较小，$\max\{\alpha_{nd}^2, \alpha'\} \leqslant \alpha < \alpha_{nd}$，转型经济体企业 d 进入发达经济体市场的最优模式为选择生产成本最高的发达经济体企业进行跨境并购，即企业 n；如果市场负向需求冲击足够大，$\alpha < \max\{\alpha_{nd}^2, \alpha'\}$，转型经济体企业 d 进入发达经济体市场的最优模式为选择生产成本最小的发达经济体企业进行跨境并购，即企业 1。

第三，当发达经济体行业平均生产成本低于转型经济体企业生产成本 $(c_n \leqslant c_d)$ 且国有股权比例较高 $\left(\dfrac{n^2-2}{2n+3} < \beta < 1\right)$ 时，市场负向需求冲击下，$\alpha < \alpha_{nd}^2$，转型经济体企业 d 进入发达经济体市场的最优模式为选择生产成本最小的发达经济体企业进行跨境并购，即企业 1。

第四，当发达经济体行业平均生产成本高于转型经济体企业生产成本 $(c_n > c_d)$ 且国有股权比例较低 $\left(0 < \beta < \dfrac{n^2-2}{2n+3}\right)$ 时，市场负向需求冲击下，$\alpha < \alpha_{nd}^2$，转型经济体企业 d 进入发达经济体市场的最优模式为选择生产成本最小的境外企业进行跨境并购，即企业 1。

依据引理 4.2 和引理 4.3，政企关联程度会影响企业选择跨境并购所需的市场负向需求冲击的临界点值。发生跨境并购所需的市场负向需求冲击的临界值点与政企关联程度呈正向关系，政企关联度越高，市场负向需求冲击的临界值点越大。这是因为更高的政企关联度约束意味着更大的竞争效应，国有企业的高产出使得消费者获得了更大的利益（Harris et al.，1980）。在市场负向需求冲击下，政企关联度带来的竞争效应过多需要被降低。所以政企关联度越高的企业，需要被降低的竞争效应越多，所需的市场负向需求冲击的临界值越小，可以通过跨境并购扩大境外市场占有率，降低竞争效应。

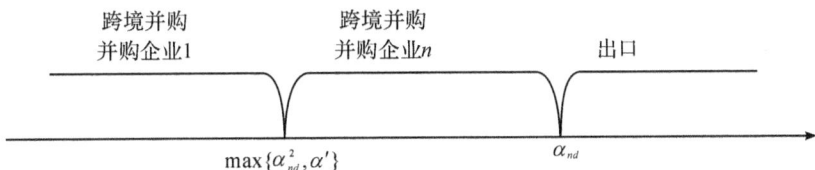

图 4.4　$c_n > c_d$ 且 $\dfrac{n^2-2}{2n+3} < \beta < 1$，或 $c_n \leqslant c_d$ 且 $0 < \beta < \dfrac{n^2-2}{2n+3}$ 时的企业跨境并购选择

跨境并购
并购企业1　　　　　　　　出口

$$\alpha_{nd}^2$$

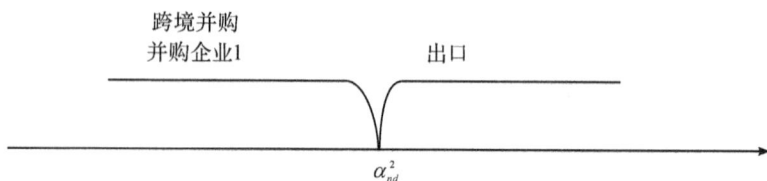

图 4.5　$c_n > c_d$ 且 $0 < \beta < \dfrac{n^2-2}{2n+3}$，或 $c_n < c_d$ 且 $\dfrac{n^2-2}{2n+3} < \beta < 1$ 时的企业跨境并购选择

（3）市场负向需求冲击与企业跨境并购绩效

继续检验国有企业跨境并购带来的预期收益的变化。

如果国有企业并购生产成本高的企业，则带来的收益变化为

$$S_I^M - S_d^e = \frac{[\alpha(1+\beta) + (C_N - c_n)(1+\beta) - nc_n]^2}{(1+n)^2(1+\beta)} -$$
$$\frac{[(1+n)(c_d+t) - \alpha(1+\beta) - C_N(1+\beta)]^2}{(2+n)^2(1+\beta)} < 0 \tag{4-56}$$

由式（4-56）可知，并购生产成本高的目标企业获得的收益小于出口模式下企业获得的收益。收益 $S_I^M - S_d^e$ 对市场容量 α 一阶求导，得到 $\dfrac{\partial(S_I^M - S_d^e)}{\partial \alpha} < 0$。当国有企业并购生产成本最高的目标企业时，负向需求冲击程度与预期收益呈正相关。所以市场负向冲击越大，企业并购带来的预期效益损失越小，越可能进行跨境并购。

如果企业收购生产成本最低的企业，得到的预期收益为

$$S_I^M - S_d^e = \frac{[(\alpha + c_N - c_1)(1+\beta) - nc_1]^2}{(1+n)^2(1+\beta)} -$$
$$\frac{[(1+n)(c_d+t) - \alpha(1+\beta) - c_N(1+\beta)]^2}{(2+n)^2(1+\beta)} > 0 \tag{4-57}$$

由式（4-57）可知，并购生产成本低的目标企业获得的收益大于出口模式下企业获得的收益。收益变化 $S_I^M - S_d^e$ 对市场容量 α 一阶求导，得到 $\dfrac{\partial(S_I^M - S_d^e)}{\partial \alpha} > 0$。当企业并购生产成本低的目标企业时，负向需求冲击程度与预期收益呈负相关。此时，企业跨境并购获得正预期收益，市场负向需求冲击越大，企业跨境并购获得的预期收益越小。

以上分析再次表明，就企业跨境并购绩效而言，如果并购比自身生产成本高的企业，则市场负向需求冲击越大，企业跨境并购带来的绩效降低程度越小，当市场负向需求冲击达到一定程度时，企业跨境并购对绩效的负向影

响会消失。如果并购比自身生产成本低的企业,则市场负向需求冲击越大,企业跨境并购带来的绩效提升幅度越小。

4.3 小 结

本章通过构建单边市场二阶段博弈模型和双边贸易寡头二阶段古诺博弈模型理论分析了市场负向需求冲击影响企业跨境并购决策与企业并购绩效的内在机理。基本结论显示,在市场负向需求冲击下,企业会选择跨境并购。

单边市场模型的构建主要是在 Qiu 等(2007)并购浪潮内生模型的基础上进行了一些改进,主要创新点之一是将出口与跨境并购纳入统一框架进行分析,同时分析了市场负向需求冲击对企业跨境并购决策及跨境并购绩效的影响。依据 Qiu 等(2007)的研究,单边市场博弈模型成立的一个必要条件是企业间存在不同的边际生产成本。与单边市场模型不同,双边贸易寡头模型的构建中,假设并购可以带来企业资产合并,并购后企业生产效率得到提高,生产成本降低,并购方的边际生产成本由 c 降低为 $e_f c \in [0, c]$。

现有关于企业跨境并购的研究基本以发达经济体为研究对象,但由于经济体制的不同,不能直接套用这些结论来阐释中国内地企业的跨境并购行为,因为中国的大型企业一般具有较强的政治背景,在银行融资和政策激励方面拥有一定的优势。基于此,以"政企关联度"为视角,本章探讨了金融危机下企业政治背景对中国内地企业跨境并购的影响。理论模型的基本结论表明:在市场负向需求冲击下,企业会选择跨境并购模式进行境外市场拓展;在市场负向需求冲击下,政企关联度越高的国有企业越有可能提出并购要约。

5 市场负向需求冲击影响企业跨境并购决策的实证检验

第4章探讨了市场负向需求冲击影响企业跨境并购决策与绩效的内在作用机理,本章主要是对市场负向需求冲击影响企业跨境并购决策机理的实证检验。主要的研究方法为:以 2003—2011 年中国制造业细分行业与 2003—2014 年中国制造业企业的数据为样本,构建 Ordered Probit 模型与双变量 Probit 模型进行计量回归分析。研究的主要路径为:首先,对出口与跨境并购数据来源进行说明,给出统计性描述分析。其次,设定 Ordered Probit 模型与双变量 Probit 模型并就模型中的被解释变量、解释变量及控制变量的选取、定义等进行说明。再次,采用 Stata.13 软件进行计量回归检验,依据系数的符号和显著性水平检验回归结果。最后,依据以上分析对本章进行小结。

5.1 数据来源与研究样本说明

5.1.1 出口数据说明

5.1.1.1 制造业行业出口数据来源说明

本书利用 2003—2011 年中国制造业细分行业[①]数据,就市场负向需求冲击影响企业跨境并购决策进行实证分析。[②] 首先,由于中国的出口行业主要集中在制造业,所以需要查找制造业行业的出口数据。制造业行业的出

---

① 国际标准分类码 ISIC-4 位码为 1511—3720 的行业。

② 本部分的样本区间选定为 2003—2011 年,是因为国泰安工业行业数据库里关于行业的年度数据只记录到 2011 年,同时,2003 年以前制造业每个细分行业的相关数据缺失严重。

口数据主要来自联合国商品贸易统计数据库(UNComtrade 数据库),UN-Comtrade 数据库给出了贸易双方的详细信息,包括贸易产品的产品分类码(分别有 HS 码、SITC 码和 BEC 码可以选择)、贸易双方所在地区(具体到每个国家或地区)、贸易类型(出口、进口、再出口和再进口)以及交易总额等。中国制造业细分行业每年出口数据选择的具体步骤如下:首先,笔者按照国际贸易标准分类 ISTC-3 位码查找整理 ISITC-5 位码产品 2003—2011 年的年出口值;其次,参照 Affendy 等(2010)提供的 SITC-2 位码和 ISIC Rev. 3 产品码的转换表,将按 ISTC-5 位码分类的产品按 ISIC-4 位码进行行业归类,得到 2003—2011 年 ISIC-4 位码介于 1511—3720 的每个制造业细分行业的年出口值。

5.1.1.2 制造业企业出口数据

利用 2003—2014 年中国制造业企业数据就市场负向需求冲击对在上海和深圳上市企业的境外拓展模式选择的影响进行实证分析。首先,由于中国的出口行业主要集中在制造业,按照国民经济行业分类标准(大写字母+两位数字码)选择制造业企业(行业代码介于 C13—C42),剔除非制造业企业;其次,依据《2015 年 3 季度上市公司行业分类结果》[①]确定制造业行业的上市企业。

企业每年的出口数据主要来自万得(Wind)数据库,在万得数据库中每个企业都有各自的股票代码和企业名称,可以依据这些代码对每个企业的信息进行识别。依据《2015 年 3 季度上市公司行业分类结果》确定制造业行业的上市企业。查找企业每年的总营业收入判断该年该企业是否存在出口交易:将总营业收入按地区进行划分,如果有来自境外地区或其他国家的收入,则表明存在出口,对应找出 2003—2014 年有出口的制造业行业的上市企业。自企业上市公告之日起截止到 2014 年,如果企业营业收入的数据缺失 50% 以上则剔除该样本。比如,如果企业跨境并购时间发生在企业上市之前,则剔除该样本。如果企业跨境并购发生在 2003 年或 2003 年之后,企业是在 2003 年之前上市的,比如 1999 年,在 2003—2014 年按企业的营业收入数据缺失 50% 以上,则剔除该样本;如果企业是在 2003 年之后上市的,比

---

① 资料来源:http://www.csrc.gov.cn/pub/newsite/scb/ssgshyfljg/201510/W020151027378657037397.pdf。

如 2009 年发生并购,2004 年企业上市,在 2004—2014 年企业年营业收入数据缺失 50％以上,则剔除该样本。

5.1.2　跨境并购数据说明

5.1.2.1　行业跨境并购数据来源

SDC 数据库广泛收录了全球金融市场的信息,内容包括新发证券、企业并购、银团贷款、私募股权等详细信息,并提供自 20 世纪 70 年代以来的数据信息。截至 2014 年,共记录了 90 多万起全球并购事件,包括 2.8 万多起目标企业为美国企业的全球并购事件和 60 多万起目标企业为非美国企业的全球并购事件。在每项并购交易记录中都详细给出了并购方和目标企业的相关信息,包括企业名称、所在国家或地区和详细地址,依据并购双方所在国家或地区的信息可以判断并购是否属于跨境并购;企业生产产品的行业信息,同时给出了企业主要生产产品的 SIC-4 位码,依据并购双方的 SIC-4 位码可以判断并购是属于同行业并购还是跨行业并购,如有将并购双方前 2 位 SIC 码相同的并购定义为同行业并购的(Matsusaka,1993;Hubbard et al.,1999;Chevalier,2004),也有将前 3 位 SIC 码相同(Kaplan et al.,1992)或前 4 位 SIC 码相同(Morck et al.,1990)的并购定义为同行业并购的。在企业属性中,SDC 数据库还给出了并购双方的所有权属性,共分成 5 类,分别为"public""private""subsidiary""joint venture""government owned"。在分析企业所有权属性对并购绩效的影响中可以依据该变量对并购方或目标企业进行划分。一般地,关于企业所有权属性对中国内地企业并购绩效影响的文献中,会结合企业实际控制人信息判断企业的所有权属性:国有企业或民营企业。每项并购交易记录中还给出了其他的变量来定义并购交易的相关信息,如,根据并购交易状态可以判断该项并购是否已经完成,共分成 5 类,分别为"completed""pending""tentative""unknown""withdrawn",其中"completed"表示已经完成的并购交易,在关于企业并购价值效应的研究中,一般以"completed"交易状态的并购为样本进行分析(Hoberg et al.,2010);根据并购交易额和并购股权比例可以判断并购规模,在实证研究中一般依据并购交易额和并购股权比例来选择样本(Akbulut et al.,2010)。SDC 数据库还记录了并购的几个重要时间点:并购公告日、并购完成的时间和并购失败的时间。一般地,可以依据这3个时间分析并购的不同交易状态对企业并购绩效的影响。如在采用事件分析法分析并购对企业绩效的影响中,依据并购的公告日来判断事件发生的时间点,计算超额收益。此外,SDC数据库还给出了企业并购支付方式(现金支付或股权支付)及并购类型,并购类型一共分成以下几类:"acquisition of partial interest""acquisition of majority interest""acquisition of remaining interest""acquisition""buyback""merger"。除此以外,SDC数据库还给出了目标企业并购前1年的一些财务数据,如净销售额、净收益等。

5.1.2.2 企业跨境并购数据说明

依据SDC数据库中并购双方的信息变量和并购方企业的股票代码变量,挑选出并购方为"CHINA",目标企业为非"CHINA"且并购方企业的股票代码属于上海和深圳上市企业的所有交易。经筛选,2003—2014年,SDC数据库记录了543起并购方为中国上市企业的跨境并购交易,其中上海和深圳上市企业发起的跨境并购共322起。接着,依据并购方的SIC-4位码确定企业的行业属性。

5.1.3 出口数据与跨境并购数据的行业匹配

5.1.3.1 行业出口数据与跨境并购数据的行业匹配

由于行业出口数据和跨境并购数据来自不同的数据库,所以需要进行行业匹配,确定同行业在某一年存在何种境外拓展模式,匹配的标准笔者主要借鉴一个加拿大数据库给出的关于SIC-4位码和ISIC-4位码的匹配标准进行,具体方法参考Brakman等(2005)。

5.1.3.2 企业出口数据与跨境并购数据的行业匹配

企业的出口数据是按照国民经济行业分类标准进行行业匹配的,即字母加两位数字的分类标准,制造业的国民经济行业标准码介于C13—C42之间,跨境并购企业的行业分类标准码为SIC-4位码,依据国民经济行业分类标准与ISIC码的对应分类,以及ISIC码与SIC码的对应分类,分别将出口企业和跨境并购企业按ISIC码进行转换匹配。

5.2 实证检验:基于制造业行业数据

5.2.1 模型设定和变量说明

5.2.1.1 模型设定

企业境外拓展实质是一种国际化行为,国际化进程涉及众多的利益相关者,众多因素相互作用,是经验和高信誉的累积过程(Basile et al.,2003)。本书采用 Ordered Probit 模型和双变量 Probit 模型进行实证研究。

(1)Ordered Probit 模型

自 Helpman 等(2004)探讨企业异质性与企业对外直接投资(FDI)关系以来,相关的实证检验都是基于该基本结论进行的(Basile et al.,2003;Pietrovito et al.,2015)。Basile 等(2003)实证检验提出企业规模、企业行业地位、创新和地理位置是影响企业境外拓展模式选择的重要因素。基于 Helpman 等(2004)、Pietrovito 等(2015)的研究结论,笔者首先采用 Ordered Probit 模型进行实证检验,基本模型设定为

$$y_{c,i}^j = \beta_0 + \beta_1 \, \text{market\_shock} + \beta_2 Z_c^j + \beta_3 D^j + \varepsilon_{c,i}^j \tag{5-1}$$

其中,$y_{c,i}^j$ 是有序被解释变量,表示第 t 年行业的境外拓展模式选项;核心解释变量 market_shock 表示市场负向需求冲击程度;Z 表示行业性质的控制变量向量(如,行业资本、行业就业量、行业离散度);D 表示双边关系的控制变量向量(如,距离、共同语言、共同的贸易对象、行业平均关税);$\varepsilon_{c,i}^j$ 为残差项。

(2)双变量 Probit 模型

在需要对两个虚拟变量同时考虑其发生的概率时,可以采用双变量 Probit 模型进行检验。两个 Probit 方程的扰动项之间可能存在相关性,具体考察以下模型:

$$\begin{cases} y_1^* = x'_1 \beta_1 + \varepsilon_1 \\ y_2^* = x'_2 \beta_2 + \varepsilon_2 \end{cases} \tag{5-2}$$

其中,y_1^* 和 y_2^* 为不可观测的潜变量,扰动项 $(\varepsilon_1, \varepsilon_2)$ 服从二维联合正态分布,期望为 0,方差为 1,而相关系数为 ρ,即

$$\begin{bmatrix} \varepsilon_1 \\ \varepsilon_2 \end{bmatrix} \sim N \left\{ \begin{bmatrix} 0 \\ 0 \end{bmatrix}, \begin{bmatrix} 1 & \rho \\ \rho & 1 \end{bmatrix} \right\} \tag{5-3}$$

可观测变量 y_1 和 y_2 由以下方程决定

$$y_1 = \begin{cases} 1, y_1^* > 0 \\ 0, y_1^* \leqslant 0 \end{cases} \tag{5-4}$$

$$y_2 = \begin{cases} 1, y_2^* > 0 \\ 0, y_2^* \leqslant 0 \end{cases} \tag{5-5}$$

如果 $x_1 = x_2$（两个方程的解释变量完全相同），则式(5-2)—式(5-5)称为"双变量 Probit"；反之，如果 $x_1 \neq x_2$（两个方程的解释变量不完全相同），则称为"似不相关双变量 Probit"，因为这两个方程的唯一联系是扰动项的相关性。显然，如果 $\rho = 0$，则此模型等价于两个单独的 Probit 模型。当 $\rho \neq 0$ 时，可写下 (y_1, y_2) 的取值概率，然后进行最大似然估计。比如

$$\begin{aligned} P_{11} &\equiv P(y_1 = 1, y_2 = 1) = P(y_1^* > 0, y_2^* > 0) \\ &= P(\varepsilon_1 > -x'_1\beta_1, \varepsilon_2 > -x'_2\beta_2) \\ &= P(\varepsilon_1 < -x'_1\beta_1, \varepsilon_2 < -x'_2\beta_2) \\ &= \int_{-\infty}^{x'_1\beta_1} \int_{-\infty}^{x'_2\beta_2} \varphi(z_1, z_2, \rho) \mathrm{d}z_1 \mathrm{d}z_2 \\ &= \Phi(x'_1\beta_1, x'_2\beta_2, \rho) \end{aligned} \tag{5-6}$$

其中，$\varphi(z_1, z_2, \rho)$ 和 $\Phi(x'_1\beta_1, x'_2\beta_2, \rho)$ 分别为标准化的二维正态分布的概率密度函数与累积分布函数，期望为 0，方差为 1，而相关系数为 ρ。类似地，可计算 p_{10}, p_{01}, p_{00}，将这些概率取对数后加总，即得到对数似然函数。最后，对原假设"$H_0: \rho = 0$"进行检验，可判断有无必要使用双变量 Probit 模型，或估计两个单独的 Probit 模型。

在双变量 Probit 模型假设中，被解释变量 y_1 的定义如下：如果在第 t 年行业有出口，取值为"1"；否则取值为"0"。被解释变量 y_2 的定义如下：如果在第 t 年行业有进行跨境并购交易，取值为"1"；否则取值为"0"。同时，假设两个方程的解释变量完全相同，解释变量的选取与 Ordered Probit 模型中一致。

5.2.1.2 变量说明

（1）被解释变量

被解释变量是 y。在 Ordered Probit 模型中，基于以上行业划分标准，依据每年每个细分制造业行业的境外拓展模式确定被解释变量 y 的取值。如果该行业在一年内只为国内消费者提供服务，则取值为"0"；如果该年该行业有出口没有跨境并购，则取值为"1"；只要有跨境并购取值为"2"。以上的定

义中可能出现跨境并购与出口贸易同时存在的情况,这时就无法确定市场负向需求冲击对跨境并购的影响,所以进一步将被解释变量做如下定义进行稳健性检验:如果该行业在一年内只为国内消费者提供服务,则取值为"0";如果该年该行业有出口没有跨境并购,则取值为"1";该年该行业既有出口又有跨境并购,则取值为"2";该年该行业只有跨境并购没有出口,则取值为"3"。

(2)解释变量

解释变量是市场负向需求冲击变量 market_shack。到目前为止,缺少对市场负向需求冲击的标准衡量方法,经济发展水平的变化暗含金融危机的影响,经济发展水平与市场需求正向相关,所以各国人均生产总值(GDP)增长率可以部分表示金融危机带来的市场负向需求冲击。众所周知,消费者信心指数(CCI)反映消费者信心强弱的指标,综合反映消费者对经济、消费心理的主观感受,可以预测经济走势和消费水平。借鉴 Adamowicz 等(2013)采用 GDP 增长率和消费者信心指数 CCI 等经济指标衡量发达经济体的经济发展水平和消费能力。鉴于本书主要探讨中国内地企业对发达经济体境外拓展模式的转变,笔者采用世界平均 GDP 增长率和美国消费者信心指数 CCI 衡量市场负向需求冲击。相关数据来自新浪财经网宏观经济数据库。

(3)控制变量

控制变量是企业异质性。依据 Helpman 等(2004)的研究结果,企业异质性对企业对外直接投资行为有重要的影响。借鉴 Pietrovito 等(2015)的研究,企业异质性采用行业销售额离散度衡量,采用行业销售额的标准差除以行业销售额的平均值进行衡量。行业销售额数据来自国泰安金融数据库CSMAR(以下简称国泰安数据库)工业行业经济数据库。由于国泰安数据库的行业分类是中国国民经济行业分类方法,所以需要与 ISIC 码进行匹配。

很多研究者研究证实行业全要素生产率(TFP)对企业进入外国市场模式选择有重要影响。但是基于中国行业生产总值的不可获得性,无法计算全要素生产率(TFP),故采用行业资本和行业就业量代替全要素生产率变量衡量行业生产力(Kimura et al.,2006;Oberhofer et al.,2012)。相关数据来源于国泰安数据库的工业行业数据库。

实证研究已经证实影响进入外国市场模式的相关因素(Helpman et al.,2008)。比如,两国(或地区)的地理距离(distant)直接影响运输成本,因此选取外国市场时需要考虑距离因素[①]。同样,两国(或地区)间的共同语言

① 本部分双边关系数据及主要出口对象的地理距离数据来自法国际经济研究所(Centre d'Etudes Prospectives et d'Informations Internationales,CEPII)。

(language)也影响双边关系,包括贸易和直接投资。双边行业变量的选取上,期望支持并购的理由与著名的"关税跳"效应一致(Yeaple,2003),所以,加入了衡量双边行业平均税率的控制变量 Tariff。

表 5.1 给出了所有变量的统计描述。其中衡量市场负向需求的变量——世界人均 GDP 增长率的均值为 1.61%,最小值为 -3.53%,最大值为 4%,数值跨度比较大,表明 2003—2011 年世界人均 GDP 增长率的个别年份存在较大的波动。衡量市场负向需求的另外一个变量——消费者信心指数 CCI 的跨度也比较大,从最小值 60.1 跨到最大值 97.1,表明金融危机对各经济体的经济发展的影响存在较大差异,各经济体的消费者需求预期存在显著差异。行业销售额的离散度平均值为 1.08,最小值和最大值分别为 0.01 和 2.86,可见行业离散度的跨度也非常大,表明制造业行业内细分行业存在显著的异质性。行业资本存量和就业量的均值分别为 9.07 和 14.25,从最大值与最小值的差距可以看出制造业每个细分行业的就业量和资本存量存在显著的差异。在双边影响因素上,双边行业平均税率达到 3%,介于 7.83% 至 26.88% 之间,表明各个行业间的平均税率存在显著差异。

表 5.1　变量的描述统计(所有样本)

变量	均值	中位数	标准差	最小值	1/4 分位数	3/4 分位数	最大值	Obs. 个数
行业模式	1.11	1.00	0.50	0.00	1.00	1.00	2.00	1044
GDP 增长率	1.61	2.55	2.11	-3.53	1.70	3.02	3.48	1044
CCI	80.60	75.50	12.12	60.10	72.50	91.70	97.10	1044
sales dispersion	1.08	1.04	0.48	0.01	0.77	1.39	2.86	742
language	0.26	0.00	0.44	0.00	0.00	1.00	1.00	1044
labour	9.07	9.23	1.44	3.04	8.22	10.07	12.37	1013
capital	14.25	14.41	1.50	9.10	13.28	15.25	18.19	901
distance	5.60	3.79	4.46	0.00	1.98	10.99	19.30	1044
tariff	3.00	2.66	3.41	-7.83	1.30	5.17	26.88	1028

注:共同语言变量为虚拟变量,如果企业与其主要出口对象有共同语言,则取值为"1";否则取值为"0"。在本部分,因为并购方为中国内地企业,所以如果目标企业所在地区为中国香港、澳门或台湾地区,则取值为"1";否则取值为"0"。行业就业量的单位为人,行业资本的单位为元。在本部分,行业就业量和行业资本均取自然对数。distance 表示并购方与出口主要对象的地理距离。表 5.2 和表 5.3 同注。

表 5.2 报告了"国内""出口""跨境并购"三种不同模式下所有变量的均值和差异化分析检验结果。表 5.2 的检验结果表明:①"出口"和"跨境并购"样本组的世界人均 GDP 增长率的均值存在显著差异,"跨境并购"样本组面临的世界人均 GDP 的均值较小。消费者信心指数均值的差异化分析结果表明"跨境并购"组的消费者信心指数的均值最小。②从行业销售额的离散度看,"跨境并购"组行业销售额离散度的均值最大,表明该组内行业异质性较大。③行业资本存量和行业就业量的差异化分析结果显示:"国内"组的就业量均值最大,"跨境并购"组的资本存量均值最大。

表 5.3 给出了变量的相关性分析结果。表 5.3 表明企业模式选择与人均 GDP 增长率及消费者信心指数(CCI)的相关系数都为负,分别为−0.09、−0.14,表明行业内企业选择"跨境并购"的概率与两者之间都呈负向关系。企业模式选择与行业控制变量,如行业销售额离散度、行业就业人数和行业资本量呈正向关系,相关系数分别为 0.22、0.16 和 0.24,表明行业异质性和行业的生产效率与行业内企业选择"跨境并购"的概率呈正向关系。双边关系控制变量中,企业模式选择与双方之间的地理距离及双边行业的平均关税税率都呈正向关系,系数为 0.13 和 0.04,双边的地理距离越远或行业平均关税越大,出口所需的成本越大,选择跨境并购的概率越大。人均 GDP 增长率与消费者信心指数的相关系数为正,表明消费者信心指数可以表示经济发展方向。

表 5.2　变量的描述统计(分样本)

变量	国内(A)			出口(B)			跨境并购(C)			差异化分析		
	均值	标准差	Obs.个数	均值	标准差	Obs.个数	均值	标准差	Obs.个数	A vs. C	B vs. C	A vs. B
GDP增长率	1.54	2.41	78	1.72	2.05	775	1.21	2.30	191	1.08	2.98***	−0.73
CCI	79.52	12.08	78	81.62	12.06	775	76.89	11.71	191	1.66**	−3.41***	−1.47*
sales dispersion	13.87	1.81	71	13.75	1.27	755	14.11	1.41	187	−1.48*	4.89***	1.50*
language	1.14	0.39	24	1.01	0.42	554	1.32	0.56	164	19.61***	−7.55***	17.50***
labour	1.00	0.00	78	0.20	0.40	775	0.17	0.37	191	−5.23***	1.09	−3.36***
capital	8.42	1.87	71	9.01	1.37	755	9.54	1.40	187	−4.89***	−4.69***	−1.50*
distance	13.83	1.67	63	14.12	1.43	678	14.97	1.52	160	−13.07***	−6.70***	−12.17***
tariff	0.00	0.00	78	5.97	4.33	775	6.41	4.33	191	−7.26***	−1.28	−8.62***

表 5.3 变量的相关性检验(所有样本)

变量	(1)	(2)	(3)	(4)	(5)	(6)	(7)	(8)	(9)
Form	1								
GDP 增长率	−0.0919	1							
CCI	−0.1463	0.8324	1						
sales dispersion	0.2212	0.0098	−0.0031	1					
language	−0.1979	−0.0265	−0.0036	−0.0074	1				
labour	0.1574	0.116	0.228	0.2382	0.0037	1			
capital	0.2364	0.0602	0.1078	0.3284	0.0123	0.8661	1		
distance	0.1287	−0.0381	−0.0529	−0.0852	−0.5775	−0.0521	−0.0959	1	
tariff	0.0441	0.3246	0.2061	−0.0056	0.2603	−0.021	0.025	−0.249	1

5.2.2　计量回归结果分析

5.2.2.1　Ordered Probit 模型计量回归结果分析

（1）基础模型计量分析

在进行 Ordered Probit 模型实证检验之前先进行二元概率模型检验。被解释变量的取值设定：如果在第 t 年行业 i 有跨境并购行为，取值为"1"，否则取值为"0"。表 5.4 结果显示，市场负向需求冲击变量的系数符号都为负，表明市场负向需求冲击与行业内企业选择跨境并购概率呈正相关，即市场负向需求冲击越大，行业内企业选择跨境并购的概率越大。边际效应系数显示，市场负向需求冲击程度每提高 1%，行业内企业选择跨境并购的概率的提高幅度在 0.6% 到 4% 之间。企业并购的三种效应分别为将并购双方的竞争内部化、提高生产效率以及给行业内的其他企业带来正的外部效应。在行业内的境外市场需求下降的情况下，依据理论分析结果可知高价收购高生产成本的企业可以将竞争内部化且提高生产效率；低价收购高生产成本的企业可以将竞争内部化，提高市场竞争力。所以，市场负向需求冲击下企业并购的动机越大。此外，表示行业离散度的变量的系数显著为正，且通过 1% 的显著性水平检验，表明制造业行业的离散程度越大，行业内选择跨境并购的交易量越多;行业内的资本量的系数为正,表明行业内的资本总量越多,企业选择跨境并购的概率越大,证实企业的生产效率越高,企业进行国际化的程度越深(Pietrovito et al.,2015)。除此之外,其他变量对企业选择跨境并购的概率都没有显著的影响。

表5.4 二元 Probit 计量回归结果

变量	系数	边际效应	系数	边际效应
世界平均 GDP 增长率	-0.16*** (-3.06)	-0.04*** (-3.08)		
CCI			-0.02*** (-4.58)	-0.006*** (-4.63)
sales dispersion	0.61*** (4.56)	0.17*** (4.55)	0.61*** (4.50)	0.16*** (4.50)
language	-0.28 (-1.55)	-0.07* (-1.68)	-0.29 (-1.58)	-0.07* (-1.71)
labour	-0.16 (-1.62)	-0.04 (-1.61)	-0.07 (-0.70)	-0.02 (-0.70)
capital	0.39*** (3.57)	0.11*** (3.58)	0.39*** (3.55)	0.10*** (3.57)
distance	0.008 (0.51)	0.002 (0.51)	0.007 (0.39)	0.002 (0.39)
tariff	0.01 (0.51)	0.003 (0.51)	0.01 (0.66)	0.004 (0.66)
常数	-4.09*** (-5.30)		-2.42*** (-2.77)	
average predicted probability		0.189		0.185
observious	653		653	

注:***、**、* 分别表示在1%、5%、10%水平上显著。表5.5—表5.7同注。

接着,笔者基于总样本数据采用 Ordered Probit 模型进行计量回归。Ordered Probit 模型不仅可以检测解释变量对被解释变量的影响,还可以给出解释变量对被解释变量不同选项概率与预测概率的影响。表5.4中计量模型的被解释变量取值如下:如果在第 t 年行业只有国内销售,则取值为

"0";如果在第 t 年行业有出口交易,则取值为"1";只要该行业在第 t 年有跨境并购交易,则取值为"2"。表 5.4 的结果显示:用来衡量市场负向需求冲击的两个变量的系数符号都为负且都通过 1% 的显著性水平检验,表明市场负向需求冲击对企业跨境并购选择有显著的影响。但是系数符号只可以显示解释变量对被解释变量最后一个选项的影响(Greene,2008;Wooldridge,2010),所以笔者还需要报告每个选项的预测概率变化,从而得到市场负向需求对国内销售、出口及跨境并购选择的影响。如,在以世界人均 GDP 增长率衡量市场负向需求的模型中,负向市场需求冲击程度增加 1 单位,选择"只为国内消费者提供产品"的概率降低 1%,选择"直接出口"的概率降低 5%,相反,选择"跨境并购"的概率却提高了 5%。

行业控制变量回归系数符号表明:行业离散度变量的系数符号都为正,这一结论与 Helpman 等(2004)的结论一致,表明企业异质性与企业选择跨境并购概率呈正向关系,行业内企业的销售额越高,该企业选择跨境并购的概率越大。

与标的方关系的控制变量结果表明:与标的方的距离的系数为正,表明与目标企业的地理距离越远,行业内企业选择跨境并购的概率越大。这容易理解,因为企业选择出口的运输成本提高。出口的平均关税税率符号为正,预测概率变化结果显示关税提高 1%,选择出口的概率降低 2%,选择跨境并购的概率提高 2%,因为关税税率越大,企业选择出口的成本越高。

此外,实证结果显示两个分类阈值(Cut1 和 Cut2)的系数都不等于 1,且都通过 5% 的显著性水平检验,表明三种分类有不同的空间(Basile et al.,2003),没有重复。

表 5.5 Ordered Probit 模型的估计结果(总样本)

变量	系数	国内	出口	跨境并购	系数	国内	出口	跨境并购
世界平均 GDP 增长率	−0.20*** (−4.13)	0.01*** (2.95)	0.05*** (3.97)	−0.05*** (−4.14)				
CCI					−0.02*** (−5.25)	0.001*** (3.21)	0.01*** (4.95)	−0.01*** (−5.27)
sales dispersion	0.46*** (3.85)	−0.02*** (−2.78)	−0.11*** (−3.73)	0.12*** (3.85)	0.46*** (3.79)	−0.02*** (−2.72)	−0.10*** (−3.67)	0.12*** (3.78)

续表

变量	系数	国内	出口	跨境并购	系数	国内	出口	跨境并购
language	−0.76*** (−4.69)	0.04*** (2.85)	0.12*** (5.87)	−0.16*** (−5.81)	−0.77*** (−4.73)	0.04*** (2.81)	0.12*** (5.94)	−0.16*** (−5.87)
labour	−0.09 (−1.10)	0.003 (1.06)	0.02 (1.10)	−0.03 (−1.10)	−0.01 (−0.12)	0.0003 (0.12)	0.002 (0.12)	−0.003 (−0.12)
capital	0.39*** (3.92)	−0.01*** (−2.87)	−0.09* (−1.81)	0.10*** (3.92)	0.39*** (3.90)	−0.01*** (−2.82)	−0.09*** (−3.76)	0.10*** (3.90)
distance	0.03* (1.83)	−0.0001* (−1.70)	−0.006* (−1.81)	0.007* (1.83)	0.03* (1.68)	−0.001 (−1.57)	−0.01* (−1.66)	0.01* (1.68)
tariff	0.09*** (4.52)	−0.003*** (−3.22)	−0.02*** (−4.25)	0.02*** (4.53)	0.09*** (4.56)	−0.003*** (−3.19)	−0.02*** (−4.30)	0.02*** (4.57)
CUT1	2.40** (3.80)				2.59** (4.00)			
CUT2	5.56*** (4.19)				4.06*** (5.29)			
average predicted probability		0.014	0.806	0.180		0.013	0.811	0.177
observations	652				652			

在上述 Ordered Probit 模型的被解释变量的设定中,最后一个选项并不能完全给出市场负向需求冲击对企业选择跨境并购概率的影响,因为在那种设定下有可能出现出口与跨境并购同时存在的情况,此时只表明市场负向需求冲击对出口与跨境并购同时存在的概率的影响。所以,笔者接下来对被解释变量的设定做如下处理:如果在第 t 年行业内没有企业出口和跨境并购,则取值为"0";如果只有出口没有跨境并购,则取值为"1";如果有出口且有跨境并购,则取值为"2";如果没有出口只有跨境并购,则取值为"3"。计量回归结果见表 5.6。

表 5.6　Ordered Probit 模型的估计结果（总样本）

变量	系数	边际效应系数				系数	边际效应系数			
		国内	只有出口	出口和跨境并购	只有跨境并购		国内	只有出口	出口和跨境并购	只有跨境国并购
世界平均GDP增长率	−0.19*** (−3.89)	0.007*** (2.94)	0.04*** (3.75)	−0.05*** (−3.90)	−0.01* (−1.39)					
CCI						−0.02*** (5.16)	0.001*** (3.30)	0.01*** (4.86)	−0.01*** (−5.16)	−0.01* (−1.38)
sales dispersion	0.43*** (3.68)	−0.02*** (−2.76)	−0.09*** (−3.57)	0.11*** (3.66)	0.02* (1.42)	0.43*** (3.62)	−0.02*** (−2.70)	−0.09*** (−3.51)	0.11*** (3.59)	0.02* (1.36)
language	−0.69*** (−4.31)	0.04*** (2.76)	0.11*** (5.44)	−0.15*** (−5.24)	−0.02* (−1.40)	−0.70*** (−4.37)	0.04*** (2.74)	0.11*** (5.52)	−0.15*** (−5.33)	−0.02* (−1.34)
labour	−0.09 (−1.05)	0.003 (1.01)	0.02 (1.04)	−0.02 (−1.04)	−0.004 (−0.88)	−0.005 (−0.05)	0.002 (0.05)	0.001 (0.05)	−0.001 (−0.05)	−0.002 (−0.05)
capital	0.36*** (3.74)	−0.01*** (−2.85)	−0.08*** (−3.60)	0.09*** (3.72)	0.02* (1.41)	0.36*** (3.72)	−0.01*** (−2.80)	−0.08*** (−3.59)	0.09*** (3.70)	0.01* (1.38)
distance	0.03* (1.74)	−0.001 (−1.64)	−0.01* (−1.72)	0.01* (1.74)	0.01* (1.13)	0.02 (1.58)	−0.001 (−1.51)	−0.01 (−1.57)	0.01 (1.59)	0.01* (1.15)
tariff	0.08*** (4.13)	−0.003*** (−3.18)	−0.02*** (−3.92)	0.02*** (4.16)	0.04* (1.38)	0.08*** (4.22)	−0.003*** (−3.18)	−0.02*** (−4.00)	0.02*** (4.25)	0.03* (1.33)
CUT1	1.08* (2.38)					6.03*** (5.63)				
CUT2	4.15*** (5.49)					2.51*** (4.03)				
CUT3	6.22*** (7.66)					4.63*** (6.23)				
常数项		0.015	0.0802	0.181	0.018		0.014	0.807	0.177	0.012
observations	653					653				

表 5.6 结果显示,核心解释变量市场负向需求的系数依然显著为负。均值边际效应系数表明市场负向需求程度每提高 1%,出口与跨境并购同时存在的概率可以提高 1%～5%;只有跨境并购的概率可以提高 1%;相反,只有出口的概率会降低 1%～4%。该结果表明,在市场负向需求冲击下,企业并不是完全将出口转换为跨境并购。

企业控制变量的系数没有显著的变化,如表示行业离散度的销售额变量的系数符号为正,行业内企业异质性程度越高,企业的销售额越高,该企业选择跨境并购的概率越大,异质性程度每提高 1 个百分点,企业选择跨境并购的概率就提高 2%。但从均值边际效应的系数值可以看出,负向需求程度每提高 1 个百分点,对选择"出口和跨境并购"及"跨境并购"的影响程度存在差异,选择出口与跨境并购的概率增加幅度较大。

5.2.2.2 双变量 Probit 模型计量回归结果分析

为验证企业选择跨境并购的各影响因素,尤其是市场负向需求冲击对企业跨境并购行为的影响,笔者继续建立双变量 Probit 模型进行实证检验,得到的回归结果如表 5.7 中模型 1a、1b、2a 和 2b 所示。从表 5.7 中模型的回归结果笔者可以得出以下结论:市场负向需求冲击对企业选择跨境并购的概率具有显著的正效应,对企业选择出口的概率也具有正效应。从其他控制变量回归结果的系数来看,行业离散程度对企业选择跨境并购具有正向影响。行业资本存量的回归系数为正,且通过 1% 的显著性水平检验。

表 5.7 双变量 Probit 模型回归结果

变量	模型 1a	模型 1b	模型 2a	模型 2b
	出口	跨境并购	出口	跨境并购
market shock	−0.33** (−2.10)	−0.14*** (−2.72)		
CCI			−0.03* (−1.82)	−0.02*** (−4.30)
sales dispersion	−0.57** (−2.04)	0.60*** (4.34)	−0.51* (−1.84)	0.60*** (4.25)
labour	−0.09 (−0.62)	−0.17 (−1.61)	0.02 (0.13)	−0.08 (−0.77)
capital	0.54*** (3.66)	0.38*** (3.29)	0.51*** (3.30)	0.38*** (3.34)

变量	模型 1a	模型 1b	模型 2a	模型 2b
	出口	跨境并购	出口	跨境并购
tariff	0.67***	−0.005***	0.64***	−0.0002
	(3.25)	(−5.47)	(3.25)	(−0.01)
常数项	0.29	−4.02***	2.28	−2.47***
	(0.21)	(−5.47)	(1.33)	(−2.94)
Wald test	5.70**	4.51**		

5.3 实证检验:基于制造业企业数据

5.3.1 模型设定和变量选择

5.3.1.1 模型的设定

(1)Ordered Probit 模型

同上节的实证检验模式,首先采用 Ordered Probit 模型进行实证分析,与第 4 章不同的是,在本章中的控制变量发生变化,具体的模型如下

$$y_{c,i}^j = \beta_0 + \beta_1 \text{market\_shock} + \beta_2 Z_c^j + \beta_3 B^j + \varepsilon_{c,i}^j \tag{5-7}$$

其中,$y_{c,i}^j$ 是有序被解释变量,表示企业境外拓展模式选择;market_shock 表示金融危机带来的市场负向需求冲击程度;Z 表示行业性质的控制变量向量(如,行业市场竞争水平、行业销售额离散度);B 表示并购方自身属性的控制变量向量(如,企业规模、企业收益率、企业偿债能力、企业与政府关联程度等);$\varepsilon_{c,i}^j$ 为残差项。

(2)加入交互项的二元 Probit 模型

在理论分析中,得到政企关联度会影响企业进行跨境并购交易所需的市场负向需求冲击程度的临界值点。为此,笔者加入政企关联度与市场负向需求冲击的交互项(share * market_shock),考虑政企关联度对市场负向需求冲击对企业选择跨境并购概率的影响。模型设定如下

$$y_{c,i}^j = \beta_0 + \beta_1 \text{market\_shock} + \beta_2 \text{share} + \\ \beta_{12} \text{share} * \text{market\_shock} + \beta_i Z_{c,i}^j + \varepsilon_{c,i}^j \tag{5-8}$$

其中,$y_{c,i}^j$ 是有序被解释变量,依据企业境外拓展模式进行取值:如果该企业在第 t 年没有跨境并购,则取值为"0";有跨境并购取值为"1";market_shock

表示市场负向需求冲击的影响；share 表示企业的政企关联度；share * market_shock 表示市场负向需求冲击与政企关联度的交互项；Z 表示其他控制变量（包括行业市场竞争水平、行业销售额离散度、企业规模、企业收益率、企业偿债能力）；$\varepsilon_{c,i}^{j}$ 为残差项。

在非线性模型中，不能直接得到交互项的偏效应。非线性模型里交互项的偏效应可能与线性回归得到的结果不同。依据非线性模型中交互项的偏效应估计方法，本书关于国有企业与市场负向需求冲击偏效应的系数的计算公式设定如下

$$
\begin{aligned}
p(y=1) = \Phi(\beta_0 &+ \beta_1 \, \text{market\_shock} + \beta_2 \, \text{share} \\
&+ \beta_{12} \, \text{share} \times \text{market\_shoc} + \beta_i Z_{c,i}^{j} + \mu)
\end{aligned}
\tag{5-9}
$$

其中，对交互项的偏效应是

$$
\frac{\partial^2 p(y=1)}{\partial \text{market\_shock} \partial \text{share}} =
\tag{5-10}
$$

$$
\Phi''(\beta_2 + \beta_{12} \, \text{market\_shock})(\beta_1 + \beta_{12} \, \text{share}) + \Phi' \beta_{12}
$$

市场负向需求冲击的偏效应是

$$
\frac{\partial p(y=1)}{\partial \text{market\_shock}} = \Phi'(\beta_1 + \beta_{12} \, \text{share})
\tag{5-11}
$$

软预算约束的偏效应是

$$
\frac{\partial p(y=1)}{\partial \text{share}} = \Phi'(\beta_2 + \beta_{12} \, \text{market\_shock})
\tag{5-12}
$$

（3）双变量 Probit 模型

双变量 Probit 模型如下

$$
\begin{cases}
y_1^* = x'_1 \beta_1 + \varepsilon_1 \\
y_2^* = x'_2 \beta_2 + \varepsilon_2
\end{cases}
\tag{5-13}
$$

其中，被解释变量 y_1 的定义如下：如果在第 t 年企业 i 有出口，取值为"1"；否则取值为"0"。被解释变量 y_2 的定义如下：如果在第 t 年企业 i 有进行跨境并购交易，取值为"1"；否则取值为"0"。同时，笔者假设两个方程的解释变量完全相同，解释变量的选取与 Ordered Probit 模型中一致。

5.3.1.2　变量说明

（1）被解释变量

被解释变量是 y。在 Ordered Probit 模型中，被解释变量的取值与上节

的方法相同,依据每年企业的境外拓展模式确定被解释变量 y 的取值。首先,如果该企业在一年内只为国内消费者提供服务,则取值为"0";如果该年企业有出口没有跨境并购,则取值为"1";只有跨境并购取值为"2"。其次,将被解释变量定义如下:如果该企业在一年内只为国内消费者提供服务,则取值为"0";如果该年该企业有出口没有跨境并购,则取值为"1";该年该企业既有出口又有跨境并购,则取值为"2";该年该企业只有跨境并购没有出口,则取值为"3"。

(2)控制变量

此外,行业内企业的竞争地位也会影响企业的经营活动,如产品市场竞争会导致掠夺行为,进而导致市场份额重新划分、市场资源重新配置、市场结构重组,影响企业活动和地位。如产品市场竞争会导致不同竞争地区企业收支现金地位不同,直接影响企业现金流风险的高低。笔者采用赫芬达尔-赫希曼指数(Herfindahl-Hirschman Index,HHI)表示行业市场竞争力水平,采用企业总资产计算企业市场份额,具体计算公式为

$$HHI = \sum_{i=1}^{N} \left(\frac{X_i}{X} \right)^2 = \sum_{i=1}^{N} S_i^2 \tag{5-14}$$

其中,X 表示市场总规模,X_i 表示企业 i 的规模。企业市场规模采用企业总资产表示,总资产数据来源于国泰安数据库。

企业所在行业离散度:依据 Helpman 等(2004)的研究结果,行业离散度对企业境外拓展模式选择具有显著的影响。借鉴 Pietrovito 等(2015)的研究,采用行业销售额的标准差除以行业销售额的平均值衡量。行业销售额数据来自国泰安数据库工业行业经济数据库。由于国泰安数据库的行业分类是中国国民经济行业分类方法,所以需要与 ISIC 码进行匹配。

Gorton 等(2009)认为企业规模对并购绩效有显著的影响。Moeller 等(2004)研究发现小规模企业并购获得超额收益大于大规模企业。Bertrand 等(2012)认为企业跨境并购绩效与企业规模反向相关。企业规模影响企业并购的预期价值效应,企业并购的预期价值效应影响企业经理人的投资决策。本书在控制变量中引入企业规模变量,参考 Barai 等(2014)的研究,采用企业市场价值表示,企业市场价值选用国泰安中国上市企业财务指标分析数据库的企业市场价值 A 衡量,市场价值 A 的具体计算方法请参考国泰

安中国上市企业财务指标分析数据库的标注。

Jensen 等(1976)指出企业资本结构可以衡量企业经理人的管理能力,高负债率迫使企业经理人进行有效的投资,降低了代理人风险。Gao(2011)研究发现企业负债率与企业并购绩效存在正相关性。本书采用并购前一年年底的产权比率表示(debt),产权比率的数据来自国泰安中国上市企业财务指标分析数据库,具体计算公式如下

$$产权比率 = \frac{负债合计}{所有者权益合计} \tag{5-15}$$

Jensen(1986)认为当企业产生大量自由现金流量时,企业经理人会进行生产效率较低的投资,企业现金流对企业管理者的投资决策有重要的影响(Rajan et al. ,2000;Scharfstein et al. ,2000)。Bushman 等(2007)认为企业的 Tobin's Q 值暗含了企业的投资机会,狂妄假说指出绩效好的企业反而更容易导致并购失败,降低企业价值。借鉴 Akbulut 等(2010)引入控制变量企业 Tobin's Q 值[①]和现金流量企业 Tobin's Q 值,现金流量来自国泰安中国上市企业财务指标分析数据库,Tobin's Q 值计算公式为

$$Tobin's\ Q = \frac{市值 A}{资产总计} \tag{5-16}$$

Capron 等(2007)发现企业与政府的关联程度对企业绩效有显著的影响,加上新兴经济体的市场发展与发达经济体截然不同,企业运营体制及环境存在显著差异(Carney et al. ,2011)。在新兴经济体中,大型企业一般为政府所有,企业与政府的关联程度直接影响企业投资决策与绩效收益。所以,对中国内地企业来说,探讨国有股份比例对企业跨境并购选择的影响十分必要。企业国有股权的数据来源于国泰安数据库及每年企业年报。

表 5.8 给出了所有变量的统计描述。在总样本中,世界人均 GDP 增长率平均值约为 2.53,最小值为 -2.25,最大值为 4.34,表明整个样本期内经济发展存在较大差异;消费者信心指数的均值为 79.68,最小值为 60.1,最大值为 97.1,表明样本期内消费者需求量跨度极大。行业销售额离散度的平均值为 80.01,最小值为 60.10,最大值 97.10,其标准差为 8.21,表明制造

---

① 张新(2003)等认为狂妄假说对中国上市公司的并购行为具有一定的解释能力。

业企业的异质性较大。行业的平均税率达到 9.79，介于 2.65 和 31.58 之间，表明不同行业的平均税率存在显著差异。国有股权比例的平均值为 0.142，其中最小值为 0，最大值为 0.85。企业市场价值的平均值为 66.20 亿元，最小值为 1.29 亿元，最大值为 2170 亿元，表明企业规模大小存在明显的差异。

表 5.9 报告了三种不同模式下的所有变量进行差异化分析结果。从 T 检验结果可以看出，"国内销售"样本组与其他两个样本组在世界人均 GDP 增长率的均值上存在显著的差异，T 检验的系数符号表明"国内销售"样本组下世界人均 GDP 增长率较大。但是"出口"与"跨境并购"两个样本组之间世界人均 GDP 的均值之间没有显著的差异。当采用消费者信心指数衡量市场负向需求冲击程度时，得到一致的结论。此外，表 5.9 显示"跨境并购"样本组所在企业的行业销售额离散度、国有股份比例以及现金流量的均值比其他两组的均值都要大，相反企业规模的均值要小于其他两组的均值。三组 HHI 均值的 T 检验结果表明，"国内"样本组的行业市场竞争水平的均值小于"出口"样本组的均值。可见，不同样本组下，不同变量间存在显著的差异，表明这些因素可能对企业的模式选择有一定程度的影响。

表 5.10 报告了变量间的相关性。表 5.10 结果显示，企业模式的选择与世界人均 GDP 增长率，与消费者信心指数 CCI 的系数均为 −0.05，表明经济发展水平越高，消费者需求越大，企业选择跨境并购的概率越小；企业模式选择与国有股份比例的相关系数为 −0.09，表明企业国有股份比例越小，与政府的关联程度越低，企业选择跨境并购的可能性越大；与行业销售额离散程度的系数关系为 −0.08，表明企业的异质性越大，企业选择跨境并购的概率越大，与企业产权比率及规模呈正向关系；与企业的现金流量与 Tobin's Q 值的系数为负，表明企业的收益越好，其选择跨境并购的概率越小。此外，世界人均 GDP 增长率与消费者信心指数的系数为 0.25，系数符号为正，表明世界人均 GDP 增长率与消费者信心指数是衡量经济发展水平的两个不同指标，经济发展水平可以预测消费者需求，消费者的预期需求可以预测经济发展水平，两个指标可以用来衡量经济发展方向和市场需求状况。

表 5.8　变量的统计描述（所有样本）

变量	均值	中位数	标准差	最小值	1/4 分位数	3/4 分位数	最大值	Obs. 个数
GDP	1.22	1.26	1.10	−3.37	1.00	1.56	3.15	3853
CCI	80.01	82.50	8.21	60.10	74.50	88.70	97.10	3853
sd_mean	0.57	0.50	0.26	0.17	0.38	0.69	2.27	3849
HHI	0.06	0.04	0.06	0.02	0.03	0.08	1.00	3853
share	0.08	0.00	0.18	0.00	0.00	0.00	0.86	3852
debt	0.47	0.53	29.22	−1786.02	0.23	1.07	253.48	3853
size	66.20	34.01	134.38	1.29	20.16	61.95	2170.00	3853
Tobin's Q	1.89	1.49	2.08	0.05	0.92	2.29	54.28	3853

注：GDP 表示世界人均 GDP 增长率，CCI 表示美国消费者信心指数，这两个变量用来衡量市场负向需求冲击；share 表示国有股份比例；HHI 指数用来衡量行业竞争水平；sd_mean 表示行业销售额的离散度，用来衡量行业异质性；同时笔者选取企业产权比率（debt）、企业市场价值衡量企业规模（size）和 Tobin's Q 来衡量企业自身属性的影响。表 5.9 和表 5.10 同注。

表 5.9　变量的统计描述（分样本）

变量	国内（A）			出口（B）			跨境并购（C）			差异化分析		
	均值	标准差	Obs. 个数	均值	标准差	Obs. 个数	均值	标准差	Obs. 个数	A vs. C	B vs. C	A vs. B
GDP	1.31	1.18	924	1.20	1.07	2831	1.14	0.94	98	1.43*	0.55	2.79***
CCI	80.63	8.90	924	79.85	8.01	2831	78.83	6.86	98	1.94**	1.24	2.50***
sd_mean	0.60	0.22	924	0.56	0.28	2827	0.51	0.21	98	3.93***	1.73**	4.33***
HHI	0.06	0.04	924	0.07	0.06	2831	0.06	0.06	98	−1.15	0.67	−4.37***
share	0.10	0.21	923	0.07	0.17	2831	0.03	0.09	98	3.63***	2.56***	4.67***
debt	−0.74	59.46	924	0.87	2.96	2831	0.61	1.84	98	−0.23	0.83	−1.46*
size	55.40	90.13	924	68.49	144.34	2831	101.84	171.55	98	−4.34***	−2.23**	−2.59***
Tobin's Q 企业收益率	2.15	2.68	924	1.82	1.87	2831	1.74	0.99	98	1.52*	0.43	4.01***

表 5.10　变量的相关性检验（所有样本）

变量	(1)	(2)	(3)	(4)	(5)	(6)	(7)	(8)	(9)
form	1.00								
GDP	−0.05	1.00							
CCI	−0.05	0.25	1.00						

变量	(1)	(2)	(3)	(4)	(5)	(6)	(7)	(8)	(9)
sd_mean	−0.08	0.02	0.06	1.00					
HHI	0.06	−0.02	−0.06	0.11	1.00				
share	−0.09	0.13	0.11	0.15	0.06	1.00			
debt	0.02	0.07	0.02	0.00	−0.02	0.02	1.00		
size	0.06	−0.02	0.00	−0.02	0.05	0.03	0.01	1.00	
Tobin's Q	−0.07	−0.02	0.04	−0.02	−0.07	−0.10	−0.03	0.07	1.00

5.3.2　计量回归结果分析

5.3.2.1　Ordered Probit 模型回归结果分析

与上一节实证检验方法相同,先进行二元 Probit 模型计量回归检验。表 5.11 显示,不论是采用世界人均 GDP 增长率还是采用消费者信心指数 CCI 来衡量市场负向需求冲击程度,回归系数符号都为负,且都通过 10% 的显著性水平检验,表明市场负向需求冲击程度与企业选择跨境并购的概率正相关。边际效应系数结果表明市场负向需求冲击程度每提高 1%,企业选择跨境并购的概率至少提高 0.1%。控制变量的回归结果显示,行业离散销售额离散程度的回归系数表明企业异质性与企业选择跨境并购的概率正相关;企业的国有股份比例的回归系数显著为负,边际效应的系数结果表明企业国有股份比例每增加 1 个百分点,企业选择跨境并购的概率会降低 6.1%;企业规模大小与企业选择跨境并购的概率正相关;其余控制变量的回归系数都没有通过显著性水平检验,表明不影响企业选择跨境并购的概率。

表 5.11　二元 Probit 模型回归结果

变量	系数	边际效应	系数	边际效应
GDP	−0.025* (−1.62)	−0.001* (−1.61)		
CCI			−0.007* (1.62)	−0.004* (−1.60)
Sd_mean	0.363* (1.83)	0.019* (1.86)	0.364* (1.83)	0.019* (1.59)
HHI	−0.136 (−0.15)	−0.007 (−0.15)	−0.213 (−0.23)	−0.011 (−0.23)

续表

变量	系数	边际效应	系数	边际效应
share	−1.150*** (−2.84)	−0.061*** (−3.04)	−1.151*** (−2.83)	−0.061*** (−3.03)
debt	0.0001 (0.06)	−0.0005 (0.06)	0.001 (0.04)	0.0004 (0.04)
size	0.060*** (2.58)	0.03*** (2.58)	0.062*** (2.63)	0.032*** (2.64)
Tobin's Q	−0.043 (−1.24)	−0.002 (−1.25)	−0.039 (−1.15)	−0.021 (−1.15)
常数	−1.64*** (−10.97)		−1.21** (−2.33)	
Observious	3848		3848	

注:***、**、*分别表示在1%、5%、10%水平上显著。表5.12和5.13同注。

表5.12报告了 Ordered Probit 模型的计量回归结果。核心解释变量的回归结果系数符号为负,且都通过显著性水平检验,表明两个变量对企业选择跨境并购的概率都有显著的影响,且均值边际效应的系数结果表明市场负向需求冲击程度每提高1个百分点,企业选择跨境并购的概率将增加至少0.02%。行业控制变量回归结果显示:行业竞争指数 HHI 与企业选择跨境并购的概率正相关,行业竞争水平提高1个单位,选择跨境并购的概率增加9.5%;行业的离散度系数符号都为正,这一结论与 Helpman 等(2004)的结论一致,表明企业异质性与企业选择跨境并购概率正相关,企业销售额越高,选择跨境并购的概率越大。

企业自身属性变量回归系数的结果表明:企业规模与企业选择跨境并购概率的关系为正,企业规模每扩大1个百分点,企业选择跨境并购的概率相应增加3.2%;相反,企业的国有股份比例和 Tobin's Q 值的系数符号为负,表明这两个变量与企业选择跨境并购概率的关系为负,即企业与政府的关联程度越密切或企业收益率越高,企业选择跨境并购的概率越低;企业产权比率的回归系数没有通过显著性水平检验,表明该指标对企业选择跨境并购的概率没有显著的影响,企业产权比率衡量企业的长期还债能力,所以企业长期还债能力不影响企业的境外拓展模式选择。

在本模型中,两个分类阈值(Cut1 和 Cut2)的系数也都不等于1,且都通过1%的显著性检验,表明三种分类有不同的空间,没有重复。

表5.12 Ordered Probit 模型的回归结果

变量	系数	国内	出口	跨境并购	系数	国内	出口	跨境并购
GDP	−0.041** (−2.16)	0.012** (2.17)	−0.010** (−2.16)	−0.002** (−2.14)				
CCI					−0.004* (−1.65)	0.001 (1.65)	−0.001 (−1.65)	−0.0002* (−1.64)
sd_mean	0.358*** (4.51)	−0.111*** (−4.51)	−0.091*** (−4.47)	0.019*** (4.29)	0.353*** (4.44)	−0.108*** (−4.44)	0.089*** (4.40)	0.019*** (4.23)
HHI	1.750*** (4.08)	−0.537*** (−4.08)	0.440*** (4.05)	0.095*** (3.91)	1.731*** (4.02)	−0.532*** (−4.03)	0.437*** (4.00)	0.095*** (3.86)
share	−0.611*** (−5.23)	0.187*** (5.22)	−0.154*** (−5.16)	−0.033*** (−4.87)	−0.620*** (−5.32)	0.191*** (5.32)	−0.157*** (−5.23)	−0.034*** (−4.94)
debt	0.001 (1.22)	−0.003 (−1.22)	0.002 (1.22)	0.005 (1.22)	0.0009 (1.13)	−0.003 (−1.13)	0.002 (1.13)	0.005 (1.12)
size	0.059*** (3.69)	−0.001*** (−3.70)	0.015*** (3.67)	0.032*** (3.59)	0.059*** (3.75)	−0.018*** (−3.75)	0.001*** (3.72)	0.033*** (3.64)
Tobin's Q	−0.044*** (−4.49)	0.013*** (4.49)	−0.011*** (−4.45)	−0.024*** (−4.24)	−0.043*** (−4.41)	0.013*** (4.41)	−0.011*** (−4.37)	−0.023*** (−4.17)
CUT1	−0.956*** (−15.02)				−1.24*** (−5.95)			
CUT2	1.76*** (24.45)				1.48*** (7.05)			
average predicted probability		0.235	0.742	0.023		0.235	0.742	0.023
Observations	3848				3848			

接下来对被解释变量的设定做如下处理:如果在第 t 年行业内没有企业出口和跨境并购,则取值为"0";如果有出口且没有跨境并购,则取值为"1";如果有出口且有跨境并购,则取值为"2";如果没有出口只有跨境并购,则取值为"3"。在这种设定下,可以直接检验市场负向需求冲击对企业选择跨境并购模式进行境外拓展概率的影响,计量回归结果见表5.13。

表5.13结果显示,市场负向需求冲击的系数显著为负,表明市场负向需求冲击对企业只选择跨境并购方式进行境外拓展的概率有提高作用。从均值边际效应的系数值可以看出,市场负向需求冲击程度对选择"出口和跨境并购"及"跨境并购"的影响存在差异。

企业控制变量中,表示行业离散度的销售额变量的系数符号变为负,表明行业内企业异质性程度越高,该企业选择跨境并购的概率越小,异质性程度每提高 1 个百分点,企业选择跨境并购的概率降低 0.34%。

表 5.13 Ordered Probit 模型的回归结果二

变量	系数	系数	国内	只有出口	出口与跨境并购	只有跨境并购
GDP	−0.041** (−2.16)		0.013** (2.16)	−0.010** (−2.15)	−0.002** (−2.12)	−0.0003* (−1.90)
CCI		−0.004* (−1.70)	0.001* (1.70)	−0.001* (−1.70)	−0.0002* (−1.68)	−0.00003 (−1.57)
sd_mean	−0.348*** (−4.39)	−0.343*** (−4.31)	0.106*** (4.32)	−0.087*** (−4.28)	−0.015*** (−4.06)	−0.003*** (−2.94)
HHI	1.753*** (4.09)	1.731*** (4.03)	−0.532*** (−4.04)	0.437*** (4.01)	0.079*** (3.81)	0.016*** (2.84)
share	−0.604*** (−5.18)	−0.613*** (−5.26)	0.189*** (5.26)	−0.155*** (−5.20)	−0.028*** (−4.78)	−0.005*** (−3.20)
debt	0.001 (1.22)	0.001 (1.12)	−0.003 (−1.13)	0.002 (1.12)	0.0004 (1.12)	0.0003 (1.08)
size	0.603*** (3.81)	0.609*** (3.85)	−0.187*** (−3.86)	0.154*** (3.82)	0.028*** (3.68)	0.005*** (2.81)
Tobin's Q	−0.044*** (−4.49)	−0.044*** (−4.39)	0.013*** (4.40)	−0.011*** (−4.36)	−0.002*** (−4.09)	−0.0004*** (−2.96)
CUT1	−0.949*** (−14.93)	−1.239*** (−5.96)				
CUT2	1.766*** (24.57)	1.475*** (7.04)				
CUT3	2.528*** (23.24)	2.238*** (9.97)				
average predicted probability			0.235	0.741	0.020	0.003
observations	3848	3848				

5.3.2.2 加入交互项的二元 Probit 模型的回归结果分析

进一步地,从理论模型回归的结果可知,企业选择跨境并购的目标企业会出现两种情况:生产成本最高或生产成本最低的企业。两种情况下企业所需的最大的市场负向需求冲击程度不同,且两种情况下市场负向需求程度与政企关联度的关系不同。所以,有必要依据目标企业的生产成本进行样本分类,检验跨境并购发生时,市场负向需求程度与政企关联度之间的关系。由于无法获得目标企业的生产成本数据或可以计算生产成本的相关数据，无法直接依据目标企业的生产成本进行划分。

本书采用了比较间接的方法进行检验：借鉴 Qiu 等（2007），因为边际生产成本为常数，当两家企业合并后，将关闭生产成本高的企业，保留生产成本低的企业继续生产。所以，如果我国企业并购生产成本较低的外国企业，就会留下生产成本较低的企业继续生产。同时，依据企业并购三个效应的相互作用，当企业选择生产成本最低的企业进行并购时，其中一个的效应便是获得生产效率的提升，而当企业选择生产成本最高的企业进行并购时，生产效率不会得到提升。基于此，本书假设，如果企业跨境并购后的生产成本小于并购前，则可以认为企业并购的是生产成本较低的目标企业；如果并购后生产效率没有得到提升，则认为企业并购的是生产效率较低的目标企业。[①] 对企业生产成本的直接衡量又是一个难题，本部分选择从企业市场势力、生产效率及利润率等多个角度探讨企业并购前后的变化，观察企业生产成本的变化。各个指标具体的衡量方法如下：①市场势力采用销售成本与销售额的比值进行衡量；②生产效率分别采用四种不同计算方式的 ROA 值衡量，具体为国泰安数据库中国上市公司财务指标分析数据库中的 ROAA、ROAB、ROAC 和 ROATTM；③利润率主要采用国泰安数据库中国上市公司财务指标分析数据库中的利润率和利润率 TTM 两个指标衡量；④总成本与总收益的比值采用国泰安数据库中国上市公司财务指标分析数据库中的采用营业成本率与销售期间费用率的总和表示，两个指标分别两种衡量方式。

接着按照以下步骤进行实证检验：首先，分别查找出并购前后 5 年的数值[②]，采用 T 检验法和 Mann-Whity 检验法对前后 5 年该比值的均值进行差异化分析。其次，依据差异化分析结果，选出并购后数值变大的定义为并购了生产成本较低企业的子样本，其余的定义为并购了生产成本较高企业的子样本。[③]

---

① 在这种情况下，并购方并购后生产效率下降的原因之一在于并购整合失败造成生产效率降低。

② 由于跨境并购样本数据的起始年份为 2003 年，而企业的上市时间必然早于并购时间，所以并购方并购发生 5 年前的数据最早可推至 1998 年。此外，笔者分别比较了并购方并购前后 3 年、2 年的生产效率进行差异化分析，得到的结果基本一致。因此，本部分以并购前后 5 年的生产效率检验结果为依据进行比较分析。

③ 正文中仅报告以销售成本与销售额的比值来衡量生产成本时的实证结果，其他衡量方式下的实证结果见附录，实证结果基本一致。

在此之前,首先对不同目标企业下政企关联度对企业跨境并购选择的影响进行分析。表5.14中模型1和模型2以并购生产成本较低的企业为子样本检验市场负向需求程度对企业跨境并购行为的影响。模型1和模型2的回归结果显示:市场负向需求程度与企业选择跨境并购的概率成正相关关系,国有股份比例的系数为负,表明国有股份比例与企业选择跨境并购概率之间的关系为负。相应地,模型3和模型4以并购生产成本较高的企业为子样本检验了当不考虑市场负向需求冲击与政企关联度的关系时,市场负向需求程度对企业跨境并购行为的影响,结果一致。同样模型3和模型4中国有股份比例变量的系数符号也为负,且都通过1%的显著性水平检验,表明国有股份比例与企业选择跨境并购的概率呈反向关系。从系数值看,当目标企业不同时,政企关联度对企业跨境并购选择概率的影响程度存在差异。

表5.14　不同目标企业下政企关联度对企业跨境并购选择的影响检验

变量	目标企业生产成本较低		目标企业生产成本较高	
	模型1	模型2	模型3	模型4
GDP	−0.047** (−2.31)		−0.038** (−2.03)	
CCI		−0.005* (−1.72)		−0.004* (−1.39)
sd_mean	−0.346*** (−4.09)	−0.340*** (−4.01)	−0.362*** (−4.54)	−0.358*** (−4.48)
HHI	2.195*** (4.56)	2.184*** (4.53)	1.834*** (4.24)	1.819*** (4.20)
share	−0.549*** (−4.50)	−0.564*** (−4.63)	−0.593*** (−5.06)	−0.605*** (−5.17)
debt	0.001 (1.27)	0.001 (1.16)	0.001 (1.22)	0.001 (1.13)
size	0.065*** (3.51)	0.066*** (3.54)	0.054*** (3.30)	0.054*** (3.33)
Tobin's Q	−0.044*** (−4.38)	−0.043*** (−4.28)	−0.044*** (−4.43)	−0.043*** (−4.35)
CUT1	−0.913*** (−13.44)	−1.250** (−5.64)	−0.947*** (−14.79)	−1.154*** (−5.52)
CUT2	2.605*** (22.01)	2.269*** (9.48)	1.186*** (24.71)	1.608*** (7.60)
observations	3763	3763	3832	3832

进一步检验国有企业政企关联度对市场负向需求冲击的调节作用。参考 Lin 等(2012)采用企业所有权结构(定义虚拟变量:国有企业,取值为"1";民营企业,取值为"0")表示。参照国泰安数据库中的企业实际控制人信息进行所有权结构划分:若实际控制人表示为"1100""2100""2120""2500",定义为国有企业;实际控制人为"1200""1210""3100""3110""3000",为民营企业(详细信息,请参考国泰安数据库中国上市公司股东研究数据库),回归结果见表 5.15 和表 5.16。

表 5.15 结果表明,两种不同生产成本为目标企业的情况下,市场负向需求程度与企业选择跨境并购的概率呈负相关。从 SOE 的回归系数看,系数显著为正,表明国有企业选择跨境并购的概率大于民营企业。两者的交互项系数为负,且通过 1‰ 的显著性水平检验,表明面临相同的市场负向需求程度时,国有企业选择跨境并购的概率比民营企业更大,即市场负向需求冲击程度对国有企业选择跨境并购概率的影响程度大于民营企业。

表 5.16 中非线性交互项的实证结果表明,不论是以生产成本低的企业还是以生产成本高的企业为目标进行跨境并购,都存在偏效应。从偏效应系数和标准差的分布看,偏效应的波动跨度很大,Z 值的绝对值绝大部分都大于 1.96,表明交互项的偏效应都显著。两种不同生产成本目标企业选择下,市场负向需求冲击时,国有企业与民营企业对跨境并购的选择都存在差异。

表 5.15　加入交互项的二元 Probit 模型的回归结果

| 变量 | 销售成本/销售额 | | ROA | | 利润率 | | 总成本/营业额 | |
	生产成本较低	生产成本较高	生产成本较低	生产成本较高	生产成本较低	生产成本较高	生产成本较低	生产成本较高
GDP	−0.127*** (−2.771)	−0.131*** (−3.64)	−0.013*** (−2.297)	−0.149*** (−2.700)	0.266** (2.454)	0.142*** (2.895)	0.266** (2.454)	0.270** (2.543)
sd_mean	−0.500** (−2.299)	−0.416*** (−3.71)	0.691* (1.811)	−0.660*** (−2.925)	−0.743*** (−2.592)	−0.547** (−2.321)	−0.743*** (−2.592)	−0.694** (−2.487)
HHI	−1.702 (−1.479)	−0.168 (−1.30)	−3.369 (−0.988)	−1.928 (−1.602)	−2.156 (−1.429)	−2.006 (−1.579)	−2.156 (−1.429)	−1.900 (−1.281)
SOE	0.157*** (3.313)	0.160*** (3.83)	0.879*** (2.610)	0.651*** (2.298)	0.468* (1.649)	0.470* (1.657)	0.468* (1.649)	0.473* (1.646)

续表

变量	销售成本/销售额		ROA		利润率		总成本/营业额	
	生产成本较低	生产成本较高	生产成本较低	生产成本较高	生产成本较低	生产成本较高	生产成本较低	生产成本较高
debt	-0.001 (-1.085)	-0.003^{**} (-2.28)	0.004 (1.511)	-0.001 (-1.523)	-0.001^{***} (-2.614)	-0.000^{**} (-2.274)	-0.001^{***} (-2.614)	-0.001^{***} (-2.632)
size	0.001^{***} (3.428)	0.001^{***} (3.372)	-0.002 (-0.297)	0.035^{***} (3.486)	0.021^{***} (3.660)	0.001^{***} (3.925)	0.001^{***} (3.660)	0.001^{***} (3.563)
Tobin's Q	-0.050 (-1.622)	-0.039^{***} (-3.863)	0.021^{**} (2.184)	-0.061^{*} (-1.824)	-0.019 (-0.679)	-0.051 (-1.586)	-0.019 (-0.679)	-0.014 (-0.541)
SOE×GDP	-0.231^{***} (-3.095)	-0.383^{***} (-4.222)	-0.145^{**} (-2.555)	-0.212^{**} (-2.320)	-0.410^{***} (-3.323)	-0.242^{***} (-3.173)	-0.410^{***} (-3.323)	-0.412^{***} (-3.387)
常数项	-1.818^{***} (-10.060)	-2.735^{**} (-2.63)	-3.702^{***} (-27.953)	-1.730^{***} (-8.528)	-2.161^{***} (-7.251)	-1.772^{***} (-9.073)	-2.161^{***} (-7.251)	-2.218^{***} (-7.789)

注：表中利润率采用国泰安数据库中给出的数值衡量，ROA采用其中的ROAC指标衡量，总成本/营业收入等于营业成本/营业收入与销售期间成本/营业收入之和。当采用剩余4个指标衡量时，所得结果一致。***、**、*分别表示在1%、5%、10%水平上显著。

表 5.16　交互项偏效应检验

变量	均值	标准差	最小值	最大值	均值	标准差	最小值	最大值
销售成本/销售额	生产成本较低				生产成本较高			
交互项偏效应系数	-0.0098	0.0037	-0.063	$-1.66\text{E}-06$	-0.0117	0.0046	-0.0722	$-8.08\text{E}-09$
交互项偏效应系数标准差	0.0142	0.0053	$1.32\text{E}-05$	0.0565	0.0044	0.0019	$8.63\text{E}-08$	0.0311
交互项偏效应系数的 Z 值	-0.7233	0.2461	-2.5487	-0.1254	-2.6433	0.5902	-3.4738	-0.0935
	利润率							
交互项偏效应系数	-0.0101	0.0042	-0.0602	$-4.20\text{E}-07$	-0.0114	0.0042	-0.0655	$-1.64\text{E}-06$
交互项偏效应系数标准差	0.0042	0.0017	$3.22\text{E}-06$	0.0300807	0.0042	0.0017	$1.29\text{E}-05$	0.02903
交互项偏效应系数的 Z 值	-2.3834	0.5174	-3.0303	-0.1158	-2.7057	0.5814	-3.4774	-0.1270

续表

变量	均值	标准差	最小值	最大值	均值	标准差	最小值	最大值
ROA								
交互项偏效应系数	−0.0012	0.0018	−0.0307	−3.49E−22	−0.0102	0.0044	−0.0622	−1.14E−07
交互项偏效应系数标准差	0.0011	0.0016	1.61E−20	0.0230384	0.0042	0.0018	9.62E−07	0.0309
交互项偏效应系数的 Z 值	−1.2137	0.3116	−1.8599	−0.0216525	−2.3783	0.5274	−3.0470	−0.1062
总成本/营业额								
交互项偏效应系数	−0.0145	0.0066	−0.0957	−0.00001	−0.0147	0.0065	−0.0957	−0.00003
交互项偏效应系数标准差	0.0063	0.0033	7.14E−05	0.0456	0.0062	0.0033	0.0002	0.0454
交互项偏效应系数的 Z 值	−2.3747	0.6249	−3.7299	−0.1587	−2.4465	0.6329	−3.8426	−0.1728

5.3.2.3　双变量 Probit 计量回归结果分析

为验证企业选择跨境并购的各影响因素,尤其是市场负向需求冲击对企业跨境并购行为的影响,笔者继续建立双变量 Probit 模型进行实证检验,得到的回归结果如表 5.17 中模型 1a、模型 1b、模型 2a 和模型 2b 所示。从表 5.17 中模型的回归结果可以得出:对原假设"$H_0：\rho=0$"的 Wald 检验结果显示,p 值小于 0.05,故可以认为拒绝原假设,需采用双变量 Probit 模型进行分析。

从回归结果中各变量的系数大小和符号看,市场负向需求冲击对企业选择跨境并购的概率具有显著的正效应,对企业选择出口的概率也具有正效应。从其他的控制变量回归结果的系数来看,行业离散程度对企业选择跨境并购具有正向影响。企业的国有股份比例的系数显著为负,通过 1% 的显著性水平检验,表明企业与政府的关联程度越高,企业选择跨境并购的概率越小。当前尤其是金融危机后,中国内地企业跨境并购中,民营企业"走出去"的比率逐年提高。同时,虽然民营企业的比率逐年增加,但是国有企业仍占据主要地位。并购方企业规模越大,企业选择跨境并购的概率越大,因为企业规模越大。

表 5.17　双变量 Probit 模型回归结果

变量	模型 1a	模型 1b	模型 2a	模型 2b
	出口	跨境并购	出口	跨境并购
GDP	-0.04^{**} (-2.10)	-0.03^{**} (-1.65)		
CCI			-0.003^{*} (-1.91)	-0.01^{*} (-1.62)
sd_mean	0.39^{***} (4.53)	0.34^{*} (1.74)	0.38^{***} (4.48)	0.34^{*} (1.74)
HHI	2.33^{***} (4.57)	-0.09 (-0.09)	2.34^{***} (4.56)	-0.17 (-0.18)
share	-0.55^{***} (-4.44)	-1.13^{***} (-2.82)	-0.56^{***} (-4.60)	-1.14^{***} (-2.82)
debt	0.0001 (1.27)	0.0001 (0.06)	0.001 (1.17)	0.0001 (0.04)
size	0.06^{***} (2.67)	0.06^{***} (2.60)	0.06^{***} (2.71)	0.06^{***} (2.65)
Tobin's Q	-0.04^{***} (-4.35)	-0.04 (-1.18)	-0.04^{***} (-4.29)	-0.04 (-1.09)
常数项	0.93^{***} (13.39)	-1.66^{***} (-11.23)	1.13^{***} (5.04)	-1.11^{**} (-2.31)
Wald test	4.176^{**}		4.285^{**}	

注：***、**、* 分别表示在 1%、5%、10% 水平上显著。表 5.18 和表 5.19 同注。

同样，接下来我们将总样本分成两个子样本：目标企业生产成本最高的目标企业或生产成本最低的目标企业。双变量 Probit 的模型结果分别见表 5.18 和表 5.19。[①] 表 5.18 给出了以并购生产成本较低的数据为子样本的计量回归结果表明，对原假设"$H_0：\rho=0$"的 Wald 检验结果显示，p 值大于 0.05，故可以认为接受原假设，不需采用双变量 Probit 模型进行分析。基于此，笔者分别对"出口"和"跨境并购"进行二元 Probit 回归检验。对"跨境并购"的二元 Probit 回归检验结果显示，核心解释变量消费者信心指数的回归系数为负，通过 1% 的显著性水平检验，表明市场负向需求冲击程度与企业选择跨境并购的概率呈正相关。表 5.19 给出了以并购生产成本较高的数据为子样本的计量回归结果表明，对原假设"$H_0：\rho=0$"的 Wald 检验结果

---

① 正文中仅报告以销售成本与销售额的比值来衡量生产成本时的实证结果，其他衡量方式下的实证结果见附录，实证结果基本一致。

显示，p 值小于 0.05，故可以认为拒绝原假设，需要采用双变量 Probit 模型进行分析。表 5.19 中模型 1b 和模型 2b 的结果表明市场负向需求冲击程度与企业选择跨境并购的概率呈显著的正相关。国有股份比例变量的系数符号为负，且都通过 5% 的显著性水平检验，表明政企关联度与企业选择跨境并购的概率之间呈负相关。企业规模的回归系数符号为正，表明大规模企业选择跨境并购的概率较大。

表 5.18　双变量 Probit 模型回归结果（目标企业生产成本较低）

变量	双变量 Probit 模型		双变量 Probit 模型		二元 Probit 模型	
	模型 1a	模型 1b	模型 2a	模型 2b	出口	跨境并购
	出口	跨境并购	出口	跨境并购		
GDP	−0.047**	−0.028				
	(−2.26)	(−0.30)				
CCI			−0.004	−0.046***	−0.004	−0.047***
			(−1.31)	(−2.60)	(−1.31)	(−2.61)
sd_mean	−0.356***	−0.422	−0.352***	−0.523	−0.352***	−0.504
	(−4.14)	(−0.83)	(−4.08)	(−0.96)	(−4.08)	(−0.94)
HHI	2.385***	−1.315	2.386***	−1.646	2.384***	−1.564
	(4.62)	(−0.50)	(4.60)	(−0.61)	(4.60)	(−0.58)
share	−0.523***	−1.638	−0.545***	−2.245	−0.544***	−2.241
	(−4.24)	(−0.99)	(−4.42)	(−1.14)	(−4.42)	(−1.15)
debt	0.001	−0.0001	0.001	−0.0005	0.001	−0.0005
	(1.28)	(−0.05)	(1.16)	(−0.02)	(1.16)	(−0.02)
size	0.057***	0.028	0.058***	0.037	0.058***	0.037
	(2.68)	(0.44)	(2.70)	(0.62)	(2.69)	(0.61)
Tobin's Q	−0.044***	−0.070	−0.043***	−0.039	−0.043***	−0.036
	(−4.32)	(−0.77)	(−4.24)	(−0.44)	(−4.24)	(−0.40)
常数项	0.898***	−2.265***	1.125***	1.263	1.126***	1.266
	(12.88)	(−5.87)	(4.99)	(1.90)	(5.00)	(0.90)
Wald test	0.284	0.242				

表 5.19　双变量 Probit 模型回归结果（目标企业生产成本较高）

变量	模型 1a	模型 1b	模型 2a	模型 2b
	出口	跨境并购	出口	跨境并购
GDP	−0.041**	−0.024*		
	(−1.97)	(1.55)		
CCI			−0.003	−0.002*
			(−1.19)	(−1.39)

续表

变量	模型 1a	模型 1b	模型 2a	模型 2b
	出口	跨境并购	出口	跨境并购
sd_mean	−0.387***	−0.322	−0.383***	−0.319
	(−4.53)	(−1.62)	(−4.48)	(−1.61)
HHI	2.372***	0.043	2.371***	0.023
	(4.64)	(0.05)	(4.62)	(0.02)
share	−0.548***	−1.014**	−0.565***	−1.014**
	(−4.47)	(−2.54)	(−4.61)	(−2.54)
debt	0.001	0.0001	0.001	0.0001
	(1.26)	(0.08)	(1.17)	(0.06)
size	0.058***	0.064***	0.059***	0.064***
	(2.76)	(2.76)	(2.79)	(2.79)
Tobin's Q	−0.043**	−0.041	−0.043***	−0.040
	(−4.29)	(−1.13)	(−4.22)	(−1.11)
常数项	0.919***	−1.727***	1.125***	−1.568***
	(13.29)	(−11.30)	(5.02)	(−3.15)
Wald test	5.883**	5.95**		

5.4 小 结

本章以 2003—2011 年中国制造业行业数据以及 2003—2014 年中国制造业企业数据为样本,通过构建 Ordered Probit 模型和双变量 Probit 模型,实证检验了市场负向需求冲击对企业跨境并购决策的影响。

实证结果表明,市场负向需求冲击程度与企业选择跨境并购的概率呈正相关。在实证模型分析中主要有以下两个重难点:一是样本数据的选择和匹配。在制造业行业出口数据和跨境并购数据的匹配过程中,主要是 ISIC 码与 STC 码、ISIC 码与 SIC 码的匹配;在制造业企业出口数据和跨境并购数据的匹配过程中,主要是国民经济行业分类与 SIC 码的匹配。二是市场负向需求衡量指标的选择。本章的实证研究存在以下不足:一是目标企业及目标企业所在行业其他企业的财务数据无法获得,目标企业生产成本无法直接计算比较,所以只能对并购方并购前后的生产成本进行差异化分析。二是市场负向需求的衡量方法还不具有权威性。

6 市场负向需求冲击影响企业跨境并购绩效的实证检验

第4章关于市场负向需求冲击影响企业跨境并购的机理分析探讨了市场负向需求冲击对企业跨境并购绩效的影响。本章将实证检验市场负向需求冲击对企业跨境并购绩效的影响。首先,对样本数据来源与研究方法进行说明,介绍企业跨境并购绩效的衡量方法。其次,实证市场负向需求冲击对企业跨境并购绩效的影响。最后,以 2008 年全球金融危机为例,实证检验金融危机对中国内地企业跨境并购绩效的影响。采用 CUSUM 检验、Chow 检验以及 Bai-Perron 多重断点检验判断金融危机初始点,对样本进行金融危机前后划分;依据不同的分类标准,对金融危机前后并购的超额收益进行差异化检验,探讨金融危机对中国内地企业跨境并购绩效的影响;采用多元回归分析法检验金融危机对企业跨境并购绩效的影响。

6.1 数据来源与研究方法说明

6.1.1 数据来源说明

在企业跨境并购绩效的评估中需要大量的企业股票数据,而相对于非上市企业而言,上市公司的股票数据和财务数据更容易获得,同时为保证数据统计指标的一致性,笔者仅探讨中国上市企业的跨境并购对其绩效的影响。① 样本包含 2002 年 1 月 1 日到 2014 年 12 月 31 日在中国上海和深圳上

---

① 本部分的企业股票数据主要来自国泰安数据库,虽然该数据库的境外研究系列中包含我国香港地区金融市场研究数据库,但股票交易数据不完全,因此本部分所指"中国上市企业"主要指在中国内地上市的企业。

市的中国内地企业的跨境并购事件[①],企业跨境并购的数据来自 SDC 数据库。样本的选择标准如下:并购方为在中国上海和深圳上市的中国内地企业;并购时间为 2002 年 1 月 1 日到 2014 年 12 月 31 日;目标企业为境外企业(包括中国香港、澳门和台湾地区的企业);交易额达到 100 万美元以上或收购股权比例高于 10%;同一企业两起并购交易时间的间隔要大于 1 个月。原样本包括 504 起跨境并购事件,剔除没有评估期股票回报数据的样本,剔除 240 天的日股票收益中包含 50% 以上零回报的样本,最终样本 318 件。

中国上市企业的股票价格和指数数据来自国泰安 CSMAR 数据库的中国市场股票交易数据库,其中指数采用开盘指数表示,企业并购的短期绩效采用日股票数据衡量,市场收益率依据上证综指和恒生指数计算。

6.1.2 企业跨境并购绩效估算方法介绍

为衡量新信息对公司股票价格的反映程度,金融研究中普遍采用事件研究方法(event study methodology)进行分析,自 Kelly(1976)首次将事件研究方法用于分析企业并购对企业短期绩效的影响以来[②],越来越多的经济学者采用事件研究方法评估企业跨境并购绩效(如 Rumelt,1974,1982;Montgomery et al.,1979;Bettis,1981;Akbulut et al.,2010;Barai et al.,2014),目前事件研究法已经成为衡量企业并购绩效的公认方法之一。事件研究方法的步骤如下:确定事件日期(在本书中即为企业跨境并购的公告日当天)—确定事件窗口—确定估计期—选择公司样本—计算实际收益率—计算非正常收益率 AR—计算非正常收益率之和 CAR 确定 AR 和 CAR 的统计显著性。

其中,个股的超额收益 AR 等于实际收益 R_{it} 减去预期收益 $E(R_{it})$,即

$$AR_{it} = R_{it} - E(R_{it}) \tag{6-1}$$

运用市场模型计算评估期股票收益 $E(R_{it})$,即

$$E(R_{it}) = \hat{R}_{it} = \hat{\alpha}_{it} + \hat{\beta}_i R_{mt} \tag{6-2}$$

---

① 将 2002 年作为研究的节点是因为考虑以下两点:其一,2002 年中国加入世界贸易组织(WTO)后,中国金融体制不断完善;其二,2002 年以后,中国内地企业跨境并购规模快速扩大,并购质量大幅度提升。

② Binder(1998)认为 Kelly(1967)是首次利用资本市场股票价格变化来衡量公司并购绩效的人。

个股超常收益（AR）的计算公式为

$$AR_{it} = R_{it} - (\hat{\alpha}_i t + \hat{\beta}_i R_{mt}) \tag{6-3}$$

计算标准均超常回报 ASAR 和标准累积均超常收益 ASCAR

$$\text{ASAR}_t = \frac{1}{N} \sum_{i=1}^{N} \left[(R_{it} - \hat{a}_i - \hat{b}_i R_{mt}) / S_{it} \right] \tag{6-4}$$

$$\text{ASCAR}_{T_1,T_2} = \sum_{t=T_1}^{T_2} \text{ASAR} / \sqrt{(T_2 - T_1 + 1)} \tag{6-5}$$

其中，S_{it} 是企业 i 的标准方差，其表达式为

$$S_{it} = \left\{ S_i^2 \left[1 + \frac{1}{L} + \frac{(R_{mt} - \overline{R}_m)}{\sum_{k=1}^{L} (R_{mk} - R_m)^2} \right] \right\}^{\frac{1}{2}} \tag{6-6}$$

其中，L 表示评估期的样本量；S_i 表示市场模型回归中企业 i 的残差；R_{mk} 表示评估期第 k 天参照样本的市场回报；R_{mt} 表示第 t 天的市场回报；$\overline{R}_m$ 表示评估期市场回报的均值。

最后，采用 Patell(1976) 的 Z 值检验方法来检测命题假设——超常收益为零的显著性，即分别采用 Z_t 值、Z_{T_1,T_2} 值检验 ASAR_t 和 ASCAR_{T_1,T_2} 等于零的原假设，具体公式为

$$Z_t = \sqrt{N} \times \text{ASAR}_t \tag{6-7}$$

$$Z_{T_1,T_2} = \left[\frac{\sqrt{N}}{\sqrt{T_2 - T_1 + 1}} \right] \sum_{t=T_1}^{T_2} \text{ASCAR}_t \tag{6-8}$$

为规避人民币升值的影响，本书分别采用单因素市场模型和双因素市场模型评估中国内地企业并购超额收益。以市场模型为基准模型，评估期为 240 天的股票日收益数据（−300，−61）。单因素和双因素的市场模型计算公式分别为

$$AR_t = \frac{1}{N} \sum_{i=1}^{N} (R_{it} - a_i - \hat{b}_{im} R_{mt}) \tag{6-9}$$

$$AR_t = \frac{1}{N} \sum_{i=1}^{N} (R_{it} - a_i - \hat{b}_{im} R_{mt} - \hat{b}_{ic} R_{ct}) \tag{6-10}$$

其中，AR_t 表示企业 i 在第 t 天的超额收益，R_{it} 表示企业在第 t 天的实际收益，R_{mt} 表示企业第 t 天的市场收益，R_{ct} 表示企业第 t 天的汇率收益。α，$\hat{b}_{im}$ 和 $\hat{b}_{ic}$ 分别是市场模型的最小二乘回归系数。

计算标准均超常回报 ASAR 和标准累积均超常收益 ASCAR。最后，采

用 Z 值检验方法来检测命题假设——超常收益为零的显著性。

6.2 市场负向需求冲击影响企业跨境并购绩效的实证检验

6.2.1 模型设定及相关变量分析

6.2.1.1 计量模型的设定

本书借鉴 Barai 等(2014)模型的设定,综合考察企业自身属性和并购交易特征的影响,设定模型如下:

$$y_{it} = \alpha + \beta_0 \text{financial\_crisis} + \beta_1 X_{it} + \beta_2 Z_{it} + \beta_3 B_{it} + \varepsilon_{it} \quad (6\text{-}11)$$

其中,被解释变量 y_{it} 表示并购方的并购绩效收益;financial_crisis 表示市场负向需求冲击的影响。控制变量向量 X_{it} 表示并购交易特征的变量,包括并购类型("同行业并购"vs."跨行业并购")、并购支付方式("股票支付"vs."其他支付方式")和并购方式("资产并购"vs."非资产并购")。控制变量向量 Z_{it} 表示并购方自身属性,包括账面市值比、市场价值、财务杠杆比率、Tobin's Q、产权比率。控制向量 B_{it} 表示并购方面临的政府干预程度,包括两个方面:一是政府干预的直接作用,主要表示政府政策的作用;二是企业的政治背景,如果国有企业的实际控制人一般为政府官员,政府的社会责任会被带入国有企业的经营上,企业国有股份比例越大,企业的社会责任负担越大。所以向量 B_{it} 包括表示企业所在地区的政府干预程度变量和企业的所有权结构变量("国有企业"vs."民营企业")。ε_{it} 为残差项。

6.2.1.2 变量的定义和取值

被解释变量 y_{it}:采用并购方在事件窗口($-1,0$)的平均超额收益衡量。

核心解释变量 financial_crisis:表示市场负向需求冲击,分别采用世界人均 GDP 增长率以及美国的消费者信息指数衡量。

控制变量向量 X_{it}:并购类型的划分按照并购双方生产主要产品的 SIC-4 位码进行分辨,这是国外研究普遍采用的方法(Akbulut et al.,2010)。如果双方 SIC-4 位码的前三位相同,则定义为同行业并购,取值为"1";否则定义为跨行业并购,取值为"0"。此外,并购支付方式、并购方式的划分直接借鉴 SDC 数据库给出,如果 SDC 数据库记录支付方式为"Stake Purchases",定义为股票支付,取值为"1",否则取值为"0";如果 SDC 数据库并购类型记录为"Acq. of Assets",定义为资产收购,取值为"1",否则取值为"0"。

控制变量向量 Z_{it}:表示并购方自身属性,包括账面市值比(MTB)、市场价值(market value)、财务杠杆比率(leverage)、Tobin's Q、产权比率(debt)。

控制变量向量 B_{it}:表示企业面临的政府干预程度。其中企业所有权结构的定义方法如下:参照国泰安数据库中的企业实际控制人信息进行国有企业和民营企业划分:若实际控制人表示为"1100""2100""2120""2500",则定义为国有企业;若实际控制人为"1200""1210""3100""3110""3000",则定义为民营企业。国有企业,取值为"1";民营企业,取值为"0"。企业面临的政府干预程度采用并购前一年并购方企业所在地区的财政支出占地区生产总值的比例表示。

6.2.1.3　并购方自身属性变量的差异化分析

现有大量研究结果显示企业自身属性对企业并购绩效有显著的影响,如 Moeller 等(2004)证实企业规模对企业绩效有显著的影响,规模越小的企业并购获得收益越大,因为大规模公司企业的经理人以自我利益最大化进行投资的可能性更大。Gao(2011)研究发现以企业负债率衡量的企业资本结构与企业并购绩效之间存在正相关关系。Shleifer 等(1986)指出股权结构对并购方绩效有显著影响。Barai 等(2014)实证检验发现以企业账面市值比和 Tobin's Q 衡量的企业收益率对企业并购超额收益有显著的影响。

表 6.1 给出了金融危机前后并购方在市场价值、账面市值比、Tobin's Q、财务杠杆比率和企业产权比率方面的差异分析。表 6.1 共报告了 A—D 列的结果,其中列 A 和列 B 分别给出了金融危机前后企业相关指标的平均值,列 C 和列 D 分别给出了企业各项指标金融危机前后差异化分析的结果,其中 C 列报告了 T 检验结果,D 列报告了 Mann-Whitney 检验结果。列 C 和列 D 的结果分别表示:①金融危机后发生并购的这些企业的市场价值的平均值要大于金融危机前发生并购的企业的平均市值,表明金融危机后并购方的企业规模较大。②财务杠杆比率表示企业利用负债来调节权益资本收益的手段,衡量企业通过债务筹资的比率,反映企业的抗风险能力。金融危机后发生并购企业的财务杠杆比率的平均值要小于金融危机前发生并购

的企业的平均值,表明金融危机后企业利用负债来调节权益资本收益减少。③金融危机前后发生并购的企业的 Tobin's Q 的平均值和账面市场比值的均值没有显著的差异,表明金融危机前后发生并购的企业之间的获益能力没有显著差别。④T 检验的结果表明金融危机前后发生并购的企业产权比率的均值存在显著的差异,但是 Mann-Whitney 的检验结果表明两者之间没有显著的差异。

表 6.1　金融危机前后并购方企业自身属性的差异化分析

变量	A	B	C	D
	金融危机前	金融危机后	t 值	Mann-Whitney Z 值
market value	9.73	10.81	−3.11***	−9.094***
leverage	1.96	1.50	1.58*	2.092**
Tobins' Q	1.58	1.75	1.24	−1.382
MTB	0.75	0.69	1.38	1.382
debt	2.22	3.17	−1.46*	−1.513

注:表中所有财务数据来自 SDC 数据库中的中国上市公司财务指标分析数据库。并购方的数据采用并购宣告日前一个季度的财务数据进行衡量。2008 年全球金融危机前,73 件并购事件可以获得企业财务数据,金融危机后 245 起并购事件中并购方的财务数据可以获得。企业总市值采用 SDC 数据库中的市值 A 的自然对数表示,单元为亿元;Tobin's Q 采用 SDC 数据库中的 Tobin's Q A 值表示,计算公式为市值 A 除以总资产;企业账面市值比采用 SDC 数据库中的账面市值比 A 值表示,计算公式为总资产除以市值 A;杠杆比率衡量企业的风险水平,采用财务杠杆衡量,计算公式为:(净利润＋所得税费用＋财务费用)/(净利润＋所得税费用)。企业的偿债能力采用产权比率表示,计算公式为:负债合计/所有者权益合计。***、**、* 分别表示在 1%、5%、10%水平上显著。

6.2.2　实证结果分析

表 6.2 给出了实证结果。4 个模型的回归系数现实市场负向需求冲击与企业跨境并购超额收益呈正向关系,当采用世界人均 GDP 衡量市场负向需求冲击时,回归系数为−0.01,且通过 10%的显著性水平检验,表明市场负向需求冲击程度每提高 1 个百分点,企业跨境并购获得的平均超额收益提高 1%。以消费者信息指数衡量市场负向需求冲击的回归系数也都为负并通过 10%的显著性水平检验。稳健性检验结果也表明市场负向需求冲击程度与企业跨境并购超额收益呈正相关。控制变量政府干预的回归系数为

正且都通过5%的显著性水平检验,表明政府政策有利于提高企业跨境并购绩效。同行业并购获得的利润小于跨行业并购获得的利润。

表6.2 企业跨境并购绩效与市场负向需求冲击关系检验结果

变量	AR(−1,0)		AR(−3,3)	
GDP	−0.01* (−1.89)		−0.02* (−1.96)	
CCI		−0.41* (−1.91)		−0.38* (−1.97)
market value	−0.02* (−1.79)	−0.02* (−1.94)	−0.02* (−1.84)	−0.02* (−1.97)
MTB	0.03** (2.16)	0.04** (2.19)	0.03** (2.17)	0.03** (2.18)
share	0.02 (0.34)	0.03 (0.38)	0.02 (0.34)	0.02 (0.39)
leverage	−0.02 (−1.52)	−0.03 (−1.22)	−0.02 (−1.47)	−0.01 (−1.32)
debt	−0.01 (−0.67)	−0.05 (−0.31)	−0.02 (−0.43)	−0.05 (−0.34)
Tobin's Q	0.03 (1.06)	0.02 (0.86)	0.03 (1.16)	0.04 (0.87)
gov	0.07* (1.94)	0.05* (1.71)	0.07* (1.94)	0.05* (1.71)
relate	−0.07* (−1.99)	−0.06* (−1.98)	−0.08* (−1.98)	−0.06* (−1.97)
stake	0.03 (0.62)	0.02 (0.48)	0.02 (0.65)	0.02 (0.47)
asset	0.01 (0.19)	0.05 (0.07)	0.02 (0.22)	0.04 (0.07)
con	−0.01 (−1.41)	−0.01 (−0.30)	−0.02 (−1.05)	−0.02 (−0.31)
observious	307	304	307	304
F	3.06***	2.91***	3.74***	2.78***
R²	0.10	0.09	0.12	0.08

注:***、**、*分别表示在1%、5%、10%水平上显著。

6.3 案例分析:2008 年金融危机对中国内地企业跨境并购绩效的影响

6.3.1 金融危机爆发初始点判断

基于数据内部生成过程,考虑到对经济影响的滞后性,以及经济增长路径的结构性转变,笔者采用传统的时间序列模型参数稳定性检验方法——CUSUM 检验、CUSUM 平方检验、Chow 检验及多重突变点 Bai-Perron 检验来判断金融危机爆发的初始点。借鉴沈春华(2012)的研究,笔者建立市场指数的时间序列模型来考察经济结构的突变性。

所选经济结构突变样本期为 2002 年 1 月至 2014 年 12 月,依据 AIC 和 SIC 等相关最小信息准则,确立自回归模型滞后阶数为 1 阶,因此时间序列模型为

$$y_t = \mu + \gamma y_{t-1} + \varepsilon_t, \varepsilon_t \mid I_{t-1} \sim \mathrm{IIDN}(0, \sigma^2) \qquad (6\text{-}12)$$

其中,y_t 是每个月的标准普尔指数。依据以上一阶滞后自回归模型,笔者对金融危机初始点进行结构性检验,首先是 CUSUM 检验和 CUSUM 平方检验,结果显示美国经济在 2007 年 1 月—2009 年 12 月的区间内存在结构性突变,结果见图 6.1。其次以 2007 年 1 月—2009 年 12 月的每个月份为一点,采用 Chow 检验结果确定金融危机初始点为 2008 年 11 月。

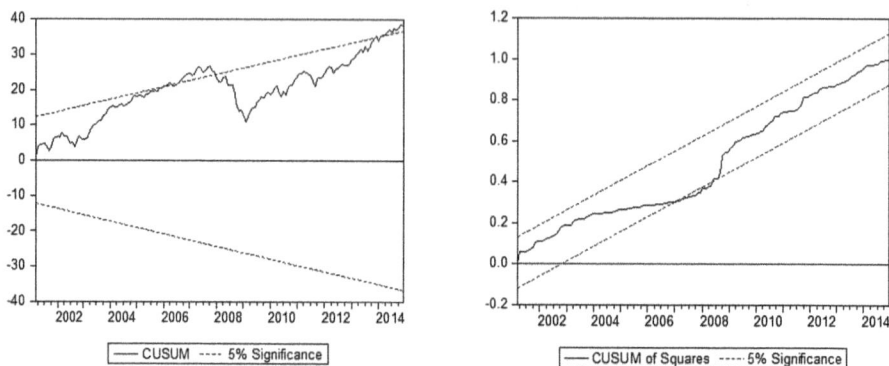

图 6.1 CUSUM 检验和 CUSUM 平方检验结果

以上检验方法是给定预期的结构单点,然后进行检验。接着笔者采用

多重突变点进行检验,多重突变点 Bai-Perron 的优点是可以判断是否存在多个结构断点,经检验发现 2002 年 1 月至 2014 年 12 月仅存在 1 个结构断点,为 2008 年 11 月,检验结果见图 6.2。[①]

Multiple breakpoint tests
Bai-Perron tests of L+1 vs. L sequentially determined breaks
Date: 10/18/15　Time: 11:52
Sample: 2002M01 2014M12
Included observations: 155
Breakpoint variables: Y(-1)
Break test options: Trimming 0.15, Max. breaks 5, Sig. level 0.05
Test statistics employ HAC covariances (Bartlett kernel, Newey
　-West fixed bandwidth) assuming common data distribution

Sequential F-statistic determined breaks:			0
Break Test	F-statistic	Scaled F-statistic	Critical Value**
0 vs. 1	5.193747	5.193747	8.58

* Significant at the 0.05 level.
** Bai-Perron (Econometric Journal, 2003) critical values.

Multiple breakpoint tests
Bai tests of breaks in all recursively determined partitions
Date: 10/18/15　Time: 11:39
Sample: 2002M01 2014M12
Included observations: 155
Breakpoint variables: Y(-1)
Break test options: Trimming 0.15, Max. breaks 5, Sig. level 0.05
Test statistics employ HAC covariances (Bartlett kernel, Newey
　-West fixed bandwidth) assuming common data distribution

Sequential F-statistic determined breaks:			0
Break Test	Break	F-statistic	Scaled F-statistic
0 vs. 1	2008M11	5.193747	5.193747

* Significant at the 0.05 level. Bai-Perron (Econometric Journal, 2003) critical value 8.58.

图 6.2　Bai-Perron 多重断点检验结果

因此,笔者以 2008 年 11 月为金融危机前后区分经济结构的断点,分成两个子样本:2002 年 1 月—2008 年 11 月,定义为金融危机前,包含 73 起跨境并购;2008 年 12 月—2014 年 12 月,定义为金融危机后,包含 245 起跨境并购。

6.3.2　金融危机前后企业跨境并购绩效比较分析

6.3.2.1　不同评估期平均超额收益比对(总样本)

表 6.3 给出了采用单因素模型评估的企业并购的超额收益评估结果。表 6.3 中的样本 A 报告了并购方公告日前后 5 天的超额收益。金融危机前,从每日的超额收益看,并购方仅在公告日前第 3 天获得显著超额收益,为 0.54%。金融危机后,公告当天并购方获得了最大的平均超额收益,达到 1.03%,在事件窗口(−1,0)平均超额收益达到 1.47%,11 天的平均超额收益达到 2.14%。

表 6.3 中的样本 B 报告了在事件窗口(−1,0)并购方获得的超额收益的分布情况。金融危机前最小值为 −11.76%,最大值为 7.77%,跨度极大,表明企业并购对绩效的影响存在差异。金融危机后,超额收益数值跨度继

---

① 采用 Eviews 8 进行检验。

续拉大,最小值为 −15.21%,最大值为 14.85%。比较金融危机前后超额收益的最大值,在数值上,金融危机后的最大超额收益显著大于金融危机前。均值差异分析结果显示金融危机前后,并购方获得的超额收益存在显著的差异,金融危机后平均差额收益显著大于金融危机前。

表 6.3　金融危机前后并购方超额收益估算(总样本:单因素市场模型)

样本 A:并购方在金融危机前后并购公告日前后 5 天每日的超额收益							
事件窗口	金融危机前				金融危机后		
	样本量	AR	Zstat	Pos.	样本量	AR	Zstat	Pos.
−5	73	0.54	1.89*	0.51	245	0.14	0.42	0.45
−4	73	0.06	0.47	0.56	245	0.27	2.13**	0.48
−3	73	0.54	2.07**	0.53	245	0.26	1.54*	0.51
−2	73	0.16	0.13	0.49	245	0.03	0.14	0.48
−1	73	−0.31	−0.69	0.45	245	0.44	3.44***	0.51
0	73	−0.35	−0.53	0.45	245	1.03	8.16***	0.62
1	73	0.04	0.16	0.42	245	0.49	3.43***	0.46
2	73	0.09	1.21	0.51	245	0.15	1.58*	0.43
3	73	−0.30	−0.75	0.47	245	0.13	1.81*	0.47
4	73	−0.29	−0.88	0.47	245	−0.21	−1.16	0.43
5	73	0.08	0.19	0.49	245	−0.05	−0.42	0.48
(−1,0)	73	−0.67	−0.86	0.48	245	1.47	8.20***	0.64
(−5,+5)	73	−0.38	−0.06	0.52	245	2.14	11.85***	0.58

样本 B:在事件窗口(−1,0)并购方企业超额收益的分布情况							
	Mean	Min	Q1	Med	Q3	Max	均值差异比较	
							t 值	Z 值
金融危机前	−0.67	−11.76	−2.94	−0.03	1.81	7.77	3.84***	3.28***
金融危机后	1.47	−15.21	−0.71	0.93	3.43	14.85		

注:Pos. 表示获得正超额收益的比例。***、**、* 分别表示在 1%、5%、10% 水平上显著。

采用相同的研究方法,表 6.4 给出了双因素模型评估的企业并购的超额收益评估结果。表 6.4 中的样本 A 和样本 B 的结果显示,在考虑人民币升值的影响下,在事件窗口(−1,0)平均超额收益为 1.60%,11 天的平均超额收益达到 2.23%。金融危机前,从每日的超额收益看,并购方仅在公告日前第 4 天获得显著超额收益,为 0.26%。公告当天并购方获得最大的平均超额收益,达到 1.08%。表 6.4 中的样本 B 报告了在事件窗口(−1,0)并购方获得的超额收益的分布情况。金融危机前最小值为 −11.93%,最大值为

13.53%,跨度极大,表明企业并购对绩效的影响存在差异。金融危机后,超额收益的最小值为-15.31%,最大值为14.86%。均值差异分析结果显示金融危机前后,并购方获得的超额收益存在显著的差异,金融危机后平均差额收益显著大于金融危机前。

表 6.4　金融危机前后并购方超额收益评估

事件窗口	样本 A:并购方在金融危机前后并购公告日前后 5 天每日的超额收益							
	金融危机前				金融危机后			
	样本量	AR	Zstat	Pos.	样本量	AR	Zstat	Pos.
-5	73	0.51	1.86*	0.55	245	0.09	0.10	0.45
-4	73	-0.02	-0.09	0.53	245	0.26	1.97**	0.49
-3	73	0.49	1.76*	0.52	245	0.23	1.30	0.51
-2	73	0.19	-0.12	0.49	245	0.04	0.20	0.49
-1	73	-0.25	-0.29	0.44	245	0.53	4.10***	0.54
0	73	-0.30	-0.19	0.45	245	1.08	8.57***	0.63
1	73	-0.07	-0.19	0.44	245	0.45	3.27***	0.44
2	73	0.15	1.46	0.49	245	0.13	1.37	0.44
3	73	-0.44	-1.29	0.44	245	0.12	1.82*	0.46
4	73	-0.37	-1.05	0.48	245	-0.19	-1.10	0.43
5	73	0.03	0.20	0.49	245	-0.05	-0.34	0.47
(-1,0)	73	-0.55	-0.34	0.49	245	1.60	8.96***	0.65
(-5,+5)	73	-0.28	-0.50	0.51	245	2.23	12.38***	0.59

样本 B:在事件窗口(-1,0)并购方企业超额收益的分布情况							
	Mean	Min	Q1	Med	Q3	Max	均值差异比较	
							t 值	Z 值
金融危机前	-0.55	-11.93	-3.02	-0.09	1.77	13.53	3.78***	3.47***
金融危机后	1.61	-15.31	-0.65	1.13	3.68	14.86		

由于本书主要关注中国内地企业跨境并购对企业绩效的影响,不可忽视汇率的影响。通过比较单因素市场模型与双因素模型对超额收益的评估结果,检验人民币升值对中国内地企业跨境并购绩效的影响。表 6.5 结果表明不论是金融危机前还是金融危机后,人民币升值对中国内地企业跨境并购超额收益都没有显著的影响。

因为人民币升值对中国内地企业跨境并购超额收益没有显著的影响，所以在后文分析中笔者以单因素市场模型结果为主探讨金融危机和政府干预的影响。

表 6.5　单因素模型与双因素模型超额收益评估结果的差异化检验

事件窗口	金融危机前				金融危机后			
	N	单因素模型 AR	双因素模型 AR	t 值	N	单因素模型 AR	双因素模型 AR	t 值
−5	73	0.54	0.51	−0.13	245	0.14	0.09	−0.23
−4	73	0.06	−0.02	−0.22	245	0.27	0.26	−0.06
−3	73	0.54	0.49	−0.12	245	0.26	0.23	−0.09
−2	73	0.16	0.19	0.06	245	0.03	0.04	0.03
−1	73	−0.31	−0.25	0.23	245	0.44	0.53	0.37
0	73	−0.35	−0.30	0.18	245	1.03	1.08	0.14
1	73	0.04	−0.07	−0.27	245	0.49	0.45	−0.12
2	73	0.09	0.15	0.22	245	0.15	0.13	−0.08
3	73	−0.30	−0.44	−0.35	245	0.13	0.12	−0.06
4	73	−0.29	−0.37	−0.22	245	−0.21	−0.19	0.06
5	73	0.08	0.03	−0.19	245	−0.05	−0.05	0.00
(−1,0)	73	−0.67	−0.55	0.32	245	1.47	1.60	0.33
(−1,+1)	73	−0.38	−0.28	0.02	245	2.14	2.23	0.16
(−3,+3)	73	−0.14	−0.22	−0.09	245	2.53	2.58	0.06
(−5,+5)	73	0.24	−0.07	−0.25	245	2.69	2.69	0.00

6.3.2.2　金融危机前后并购方超额收益分组比对分析

从第 3 章企业并购绩效影响因素的文献综述中可知，企业并购交易特征和企业自身属性对企业并购绩效有显著影响。接下来，依据并购交易特征和企业自身属性将并购方进行分组归类，比对分析各组金融危机前后并购方超额收益差异，检验金融危机对中国内地企业跨境并购超额收益的影响。在并购交易特征中，笔者主要考虑了并购交易状态（"已完成"vs."未完成"）、并购类型（"同行业并购"vs."跨行业并购"）、并购支付方式（"股票支付"vs."其他支付方式"）、并购战略目标（"资源类并购"vs."技术类并购"vs.

"其他")、并购方式("资产并购"vs."其他")和目标企业所在地区("中国香港、澳门和台湾地区"vs."美国和欧洲"vs."其他")。企业自身属性中,主要包含企业市场价值、账面市值比、Tobin's Q、杠杆比率、负债率以及所有权属性("国有企业"vs."民营企业")。

　　表6.6给出了各个不同分类下金融危机前和金融危机后中国内地企业跨境并购超额收益值及其金融危机前后的差异化分析结果。表6.6的结果显示:第一,金融危机前按并购交易特征划分。按并购交易状态分类,未完成的并购样本组获得了负的超绩效,且通过10%的显著性水平检验,表明未完成的并购对企业绩效有降低作用;按目标企业所在地区分类,目标企业在中国香港、澳门和台湾地区的样本组获得了负的平均超额收益。除此之外,按其他并购交易特征划分,不同样本组的超额收益均值都没有通过显著性水平检验,表明金融危机前,企业跨境并购对企业绩效没有显著的影响。第二,金融危机前按企业自身属性分类,不同划分标准下,子样本的超额收益均值亦没有通过显著性水平检验,这再次证实金融危机前,企业并购对绩效没有显著的影响。第三,金融危机后,不论按并购交易特征划分还是按企业自身属性划分,不同样本组下,企业超额收益均值都显著为正,表明金融危机后企业跨境并购获得了正超额收益。如,已完成并购的平均超额收益为1.56%。同行业并购的平均超额收益为1.05%,跨行业并购的平均超额收益为1.73%。国有企业平均超额收益为1.08%,民营企业平均超额收益为1.82%。第四,不同样本组下金融危机前后企业超额收益的均值差异分析结果表明,相比金融危机前,不同划分标准下金融危机后企业获得的超额收益都有所提高。如按企业并购性质划分成"同行业并购"和"跨行业并购"时,金融危机前,同行业跨境并购的平均超额收益为−0.47,但没有通过显著性水平检验。金融危机后,同行业跨境并购的平均差额收益为1.05且通过5%的显著性水平检验。T检验的差异化分析结果为−2.47,通过1%的显著性水平检验,表明金融危机后同行业跨境并购获得的平均差额收益显著大于金融危机前。Mann-Whitney的差异化分析结果通过10%的显著性检验,再次证实这一结论。

　　综上分析,可以确定金融危机后中国内地企业跨境并购对企业绩效有正向影响。金融危机后企业并购对企业绩效的影响要大于金融危机前。

表 6.6　基于事件窗口(-1,0)的金融危机前后并购方超额收益比较分析

分类	金融危机前					金融危机后				均值差异分析	
	个数	AR	中位数	Pos.		个数	AR	中位数	Pos.	t值	Z值
并购交易状态											
已完成的并购	30	0.39 (0.96)	0.35	0.57		90	1.56*** (4.64)	0.84	0.62	-1.37*	-1.07
未完成的并购	43	-1.41* (-1.92)	-0.47	0.42		155	1.42*** (6.78)	0.95	0.65	-3.86***	-3.35***
并购性质(同行业并购 vs. 跨行业并购)											
同行业并购	29	-1.14 (-0.92)	-0.47	0.41		92	1.05*** (3.99)	0.69	0.63	-2.47***	-1.88*
跨行业并购	44	-0.35 (-0.36)	0.13	0.52		153	1.73*** (7.29)	1.06	0.64	-2.90***	-2.62***
并购支付方式(股票支付 vs. 非股票支付)											
股票支付	20	0.32 (0.82)	-0.02	0.45		87	1.15*** (3.77)	0.59	0.62	-1.02	-1.10
其他	53	-1.08 (-1.51)	-0.28	0.49		158	1.65*** (7.42)	1.02	0.65	-3.71***	-3.13***
并购战略目标(获取资源、获取技术、其他)											
资源类并购	9	-1.23 (-1.08)	-1.19	0.33		47	1.57*** (3.89)	0.88	0.62	-1.79*	-2.18**
高技术类并购	23	-0.50 (-0.10)	0.14	0.57		55	1.44*** (3.88)	1.37	0.65	-1.86*	-2.13**
其他	41	-0.64 (-0.56)	-0.03	0.46		143	1.45*** (6.10)	0.62	0.64	-2.82***	-1.96*

续表

分类	金融危机前				金融危机后				均值差异分析	
	个数	AR	中位数	Pos.	个数	AR	中位数	Pos.	t 值	Z 值
并购方式（资产并购 vs. 其他）										
资产并购	12	−0.27 (−0.09)	0.34	0.58	40	1.42*** (3.58)	1.06	0.63	−1.05	−0.87
其他	61	−0.74 (−0.98)	−0.19	0.46	205	1.48*** (7.39)	0.90	0.64	−3.77***	−3.25***
企业所有权结构（国有企业 vs. 民营企业）										
国有企业	34	−0.82 (−0.69)	−0.36	0.38	115	1.08*** (4.29)	0.25	0.58	−2.78**	−2.24**
民营企业	39	−0.53 (−0.53)	0.35	0.56	130	1.82*** (7.23)	1.64	0.68	−2.74***	−2.64***
企业所有权结构（央企、地方国有企业和民营企业）										
央企	12	−0.28** (−4.84)	−0.39	0.27	55	0.11 (15.65)	0.15	0.40	−3.39***	−2.96***
地方国有企业	22	0.18** (3.97)	0.25	0.50	65	2.25*** (33.39)	3.19	0.50	−3.40***	−2.51**
民营企业	39	−0.53 (−0.53)	0.35	0.56	130	1.82*** (7.23)	1.64	0.68	−2.74***	−2.64***
并购方所在区域的政府干预程度（地方财政支付占地方生产总值的比值）										
第1区间	20	−1.20 (−1.21)	−1.41	0.40	70	1.59*** (4.82)	1.77	0.69	−2.30**	−2.35**
第2区间	17	−0.58 (−0.49)	0.12	0.53	54	0.98* (2.34)	0.26	0.61	−1.48*	−0.99
第3区间	18	0.40 (0.66)	1.23	0.67	68	0.53 (1.61)	0.18	0.54	−0.14	−0.73
第4区间	18	−1.23 (−0.63)	−0.36	0.33	53	3.03*** (7.89)	2.62	0.72	3.47***	−3.23***

续表

分类	金融危机前				金融危机后				均值差异分析	
	个数	AR	中位数	Pos.	个数	AR	中位数	Pos.	t值	Z值
目标企业所在地区（中国香港、台湾和澳门地区；美国和欧洲；其他）										
中国香港、台湾和澳门地区	21	-2.37** (-2.33)	-1.11	0.48	42	1.79*** (4.81)	0.69	0.67	-3.83***	-2.71***
美国和欧洲	22	-0.02 (-0.29)	0.23	0.55	96	1.78*** (6.37)	1.38	0.70	-1.74**	-1.98**
其他	30	0.05 (0.86)	-0.24	0.43	107	1.07*** (3.37)	0.55	0.57	-1.23*	-1.15*
企业股份中中国国有股份比率（国有股份占总股份的比值）										
第1区间	18	-0.11 (-0.23)	-0.24	0.44	109	2.12*** (7.63)	2.44	0.69	-1.79**	-1.98**
第2区间	18	-1.21 (-0.74)	-0.69	0.44	12	1.09 (1.35)	0.47	0.58	-1.71**	-1.27*
第3区间	18	-0.26 (-0.17)	0.06	0.50	64	0.71* (1.95)	-0.03	0.48	-0.95	-0.35
第4区间	19	-1.07 (-0.90)	0.12	0.53	60	1.18*** (3.68)	0.56	0.72	-2.53***	-2.01**

注：企业并购交易状态、目标企业所在行业、并购支付方式、并购双方是否同行业等信息都来自 SDC 数据库。资源类并购包括石油和天然气、石油冶炼、采矿、金属产品以及农、林、渔业，高技术行业包括计算机和办公设备、电子和电子设备、通信设备以及软件外包行业，通用设备行业为同行业并购定义为并购双方生产的主要产品的前 3 位 SIC 码相同。金融危机前政府干预的 4 个同依次为：gov<0.09、0.09≤gov<0.14、0.14≤gov<0.17、gov>0.17，其中 gov 表示地方政府财政支出占地区生产总值的比值。金融危机后政府干预的 4 个区间依次为：gov<0.13、0.13≤gov<0.18、0.18≤gov<0.21 和 gov>0.21。金融危机前国有股份比例的 4 个依次为：share<0.23、0.23≤share<0.49、0.49≤share<0.59 和 share>0.59，其中 share 表示国有股份比例。金融危机后国有股份比例的 4 个区间依次为：share=0、0<share<0.43、0.43≤share<0.43 和 share≥0.43。***、**、* 分别表示在 1%、5%、10% 水平上显著。

6.3.3 金融危机前后企业跨境并购绩效影响因素比较分析

6.3.3.1 政府干预对跨境并购超额收益的影响

Carney 等(2011)指出新兴经济体的市场,与发达经济体市场存在许多差异。比如,发达经济体企业大部分为私人所有,而新兴经济体中大部分企业为政府所有,如中国的国有企业,企业管理者大部分为政府官员,政府可以直接干预企业行为(Alchian et al.,1972)。此外,政府会通过制定政策干预企业行为,如中国政府的产业结构调整政策,引起行业并购浪潮(Dong et al.,1996)。

笔者从以下两个作用渠道探讨了政府干预对企业并购绩效的影响:一是直接政府干预,主要表示政府政策的作用(Morck et al.,2008)。顾露露等(2011)认为中国政府的政策支持对中国内地企业跨境并购的发展起了关键性的作用。2008 年金融危机爆发后,中国政府部门相继出台了一系列激励性政策支持企业开展跨境并购(Hagiwara,2006)。另外,政府的某些政策会阻碍企业并购,复杂的要约程序会增加并购成本(Agarual et al.,2007)。可见,直接政府干预与企业并购交易成本密切相关(Busses et al.,2007)。二是间接政府干预,表现在企业所有权结构上,即国有企业的管理者一般为政府官员,直接干预企业决策。当并购方属于国有企业时,政府官员是企业的管理者,由于体制结构复杂,国有企业中存在的委托—代理问题更严重(Lin et al.,1998),管理者牺牲公司利益实现自身利益最大化的概率更大,政府官员会利用职权剥夺企业财富(Shleifer et al.,1993)。此外,国有企业有社会负担(Lin et al.,1998),国有企业社会负担程度与企业国有股份比例呈正相关,国有股份比例越大,企业承担的社会负担越重。所以,政府干预企业行为的另一个途径体现在政府通过国有企业干预企业并购。

金融危机对政府干预的影响主要体现在两个方面。首先,金融危机对政府干预的直接作用显而易见,在金融危机后,中国政府为鼓励企业"走出去",加大了对跨境并购的支持力度,提出了相关政策支持(顾露露等,2011)。可见,金融危机与政府干预的直接作用呈正相关,政府的支持政策降低了企业跨境并购成本。其次,金融危机对政府干预的间接作用主要体现在国有企业管理者动机的变化上,如,Jensen 等(1983)指出当股票市场崩盘时,企业管理者无法保护股东权益,自大的管理者以管理者代理为目标的跨国并购增加,从而影响并购方企业绩效。

参考 Fan(2002),政府直接干预采用并购方所在区域的财政支出占地区生产总值(GDP)的比值表示。参考 Lin 等(2012),政府间接干预采用企业所有权结构(定义虚拟变量:国有企业,取值为"1";民营企业,取值为"0")和国有股份比例表示。参照国泰安数据库中的企业实际控制人信息进行所有权结构划分:若实际控制人表示为"1100""2100""2120""2500",定义为国有企业;若实际控制人表示为"1200""1210""3100""3110""3000",定义为民营企业。当采用区域财政支出占 GDP 比值和国有股份比例衡量时,分别将比值按从小到大排序,将其划分成四等份,检验不同区间企业超额收益的差异。

单因素方差分析结果显示,金融危机前,国企和民企获得的超额收益没有显著差异,表明政府间接干预对超额收益没有显著影响。金融危机后,民企的平均收益显著大于国企,表明金融危机后,企业属性对超额收益的影响开始显著。

与地方国有企业相比,中央企业的决策会受到政府更多的干预与约束。这是由于央企的发展方向通常由政府引导,且央企的管理层通常由政府指派,其升迁以及任命往往取决于企业是否实现了政府目标。因而当其跨境并购决策与政府目标冲突时,央企会更倾向于服从政府目标。所以笔者进一步将国有企业划分为中央企业和地方国有企业,据此考察政府干预如何影响不同性质的企业跨境并购绩效。表 6.7 的结果显示金融危机前央企与地方国有企业间存在显著的绩效差异,金融危机后三者之间都存在显著的差异。

此外,当采用国有股份比例定义政府干预时,单因素方差分析结果表明金融危机前 4 组区间的超额收益两两之间没有显著差异。金融危机后,不同国有股份比重的并购方获得的超额收益有显著差异,第 1 区间和第 3 区间、第 1 区间和第 2 区间的差异最大。

以上结果表明,金融危机后,不同所有权结构间的企业跨境并购绩效差异显著,政府间接干预作用开始显著,尤其是央企与地方国有企业间、地方国有企业与民营企业间的差异开始显化。

单因素方差结果显示,金融危机前,财政支出占 GDP 比值的 4 个不同分区的平均超额收益都不显著,两两之间没有显著差异。金融危机前,直接干预对企业并购超额收益没有显著的影响。金融危机后,第1区间、第3区间和第4区间两两之间的平均超额收益都存在显著差异。表明金融危机后,政府直接干预作用开始显著,且受直接干预最严重的并购方获得的超额收益最大。

6.3.3.2 金融危机前后其他影响因素的作用程度变化分析

依据表6.7中的单因素方差检验结果,我们可得:其一,金融危机前,不同并购交易状态下企业获得的超额收益不同,已完成的并购获得的平均超额收益大于未完成的并购。金融危机后,不同并购交易状态下的超额收益没有显著差异,即金融危机后并购交易状态对超额收益的影响消失。其二,金融危机前后,同行业并购和跨境并购之间的超额收益不存在显著差异,即金融危机前后,并购类型对企业超额收益都没有显著的影响。其三,金融危机前后,股票支付与其他支付方式之间的超额收益不存在显著差异,支付方式对并购方超额收益没有显著影响。其四,依据并购战略目标,并购活动可分成获取资源类并购、获取技术类并购和其他并购。分别对金融危机前和金融危机后的三组进行单因素方差,结果显示,金融危机前后,企业并购战略对企业绩效都没有显著的影响。同时,分成资产类并购和非资产类并购两类,同样发现金融危机前后,两类并购之间的超额收益都没有显著差异。其五,比较目标企业区域不同的并购,发现金融危机前,目标企业在中国香港、澳门和台湾地区的并购方获得的平均超额收益显著为负。三类不同区域的并购方获得的绩效存在显著差异。金融危机后,不同区域的跨境并购都获得了显著的正超额收益,但两两之间不存在显著差异。因此,金融危机后,并购交易状态和目标企业所在区域的影响开始不显著,并购类型、并购支付方式以及并购方式对并购方绩效的影响没有改变,不影响并购绩效。

表6.7 基于事件窗口($-1,0$)的金融危机前后并购方绩效影响因素作用程度检验

分类	金融危机前			金融危机后		
	个数	AR	F 值	个数	AR	F 值
并购交易状态						
已完成的并购	30	0.39 (0.96)	3.64*	90	1.56*** (4.64)	0.06
未完成的并购	43	$-1.41*$ (-1.92)		155	1.42*** (6.78)	

续表

分类	金融危机前			金融危机后		
	个数	AR	F 值	个数	AR	F 值
并购性质（同行业并购 vs.跨行业并购）						
同行业并购	29	−1.14 (−0.92)	0.66	92	1.05*** (3.99)	1.46
跨行业并购	44	−0.35 (−0.36)		153	1.73*** (7.29)	
并购支付方式（股票支付 vs.非股票支付）						
股票支付	20	0.32 (0.82)	1.66	87	1.15*** (3.77)	0.79
其他	53	−1.08 (−1.51)		158	1.65*** (7.42)	
并购战略目标（获取资源、获取技术、其他）						
资源类并购	9	−1.23 (−1.08)	0.10	47	1.57*** (3.89)	0.02
高技术类并购	23	−0.50 (−0.10)		55	1.44*** (3.88)	
其他	41	−0.64 (−0.56)		143	1.45*** (6.10)	
并购方式（资产并购 vs.其他）						
资产并购	12	−0.27 (−0.09)	0.14	40	1.42*** (3.58)	0.01
其他	61	−0.74 (−0.98)		205	1.48*** (7.39)	
企业所有权结构（国有企业 vs.民营企业）						
国有企业	34	−0.82 (−0.69)	0.09	115	1.08*** (4.29)	1.86*
民营企业	39	−0.53 (−0.53)		130	1.82*** (7.23)	
企业所有权结构（央企、地方国有企业 vs.民营企业）						
央企	12	−0.28** (−4.84)	4.36**	55	0.11*** (15.65)	1.86*
地方国有企业	22	0.18** (3.97)		65	2.25*** (33.39)	
民营企业	39	−0.53 (−0.53)		130	1.82*** (7.23)	

续表

分类	金融危机前			金融危机后		
	个数	AR	F 值	个数	AR	F 值
直接政府干预程度（并购方所在区域的地方财政支付占地方生产总值的比值）						
第 1 区间	20	−1.20 (−1.21)	0.65	70	1.59*** (4.82)	3.92***
第 2 区间	17	−0.58 (−0.49)		54	0.98** (2.34)	
第 3 区间	18	0.40 (0.66)		68	0.53 (1.61)	
第 4 区间	18	−1.23 (−0.63)		53	3.03*** (7.89)	
目标企业所在地区						
我国香港、台湾和澳门地区	21	−2.37** (−2.33)	2.75*	42	1.79*** (4.81)	0.87
美国和欧洲	22	−0.02 (−0.29)		96	1.78*** (6.37)	
其他	30	0.05 (0.86)		107	1.07*** (3.37)	
企业股份中国有股份比率						
第 1 区间	18	−0.11 (−0.23)	0.34	109	2.12*** (7.63)	1.70**
第 2 区间	18	−1.21 (−0.74)		12	1.09 (1.35)	
第 3 区间	18	−0.26 (−0.17)		64	0.71* (1.95)	
第 4 区间	19	−1.07 (−0.90)		60	1.18*** (3.68)	

注：企业并购交易状态、目标企业所在行业、并购支付方式、并购方式和目标企业所在地区等信息都来自 SDC 数据库。资源类并购包括石油和天然气、石油冶炼、采矿、金属和金属产品以及农、林、渔业；高技术行业包括计算机和办公设备、通信、电子和电子设备、通信设备以及软件外包行业、通用设备行业；同行业并购定义为并购双方生产的主要产品的前 3 位 SIC 码相同。金融危机前政府干预的 4 个区间依次为：$gov < 0.09$，$0.09 \leqslant gov < 0.14$，$0.14 \leqslant gov < 0.17$ 和 $gov > 0.17$，其中 gov 表示地方政府财政支出占地区生产总值的比值。金融危机后政府干预的 4 个区间依次为：$gov < 0.13$，$0.13 \leqslant gov < 0.18$，$0.18 \leqslant gov < 0.21$ 和 $gov > 0.21$。金融危机前国有股份比例的 4 个区间依次为：$share < 0.23$，$0.23 \leqslant share < 0.49$，$0.49 \leqslant share < 0.59$ 和 $share > 0.59$，其中 share 表示国有股份比例。金融危机后国有股份比例的 4 个区间依次为：$share = 0$，$0 < share < 0.01$，$0.01 \leqslant share < 0.43$，$share \geqslant 0.43$。***、**、*分别表示在 1%、5%、10%水平上显著。

6.3.4　实证检验结果分析

　　笔者构建了 5 个计量回归模型检验金融危机对企业超额收益的影响,5 个模型中金融危机采用虚拟变量表示,如果并购的公共日在 2002—2008 年 11 月期间内,取值为"0",并购的公共日在 2008 年 12 月—2014 年 12 月期间内,则取值为"1";解释变量与控制变量的衡量方法不变,回归结果见表 6.8。表 6.8 模型 1 中控制变量仅包含并购方自身属性变量,接着在模型 2 中加入表示政府干预程度的两个控制变量。模型 3—模型 5 中依次加入表示并购类型、并购支付方式和并购方式的并购交易特征的变量以检验不同并购交易特征对企业并购绩效的影响。

　　表 6.8 的模型 1 的结果显示,仅考虑企业自身属性对企业跨境并购绩效影响时,核心解释变量的系数符号为负,且通过 1% 的显著性水平,表明金融危机后(2008 年 12 月—2014 年 12 月),中国内地企业跨境并购获得的平均超额收益更大。企业自身属性控制变量的回归结果表明,用企业市场价值衡量的企业规模大小指标与企业跨境并购获得的超额收益呈负相关,这一结论与 Moeller 等(2004)的结果一致,表明小规模企业跨境并购获得的收益更大。企业产权比率与企业获得的超额收益呈正相关,表明企业偿债能力越强,其跨境并购获得的超额收益越大。企业财务杠杆比率与企业获得的超额收益呈负相关,这是因为企业财务杠杆比率反映企业通过债务筹资的比率,财务杠杆比率越大,企业面临的财务风险越大。在模型 2 中,笔者加入政府干预的直接影响效应,发现政府直接干预程度与企业获得的超额收益呈正相关,这主要体现在中国政府鼓励企业"走出去"的政策影响,表明并购方受到的政府直接干预越强,并购方跨境并购获得的超额收益越大。这是因为金融危机期间,中国政府加大了对企业"走出去"的支持力度,大大降低了企业跨境并购的交易成本。但是国有企业跨境并购获得的超额收益与民营企业跨境并购获得的超额收益之间没有显著的差异。模型 3—模型 5 的结果显示,并购类型、并购支付方式和并购方式对并购方超额收益没有显著的影响。5 个模型的实证结果都显示金融危机对企业超额收益的影响为正,系数范围为 22.58% ～ 24.86%,表明金融危机后,并购方获得的超额收益比金融危机前高出了 22.58% ～ 24.86%。

表 6.8 金融危机对企业跨境并购绩效影响的实证检验结果

| | 常数项 | 企业自身属性 | | | | | | 并购特征 | | | | | F 值 | R^2 |
		账面市值比	市场价值	财务杠杆	Tobin's Q	负债率	国有企业	政府干预	同行业并购	股票支付	资产收购	金融危机		
1	36.03 (1.53)	9.86 (0.45)	−5.22*** (−3.59)	−1.71** (−1.39)	0.28 (0.06)	1.76** (2.44)	−1.43 (−0.27)					24.86*** (4.22)	4.16 (0.00)	0.08
2	36.05 (1.53)	6.31 (0.29)	−5.25*** (−3.61)	−1.85 (−1.49)	−0.79 (−0.16)	1.84** (2.52)	−1.05 (−0.20)	32.40* (1.05)				23.18*** (3.77)	3.75 (0.00)	0.08
3	37.0 (1.57)	4.98 (0.23)	−5.06*** (−3.45)	−1.85** (−1.49)	−0.99 (−0.20)	1.89** (2.59)	−0.58 (−0.11)	32.57* (1.06)	−4.90 (−0.93)			22.91*** (3.72)	3.43 (0.00)	0.08
4	37.74 (1.60)	5.64 (0.25)	−5.38*** (−3.55)	−1.72** (−1.37)	−0.89 (−0.18)	1.96*** (2.66)	−0.94 (−0.18)	35.47* (1.04)	−5.19 (−0.98)	4.88 (0.86)		22.61*** (3.66)	3.15 (0.00)	0.08
5	37.48 (1.58)	5.59 (0.25)	−5.39*** (−3.55)	−1.70** (−1.36)	−0.87 (−0.17)	1.96*** (2.66)	−0.99 (−0.19)	35.79* (1.04)	−5.15 (−0.97)	5.29 (0.88)	1.63 (0.22)	22.58*** (3.65)	2.86 (0.00)	0.07

注: ***、**、* 分别表示在 1%、5%、10% 水平上显著。

6.4 小 结

本章实证检验了市场负向需求冲击对企业跨境并购绩效的影响。关于金融危机与中国内地企业跨境并购绩效关系的研究,笔者研究的主要创新体现在研究方法上:一是在企业跨境并购超额收益的评估中,充分考虑到人民币升值的影响,分别利用单因素和双因素市场模型评估超额收益,确定人民币升值对中国内地企业跨境并购的绩效没有影响。二是金融危机爆发初始点的判定。不是主观判定金融危机爆发的初始点,而是分别采用CUSUM检验与 Chow 检验,以及 Bai-Perron 多重断点检验判断金融危机初始点。三是在对中国内地企业跨境并购绩效影响因素的检验中,关于政府干预的影响,考虑了不同的途径,探讨了政策的直接干预与通过企业所有权结构(国有企业)干预两种途径。关于金融危机与中国内地企业跨境并购绩效的关系研究,得到核心结论如下:金融危机后,中国内地企业跨境并购获得的超额收益大于金融危机前,金融危机增加了中国内地企业跨境并购的绩效。

7 结论与建议

首先,通过第 3 章到第 6 章的研究,关于市场负向需求冲击对中国内地企业跨境并购影响的机理与实证研究得到了一些基本的核心结论。其次,在核心结论的基础上,结合目前中国内地企业跨境并购的现状,给出三条切实可行的政策建议。最后,从理论研究和实证研究两个方向剖析本书研究中存在的不足之处,指出未来进一步研究可行的发展方向。

7.1 基本结论

本书在综述企业并购理论研究与实证研究成果基础上,同时对中国内地企业跨境并购的发展趋势及其特征进行了分析。接着,以金融危机为背景,对市场负向需求冲击影响企业跨境并购进行了理论和实证分析。本书核心部分主要包括中国内地企业跨境并购的发展及其特征的分析、市场负向需求影响企业跨境并购的机理分析与实证检验三个部分。

首先,通过列举大量的典型案例和给出充足的数据说明金融危机前后中国内地企业跨境并购的发展趋势及其发展特征。

其次,将出口与跨境并购纳入统一框架,构建单边市场二阶段博弈模型和双边贸易寡头二阶段博弈模型,阐述市场负向需求冲击影响企业选择跨境并购的内在机理。以"政企关联度"为视角,着重探讨了市场负向需求冲击对中国内地企业跨境并购的影响。

再次,分别以 2003—2011 年中国制造业的行业数据与 2003—2014 年中国制造业企业的数据为样本,采用 Ordered Probit 模型和双变量 Probit 模型实证检验市场负向需求冲击对企业跨境并购决策的影响。

最后,采用事件研究方法,构建单因素市场模型和双因素市场模型估算中国内地企业跨境并购的超额收益,采用多元计量回归检验市场负向需求冲击对企业跨境并购绩效的影响。以 2008 年金融危机对中国内地企业跨境并购绩效的影响为例,分析金融危机对企业跨境并购绩效的影响。

基于以上研究,得到的基本结论如下。

第一,在金融危机背景下,中国内地企业跨境并购出现以下新特征:单个交易规模越来越大,并购的主体、对象日趋多样,并购参与主体多样化,民营企业参与跨境并购的并购范围和影响力不断扩大。

第二,从市场负向需求冲击影响企业跨境并购的理论研究中得到三点启示:一是在市场负向需求冲击下企业会选择跨境并购。二是如果境外市场该行业的企业生产成本普遍较高,市场负向需求冲击程度比较小时,境内企业进入境外市场的最优模式为选择生产成本最高的企业进行跨境并购;市场负向需求冲击足够大时,境内企业选择生产成本最低的企业进行跨境并购为最优模式。三是如果境外市场该行业的生产成本普遍较低,市场负向需求冲击下,境内企业进入境外市场的最优模式为选择生产成本最低的外国企业进行跨境并购。

第三,如果转型经济体国有企业选择发达经济体平均生产成本较高的行业进行并购,会选择生产成本最高的企业进行并购;如果转型经济体国有企业选择发达经济体平均生产成本较低的行业进行并购,则会选择生产成本最低的企业进行并购。两种情况下市场负向需求程度与政企关联度之间呈反向关系。

第四,市场负向需求冲击影响企业跨境并购决策的实证检验结果表明,市场负向需求冲击程度与企业选择跨境并购的概率之间呈正向关系。市场负向需求冲击越大,企业选择以跨境并购模式进行境外拓展的可能性就越大。行业内企业异质性与企业选择跨境并购的概率呈正向关系。行业的平均关税税率与企业选择跨境并购的概率亦呈正向关系。当企业并购生产成本较高的企业时,企业软预算约束与市场负向需求冲击的程度呈反向关系。

第五,市场负向需求冲击影响企业跨境并购绩效的实证检验结果表明,市场负向需求冲击程度与企业跨境并购绩效呈正向关系,市场负向需求冲击越大,企业跨境并购获得的超额收益越多,对企业绩效的提升作用越强。2008 年金融危机后,中国内地企业跨境并购获得了正超额收益。

依据以上结论,市场负向需求冲击影响企业跨境并购的关系的机理与实证研究结果得到核心结论为:在足够大的市场负向需求冲击下,企业会选择跨境并购,企业跨境并购获得正超额收益。市场负向需求冲击提高了企业选择跨境并购模式进行境外拓展的可能性。市场负向需求冲击下,政企关联度越高的国有企业越有可能提出并购要约。

7.2 政策建议

大量研究表明,出口贸易和跨境并购对母国的经济增长、就业、产业结构调整等方面的影响存在显著的差异。受金融危机的影响,近年来发达经济体对中国出口贸易的需求大幅压缩,相反,中国内地企业对发达经济体的跨境并购交易量保持十分活跃的增长趋势,那么对中国内地企业发展而言,金融危机背景下,企业选择跨境并购模式"走出去"是否合理就十分值得探讨。因此,中国政府必须高度关注中国内地企业的境外市场拓展的模式选择问题,探索哪些因素会影响企业选择跨境并购交易,以及如何进行宏观调控,引导企业按照最有利于我国整体利益的境外拓展模式进行境外市场拓展。

依据理论研究和实证研究的主要结论,市场负向需求冲击对中国内地企业选择跨境并购交易量有重要拉动作用,此外还有众多的其他因素会影响企业跨境并购的行为。因此,基于理论研究与实证研究的结论提出有利于完善当前与未来中国内地企业跨境并购发展的政策建议。

第一,依据预期并购效应,合理选择目标企业。

依据 Salant 等(1983),Qiu 等(2007)的研究结论,当不同边际生产成本的企业进行产量竞争时,并购可以带来三个效应:双边双方竞争的内部化、给行业内其他企业带来正外部性,以及获得生产效率的提升。Krugman(2000)认为受金融危机的影响,宏观经济恶化,企业市场价值被低估,这些企业通常会低价出售以吸引外商对其进行投资。并购是否可以获利,即是否要并购则取决于这三种效应的相互作用。

依据本书研究结果可知,市场负向需求冲击下,如果并购的主要动机是低价收购将竞争内部化,而不是提高企业生产效率,则最优的路径是选择生产成本较高的目标企业进行并购,此时可以降低收购成本将竞争内部化。如果并购的主要动机是提高企业生产效率及将竞争内部化,则应该选择生产成本较低的目标企业进行并购。因此市场负向需求冲击下,不要盲目追求低价,要预期企业并购产生的三种效应来确定目标企业。其中典型的成功案例就是 2010 年吉利成功收购沃尔沃。

第二,重视企业"政企关联度",支持民营企业跨境并购。

国有企业跨境并购中,由于在开放的环境下,信息不对称性和不确定性加强,国有企业的政治背景支撑更容易诱发盲目投资、资产转移等机会主义行为,导致投资效率低下。

本书理论分析结果显示,如果国有企业并购动机是低价收购、内部化竞争,企业以生产效率最低企业为目标企业进行跨境并购,此时政企关联度越高的国有企业越有可能提出并购要约。如果国有企业的主要并购动机是提高生产效率,以生产成本最低的企业为目标企业进行跨境并购,此时政企关联度越小的国有企业越有可能提出并购要约。所以,对国有企业来说,如果其政治背景较强,与政府的关联度较密切,在市场负向需求冲击下,以生产效率较低的目标企业为目标对象进行低价收购获益更大。相反,如果其政治背景较弱,与政府的关联度不够,则在市场负向需求冲击下,以生产效率较高的目标企业进行并购从而提高企业生产效率获得的收益更大。

从政府角度看,政府应该鼓励和扶植有实力的民营企业积极参与跨境并购。金融危机环境下,民营企业不仅在数量上日益增加,其影响力也是逐渐加强,典型的案例还是 2010 年吉利成功收购沃尔沃。因此,从长远考虑,改善境外投资主体的结构,提高跨境并购的成功率,政府应该为民营企业提供信贷金融支持及额外政策优惠,简化民营企业跨境并购的审批程序。

第三,以金融危机为契机,合理进行跨境并购选择。

本书的理论研究结果显示,市场负向需求冲击是企业选择跨境并购的必要条件。金融危机对企业跨境并购绩效影响的实证检验结果显示,金融危机后企业跨境并购获得了正的超额收益,其在金融危机后期,企业跨境并购获得的超额收益呈增长趋势发展。所以对中国内地企业来说,要以金融危机为契机,科学、合理地进行跨境并购投资。

首先,如果进行同行业跨境并购,对并购方而言,目标企业的选择与境外同行业的生产效率及其所在市场的负向需求冲击程度有关,并购方需要依据两者的关系确定目标企业。

其次,企业要比较出口模式与跨境并购模式下的收益情况,确定是否进行跨境并购。基于本书的实证结论,行业内企业异质性越大,生产效率越高的企业选择跨境并购的概率越大,与 Helpman 等(2004)的结论一致,所以生产效率较高的企业会选择跨境并购。因此,对同行业内生产率最高的企业而言,他们的最优选择是跨境并购,要抓住金融危机的契机,依据目标企业生产效率与市场负向需求冲击程度直接的关系,确定目标企业进行跨境并购投资。此外,行业的平均税率以及与目标企业的地理距离都会影响企业的出口成本,在市场负向需求冲击下,由于发达经济体一些企业价值被低估会被贱卖(Krugman,2000),所以此时并购方就需要比较出口模式下的收益与跨境并购模式下的收益,综合考虑行业税率、运输成本及目标企业并购价格,确定目标企业,从交易成本和预期收益上进行合理的跨境并购选择。

7.3 研究不足与进一步研究方向

7.3.1 研究不足

跨境并购无论是理论还是实证,都是一个不断发展与创新的课题。虽然本书关于市场负向需求冲击与企业跨境并购关系的研究具有一定的实际创新意义,但是从研究角度、研究方法看还存在以下不足。

第一,本书的理论研究是在给定并购要约的前提下进行的,在模型中假设本国市场仅有一家企业。本书的结论虽然可以解释市场负向需求冲击对企业选择跨境并购决策与绩效的影响,但是并不能给出市场负向需求冲击诱发企业跨境并购浪潮的内在机理。因为依据 Dutz(1989)等学者的研究结论,行业内企业的并购行为会影响行业内部剩余企业的并购行为,并购方和并购交易行为都是内在决定的。

第二,本书将出口与跨境并购纳入统一框架分析市场负向需求冲击对企业跨境并购行为的影响具有一定的创新性,但是依据该理论得出的结论实际上是一个二选一的问题,即企业要么选择出口要么选择跨境并购进行境外市场拓展。这个结论很难进行实证研究,因为实际上,企业出口行为和跨境并购行为大多时候是同时存在的。中国内地企业仅跨境并购不出口的样本非常稀少,这也是限制本书进行科学、合理实证检验的原因之一。

第三,在实证检验中,关于市场负向需求冲击的衡量指标的确定还没有统一的标准,本书采用世界人均 GDP 增长率和消费者信心指数虽然一定程度上可以解释金融危机下市场负向需求冲击的影响,但是由于金融危机对各国的影响不同,当目标企业来自经济发展水平相差较大的地区时就不能很好地衡量市场负向需求冲击的影响。由于本书采用中国制造业行业和企业的出口数据进行实证分析,中国制造业企业的出口数据依据企业主营业务得到,将企业主营业务按地区来源进行分类得到,不能具体确定到某一个国家。此外,因为企业出口对象与跨境并购对象很多时候是不一样的,所以很难依据目标企业所在地区的人均 GDP 增长率进行衡量。

第四,在实证检验中,本书关于目标企业生产成本的估算不能直接衡量目标企业的选择(生产成本最低的目标企业或生产成本最高的目标企业)。依据理论分析结果,市场负向需求冲击下,企业只会选择生产成本最低的或生产成本最高的企业进行跨境并购,且如果企业选择生产成本最低的目标企业进行并购,其主要的并购动机就是提高企业的生产效率;如果选择生产成本最高的目标企业进行并购,其主要目标是通过低价收购将竞争内部化,此时不会提高企业生产效率。所以,如果并购后企业生产成本降低,则一定程度上可以代表企业并购的是生产成本较低的企业。基于这个逻辑,通过比较并购前后企业生产成本的均值大小,确定并购的目标企业。生产成本的衡量则从企业市场势力指标、生产效益指标等多个视角进行考量。限于目标企业及其所在行业数据的不可获得性以及生产成本不能直接衡量,只能采用上述方法进行尝试性的检验。

7.3.2　未来可能进一步研究的方向

综观现有研究以及本书研究的不足,关于跨境并购还可以从以下方面进一步研究和探讨。

第一,在市场负向需求冲击与企业跨境并购行为的理论研究上,要进一步探讨企业跨境并购发生的内在机制,分析市场负向需求冲击与企业跨境并购浪潮的关系。在企业并购理论上,还需考察金融危机如何改变企业并购动因,探讨金融危机影响企业并购战略选择的作用机制,如对并购类型选择、并购支付方式选择等的作用机制。

第二,进一步理论分析市场负向需求冲击背景下,并购要约者如何选择目标企业的内在机制,考察目标企业生产成本如何影响并购要约者的目标选择。在市场负向需求冲击、目标企业生产成本与企业跨境并购行为的实证研究上,关于市场负向需求冲击的衡量指标还需多元化和标准化。另外,在关于目标企业生产成本衡量方法的选择上,在保证目标企业财务数据及所在行业数据可以的情况下,应该采用最直接和最标准的方法衡量。

第三,在企业与政府的关联度的影响方面,可以继续检验市场负向需求冲击与并购方政企关联度如何相互作用影响企业跨境并购行为。还可以进一步考察目标企业政企关联度的影响或并购方及目标企业双方政企关联度的影响。

参考文献

【中文文献】

[1]蔡宁,何先进,2002.中美企业兼并动机的比较及启示[J].经济理论与经济管理(4):55-59.

[2]杜群阳,徐臻,2010.中国企业海外并购的绩效与风险:评价模型与实证研究[J].国际贸易问题研究(9):65-71.

[3]冯根福,吴林江,2001.我国上市公司并购绩效的实证研究[J].经济研究(1):54-68.

[4]顾露露,Reed,2011.中国企业海外并购失败了吗?[J].经济研究(7):116-129.

[5]胡飞,黄玉霞,2008.我国上市公司跨国并购的经营绩效分析[J].黑龙江对外经贸(9):136-137.

[6]贾红睿,陈宏民,张旭,1999.企业兼并动机与效应理论研究综述[J].辽宁工程技术大学学报(社会科学版)(3):25-26.

[7]科斯,1990.企业、市场与法律[M].盛洪,陈郁,等校译.上海:上海三联书店.

[8]李春顶,2009.出口与企业生产率:基于中国制造业 969 家上市公司数据的检验[J].经济经纬(4):43-46.

[9]李春桃,2014.中国企业跨国并购及东道国法律法规典型案例分析[M].北京:首都经济贸易大学出版社.

[10]李冬冬,程鸣,2009.公司并购动因分析[J].湖北财经高等专科学校学报(3):33-36.

[11]李善民,朱涛,2006.多元化并购能给股东创造价值吗?——兼论影响多元化并购长期绩效的因素[J].管理世界(3):129-137.

[12]李秀娥,卢进勇,2013.中国企业跨境并购效率影响因素实证研究:基于制度视角[J].世界经济研究(5):67-73.

[13]鲁明泓,1998.发展中国家对外直接投资理论研究[J].江海学刊(4):32-37.

[14]孟凡臣,陈露,2014.我国制造业企业跨国并购绩效评价[J].管理现代化(2):87-89.

[15]邵新建,巫和懋,肖立晟,等,2012.中国企业跨国并购的战略目标与经营绩效:基于A股市场的评价[J].世界经济(5):81-105.

[16]沈春华,2012.国际金融危机对中国经济影响的统计测度研究[D].长沙:湖南大学.

[17]唐晓华,1997.西方企业兼并浪潮的特点及成因分析[J].世界经济与政治(10):14-17.

[18]田海峰,黄祎,孙广生,2015.影响企业跨国并购绩效的制度因素分析:基于2000-2012年中国上市企业数据的研究[J].世界经济研究(6):111-118.

[19]魏江,2002.企业并购战略新思维[M].北京:科学出版社.

[20]魏小仑,2010.我国企业跨国并购经营绩效实证研究[J].现代商贸工业(1):102-103.

[21]阎大颖,2009.制度约束与中国企业跨国并购的经营绩效[J].山西财经大学学报(1):63-70.

[22]余珮,孙永平,2011.集聚效应对跨国公司在华区位选择的影响[J].经济研究(1):71-82.

[23]张广荣,2010.我国开展资源能源类境外投资的理论解读[J].国际贸易(8):53-58.

[24]张建红,周朝鸿,2010.中国企业走出去的制度障碍研究:以海外收购为例[J].经济研究(6):80-91.

[25]张新,2003.并购重组是否创造价值?——中国证券市场的理论与实证研究[J].经济研究(6):20-29.

[26]张月化,2000.企业并购动机的理论和现实分析[J].陕西经贸学院学报(3):51-53.

[27]郑海航,1999.我国企业兼并存在的问题和建议[J].中国工业经济(5):

68-72.

[28] 朱勤,刘垚,2013. 我国上市公司跨国并购财务绩效的影响因素分析 [J]. 国际贸易问题(8):151-169.

[29] 宗芳宇.路江涌,武常岐,2012. 双边投资协定、制度环境和企业对外直 接投资区位选择[J]. 经济研究(5):71-85.

【外文文献】

[1] Acharya V, Shin H S, Yorulmazer T, 2008. Fire-Sale FDI[DB/OL]. http://www. sabanciuniv. edu/HaberlerDuyurular/Documents/DD2008 0815114834/yorulmazer. pdf.

[2] Adamowicz E, Walczyk K, 2013. New EU countries after the great recession[J]. Transformations in Business & Economics (2B):255-265.

[3] Adelman I, Griliches Z, 1961. On an index of quality change[J]. Journal of the American Statistical Association,295:535-548.

[4] Agarwal A K, 2007. Biofuels (alcohols and biodiesel) applications as fuels for internal combustion engines[J]. Progress in Energy and Combustion Science (3):233-271.

[5] Agbloyor E K, Abor J, Adjasi C K D et al. , 2012. Domestic sector banking development and cross border mergers and acquisitions in Africa [J]. Review of Development Finance (1):32-42.

[6] Agodo O, 1978. The determinants of US private manufacturing investment in Africa[J]. Journal of International Business Studies (3):95-107.

[7] Aguiar M, Gopinath G, 2005. Fire-Sale FDI and liquidity crises[J]. Review of Economics and Statistics (3):439-452.

[8] Ahern K R, Daminelli D, Fracassi C, 2015. Lost in translation? the effect of cultural values on mergers around the world[J]. Journal of Financial Economics (1):165-189.

[9] Ahuja G, Katila R, 2001. Technological acquisitions and the innovation performance of acquiring firms: a longitudinal study[J]. Strategic Management Journal (3):197-220.

[10] Akben-Selcuk E, Altiok-Yilmaz A, 2011. The impact of mergers and

acquisitions on acquirer performance: evidence from Turkey[J]. Business and Economics Journal (22):1-7.

[11]Akben-Selcuk E, Altiok-Yilmaz A, 2011. The impact of mergers and acquisitions on acquirer performance: evidence from Turkey[J]. Business and Economics Journal (22):1-8.

[12]Akbulut M E, Matsusaka J G, 2010. 50+ years of diversification announcements[J]. Financial Review (2):231-262.

[13]Akhigbe A, Martin A D, Newman M, 2008. Risk shifts following Sarbanes-Oxley: influences of disclosure and governance[J]. Financial Review (3):383-401.

[14]Alchian A A, Demsetz H, 1972. Production, information costs, and economic organization[J]. The American Economic Review (5):777-795.

[15]Aliber R Z, 1970. A theory of unbalanced growth in the world economy[M]. Hamburg: Weltwirts-Chaftliches Archiv.

[16]Alquist R, Mukherjee R, Tesar L, 2013. Fire-sale FDI or business as usual? [R]. NBER Working Paper.

[17]Altunbas Y, Ibanez D M, 2008. Mergers and acquisitions and bank performance in Europe: the role of strategic similarities[J]. Journal of Economics and Business (3):204-222.

[18]Andrade G, Mitchell M, Stafford E, 2001. New evidence and perspectives on mergers[J]. The Journal of Economic Perspectives (2):103-120.

[19]Antkiewicz A, Whalley J, 2007. Recent Chinese buyout activity and the implications for wider global investment rules[J]. Canadian Public Policy (2):207-226.

[20]Arrow K J, 1975. Vertical integration and communication[J]. The Bell Journal of Economics (1):173-183.

[21]Asquith P, Bruner R F, Mullins D, 1983. The gains to bidding firms from merger[J]. Journal of Financial Economics (1):121-139.

[22]Asquith P, Brunner R F, Mullins D, 1983. The gain to bidding firms

from merger[J]. Journal of Financial Economics (1-4):121-139.

[23]Asquith P, 1983. Merger bids, uncertainty, and stockholder returns [J]. Journal of Financial Economics (1-4):51-83.

[24]Athreye S, Kapur S, 2009. Introduction: the internationalization of Chinese and IndianFirms-Trends, motivations and strategy[J]. Industrial and Corporate Change (2):209-221.

[25]Aybar B, Ficici A, 2009. Cross-Border acquisitions and firm value: an analysis of Emerging-Market multinational[J]. Journal of International Business Studies (8):1317-1338.

[26]Baker M C, Foley F, Wurgler J, 2009. Multinationals as ar (22):337-369.

[27]Baker M, Pan X, Wurgler J, 2012. The effect of reference point prices on mergers and acquisitions[J]. Journal of Financial Economics (1):49-71.

[28]Banal-Estañol A, Heidhues P, Nitsche R et al., 2010. Screening and merger activity[J]. The Journal of Industrial Economics (4):794-817.

[29]Barai P, Mohanty P, 2014. Role of industry relatedness in performance of Indian acquirers, long and short run effects[J]. Asia Pacific Journal of Management (4):1045-1073.

[30]Basile R, Giunta A, Nugent J B, 2003. Foreign expansion by Italian manufacturing firms in the Nineties: an ordered probit analysis[J]. Review of Industrial Organization (1):1-24.

[31]Belderbos R, 2003. Entry mode, organizational learning, and R&D in foreign affiliates: evidence from Japanese firms [J]. Strategic Management (3):235-259.

[32]Benoit J P, 1984. Financially constrained entry in a game with incomplete information[J]. The RAND Journal of Economics (4):490-499.

[33]Berkovitch E, Narayanan M P, 1993. Motives for takeovers: an empirical investigation[M]. Journal of Financial and Quantitative Analysis (3):347-362.

[34]Bertrand O, Betschinger M A, 2012. Performance of domestic and

Cross-Border acquisitions: empirical evidence from Russian acquirers [J]. Journal of Comparative Economics (3):413-437.

[35]Bettis R A, 1981. Performance differences in related and unrelated diversified firms[J]. Strategic Management Journal (4):379-393.

[36]Binder J, 1998. The event study methodology since 1969[J]. Review of Quantitative Finance and Accounting (2):111-137.

[37]Bittlingmayer G, Hazlett T W, 2000. Dos capital: has antitrust against microsoft created value in the computer industry? [J]. Journal of Financial Economics (3):329-359.

[38]Blomstrom M, Konan D, Lipsey R, 2000. FDI in the restructuring of the Japanese economy[R]. NBER Working Paper.

[39]Bolton P, Scharfstein D S, 1990. A theory of predation based on agency problems in financial contracting[J]. The American Economic Review (1):93-106.

[40]Bottazzi L, Rin MD, Hellmann T, 2007. The importance of trust for investment: evidence from venture capital[J]. Social Science Electronic Publishing, 521:1-44.

[41]Brander J A, Lewis T R, 1986. Oligopoly and financial structure: the limited liability effect[J]. American Economic Review (5):956-970.

[42]Branstetter L, 2006. Isforeign direct investments a channel of knowledge spilloevers? evidence from Japan's FDI in the United States[J]. Journal of International Economics (2):325-344.

[43]Buckley P J, Casson M, 1976. The future of the multinational enterprise[M]. London: Macmillan.

[44]Burger M J, Karreman B, van Eenennaam F, 2015. The competitive advantage of clusters: cluster organisations and greenfield FDI in the European life sciences industry[J]. Geoforum, 65:179-191.

[45]Bushman R M, Smith A, Zhang F, 2007. Investment-Cash flow sensitivities are really Investment-Investment sensitivities[R]. Working Paper, University of North Carolina.

[46]Bushman R, Smith A, Zhang F, 2016. Investment-Cash flow sensitivi-

ties are really capitalInvestment-Working capital investment sensitivi-
ties[J]. The Review of Financial Studies (9):2283-2318.

[47]Busse M, Hefeker C, 2007. Political risk, institutions and foreign di-
rect investment[J]. European Journal of Political Economy (2):397-
415.

[48]Cai K G, 1999. Outward foreign direct investment: a novel dimension
of China's integration into the regional and global economy[J]. The
China Quarterly, 160:856-880.

[49]Cantwell J, Tolentino P E E, 1990. Technological accumulation and
third world multinationals[D]. Reading: University of Reading.

[50]Capron L, Shen J C, 2007. Acquisitions of private vs. public firms:
private information, target selection, and acquirer returns[J]. Strategic
Management Journal (9):891-911.

[51]Carney M, Gedajlovic E R, Heugens P P, et al, 2011. Business group
affiliation, performance, context, and strategy: aMeta-Analysis[J]. A-
cademy of Management Journal (3):437-460.

[52]Caves R E, 1982. Mlutinational enterprises and economic analysis
[M]. Cambridge: Cambridge University Press.

[53]Celiker-Guler E, Ruddy T D, Wells R G, 2021. Acquisition, Process-
ing, and Interpretation of PET 18F-FDG viability and inflammation
studies[J]. Current Cardiology Reports (9):1-8.

[54]Changqi W, Ningling X, 2010. Determinants of Cross-Border merger
& acquisition performance of Chinese enterprises[J]. Procedia-Social
and Behavioral Sciences (5):6896-6905.

[55]Chatterjee S, 1986. Type of synergy and economic value: the impact of
acquisitions on merging and rival firms[J]. Strategic Management Jour-
nal (2):119-139.

[56]Chen Q, Goldstein I, Jiang W, 2007. Price informativeness and invest-
ment sensitivity to stock price[J]. Review of Financial Studies (3):619-
650.

[57]Chen S S, Hennart J, 2004. A hostage theory of joint ventures: why

do Japanese investors choose partial over full acquisitions to enter the United States? [J]. Journal of Business Research (10):1126-1134.

[58]Chen Y Y, Young M N, 2010. Cross-Border mergers and acquisitions by Chinese listed companies: a Principal-Principal perspective[J]. Asia Pacific Journal of Management (3):523-539.

[59]Chevalier A, 2004. Parental education and child's education: a natural experiment [DB/OL]. Available at SSRN 553922.

[60] Child J, Rodrigues S B, 2005. The internationalization of Chinese firms: a case for theoretical extension? [J]. Management and Organization Review (1):381-410.

[61]Choi J J, Lee S M, Shoham A, 2016. The effects of institutional distance on FDI inflow: general environmental institutions (GEI) versus minority investor protection institutions (MIP)[J]. International Business Review (1):114-123.

[62]Comanor W S, 1967. Market structure, product differentiation, and industrial research[J]. The Quarterly Journal of Economics (4):639-657.

[63]Conn R, Cosh A, Guest P M et al. , 2005. The impact on Uk acquirers of domestic, Cross-Border, public and private acquisitions[J]. Journal of Business Finance & Accounting (5-6):815-870.

[64]Corhay A, Rad A T, 2000. International acquisitions and shareholder wealth evidence from the Netherlands[J]. International Review of Financial Analysis (2):163-174.

[65]Coughlin C C, Segev E, 2000. Foreign direct investment in China: a spatial econometric study[J]. The World Economy (1):1-23.

[66]De Long G L, De Young R, 2007. Learning by observing: information spillovers in the execution and valuation of commercial bank M&As [J]. Journal of Finance (1):181-216.

[67]DeLong G, DeYoung R, 2007. Learning by observing: information spillovers in the execution and valuation of commercial bank M&As [J]. The Journal of Finance (1):181-216.

[68]Deng P, 2004. Outward investment by Chinese MNCs: motivations and implications[J]. Business Horizons (3):8-16.

[69]Dennis DJ, Dennis D K, 1995. Performance changes following top management dismissals[J]. Journal of Finance (4):1029-1057.

[70]Desai H, Jain P C, 1999. Firm performance and focus: Long-Run stock market performance following spinoffs[J]. Journal of Financial Economics (1):75-101.

[71]Dikova D, Sahib P R, van Witteloostuijn A, 2010. Cross-Border acquisition abandonment and completion: the effect of institutional differences and organizational learning in the international business service industry, 1981 — 2001[J]. Journal of International Business Studies (2):223-245.

[72]Dodd P, 1980. Merger proposals, management discretion and stockholder wealth[J]. Journal of Financial Economics (2):105-137.

[73]Dodd P, Ruback R, 1977. Tender offers and stockholder returns: an empirical analysis[J]. Journal of Financial Economics (3):351-373.

[74]Dong D, McAvoy T J, 1996. Nonlinear principal component Analysis-Based on principal curves and neural networks[J]. Computers & Chemical Engineering (1):65-78.

[75]Dong M D, Hirshleifer S, Richardson S et al. , 2006. Does investor misvaluation drive the takeover market? [J]. Journal of Finance, 61: 725-762.

[76]Du M, Boateng A, 2015. State ownership, institutional effects and value creation in Cross-Border mergers & acquisitions by Chinese firms [J]. International Business Review (3):430-442.

[77]Dunne K M, Ndubizu G A, 1995. International acquisition accounting method and corporate multinationalism: evidence from foreign acquisitions[J]. Journal of International Business Studies (2):361-377.

[78]Dutta S, Saadi S, Zhu P C, 1995. Does payment method matter in Cross-Border acquisitions? [J]. International Review of Economics and Finance, 25:91-107.

[79]Dutz M A, 1989. Horizontal mergers in declining industries: theory and evidence[J]. International Journal of Industrial Organization (1): 11-33.

[80] Eckbo B E, 1983. Horizontal mergers, collusion, and stockholder wealth[J]. Journal of Financial Economics (11):241-273.

[81]Eckbo B E, Giammarino R, Heinkel R L, 1990. Asymmetric information and the medium of exchange in takeovers: theory and tests[J]. Review of Financial Studies (3):651-675.

[82]Eckbo B E, Masulis R W, 1992. Adverse selection and the rights offer paradox[J]. Journal of Financial Economics (3):293-332.

[83]Eckbo E, Thorburn K, 2000. Gains to bidder firms revisited: domestic and foreign acquisitions in Canada[J]. Journal of Financial and Quantitative Analysis (1):1-25.

[84]Elgers P T, Clark J T, 1989. Merger types and shareholder wealth returns: additional evidence[J]. Financial Management (2):66-72.

[85]Faccio M, Lang L H P, 2005. The choice of payment method in European mergers and acquisitions[J]. Journal of Finance (3):1345-1388.

[86]Fama E F, Jensen M C, 1983. Separation of ownership and control [J]. Journal of Law and Economics (2):301-325.

[87]Fan J, Goyal V, 2002. On thepatterns and wealth effects of vertical mergers[J]. Social Science Electronic Publishing (2):877-902.

[88]Feito-Ruiz I, Menéndez-Requejo S, 2011. Cross-Border mergers and acquisitions in different legal environments[J]. International Review of Law and Economics (3):169-187.

[89]Francis B B, Hasan I, Sun X, 2008. Financial market integration and the value of global diversification: evidence for US acquirers in Cross-Border mergers and acquisitions[J]. Journal of Banking & Finance (8): 1522-1540.

[90]Froot K A, Stein J C, 1991. Exchange rates and foreign direct investment: an imperfect capital market approach[J]. Quarterly Journal of Economic, 106:1191-1217.

[91]Fuller K，Netter J M，Stegemoller M，2002. What do returns to acquiring firms tell us? evidence from firms that make many acquisitions[J]. Journal of Finance (4):1763-1793.

[92]Gao N，2011. The adverse selection effect of corporate cash reserve: evidence from acquisitions solely financed by stock[J]. Journal of Corporate Finance (4):789-808.

[93]Geiger F，Schiereck D，2014. The influence of industry concentration on merger motives-empirical evidence from machinery industry mergers [J]. Journal of Economics and Finance (1):27-52

[94]Georgopoulos G J，2008. Cross-Border mergers and acquisitions: does the exchange rate matter? some evidence from Canada[J]. The Canadian Journal of Economics/Revue canadienne d'Economique (2): 450-474.

[95]Ghosh A，2001. Does operating performance really improve following corporate acquisitions? [J]. Journal of Corporate Finance (7):151-178.

[96]Godart O N，Görg H，2013. Suppliers of multinationals and the forced linkage effect: evidence from firm level data[J]. Journal of Economic Behavior & Organization，94:393-404.

[97]Gondhalekar V，Bhagwat Y，2003. Motives in the acquisitions of Nasdaq targets during the aftermath of the 1987 crash[J]. The Financial Review，38:553-569.

[98]Gort M，1969. An economic disturbance theory of mergers[J]. The Quarterly Journal of Economics (4):624-642.

[99]Gorton G，Kahl M，Rosen R J，2009. Eat or beeaten: a theory of mergers and firm size[J]. Journal of Finance (3):1291-1344.

[100]Goswami A G，2013. Vertical FDI versus outsourcing: the role of technology transfer costs[J]. The North American Journal of Economics and Finance，25:1-21.

[101]Greene W H，2008. The econometric approach to efficiency analysis [J]. The Measurement of Productive Efficiency and Productivity Growth (1):92-250.

[102]Gregory A, 1997. An Examination of the long run performance of UK acquiring firms[J]. Journal of Business Finance and Accounting (7-8):971-1002. Jie Li & Xianhai Huang. When to Initiate an International Vertical Merger? The Impact of Negative Demand Shock[J]. The World Economy, 2013,36(7):843-860.

[103]Gregory A, McCorriston S, 2005. Foreign acquisitions by UK limited companies: short-and long-run performance[J]. Journal of Empirical Finance (1):99-125.

[104]Gross D M, Raff H, Ryan M J, 2005. Intra-and inter-industry linkages in foreign direct investment: evidencefrom Japanese investment in Europe[J]. Journal of the Japanese and Urban Economics (19):110-134.

[105]Gu L, Reed R, 2011. Do Chinese acquirers fail in overseas M&As? [J]. Economic Research Journal (7):116-129.

[106]Guler I, Guillen M F, 2010. Home country networks and foreign expansion: evidence from the venture capital industry[J]. Academy of Management Journal (2):390-410.

[107]Hagiwara Y, 2006. Outward investment by China gathering stream under the go global strategy[J]. Economic Review (1):1-6.

[108]Hamish D, Anderson B, Marshall R, 2007. Takeover motives in a weak regulatory environment surrounding a market shock: a case study of New Zealand with a comparison of Gondhalekar and Bhagwat's (2003) US findings[J]. Rev Quant Finan Acc (1):53-67.

[109]Hansen M, 1987. The Search-Transfer problem: the role of weak use in sharing knowledge across organization subunits[J]. Administrative Science Quarterly (1):82-111.

[110]Hansens R G, 1987. A theory for the choice of exchange medium in mergers and acquisitions[J]. The Journal of Busine (1):75-95.

[111]Harford J, 2005. What drives merger waves? [J]. Journal of Financial Economics (3):529-560.

[112]Harris R G, Wiens E G, 1980. Government enterprise: an instru-

ment for the internal regulation of industry[J]. The Canadian Journal of Economics/Revue Canadienne d'Economique (1):125-132.

[113]Harris R S, Ravenscraft D,1991. The role of acquisitions in foreign direct investment: evidence from the US stock market[J]. The Journal of Finance (3):825-844.

[114]Healy P M, Palepu K G, Ruback R S, 1992. Does corporate performance improve after mergers? [J]. Journal of Financial Economics (2):135-175.

[115]Helpman E, Melitz M J, Yeaple S R, 2004. Export versus FDI with heterogeneous firms[J]. American Economic Review (1):300-316.

[116]Henisz W, Delios A, 2011. Uncertainty, imitation and plant location: Japanese multinational corporations 1990~1996[J]. Administrative Science Quarterly (3):443-475.

[117]Hennart J F M A, 1977. A theory of foreign direct investment[D]. Maryland: University of Maryland.

[118]Hennart J F, Reddy S, 1997. The choice between mergers/acquisitions and joint ventures: the case of Japanese investors in the United States[J]. Strategic Management Journal (1):1-12.

[119]Herman E, Lowenstein L, 1988. The efficiency effects of hostile takeovers[M]//Coffee J C, Jr. Lowenstein L, Rose-Ackerman S. Knights, raiders and targets. New York: Oxford University Press.

[120]Hitt M A, Harrison J S, Ireland R D, 2001. Mergers & acquisitions: a guide to creating value for stakeholders[M]. Oxford: Oxford University Press.

[121]Hoberg G, Phillips G, 2010. Product market synergies and competition in mergers and acquisitions: a text-based analysis[J]. The Review of Financial Studies (10):3773-3811.

[122]Hogarty T F, 1970. The profitability of corporate mergers[J]. The Journal of Business (3):317-327.

[123]Holmstron B R, Kaplan S N, 2001. Corporate governance and merger activity in the United States: making sense of the 1980s and 1990s

[J]. Journal of Economic Perspectives (2):121-144.

[124]Hoskisson R E, Eden L, Lau C M et al, 2000. Strategy in emerging economies[J]. Academy of Management Journal (3):249-267.

[125]Hou K, Robinson D T, 2006. Industry concentration and average stock returns[J]. Journal of Finance (4):1927-1956.

[126]Hubbard R G, Palia D, 1999. A reexamination of the conglomerate merger wave in the 1960s: and internal capital markets view[J]. The Journal of Finance (3):1131-1152.

[127]Hughes J S, Kao J L, 2001. Vertical integration and proprietary information transfers[J]. Journal of Economics & Management Strategy (2):277-299.

[128]Hymer S H, 1960. The international operations of national firms, a study of direct foreign investment[D]. Cambridge: Massachusetts Institute of Technology, PH. D.

[129]Iwasa T, Odagiri H, 2004. Oversea R&D, knowledge sourcing, and patenting: an empirical study of Japanses R&D investment in the US [J]. Research Policy (5):807-828.

[130]Jac H. Song, 1983. Diversifying acquisitions and financial relationships: testing 1974—1976 behavior[J]. Strategic Management Journal (2):97-108.

[131]Jack Tittenbrun, 1996. PrivateVersus public enterprises[M]. London: Janus Publishing Company.

[132]Jensen M C, 1986. Agency cost of free cash flow, corporate finance and takeovers[J]. American Economic Review (2):323-329.

[133]Jensen M C, Meckling W H, 1976. Theory of the firm: managerial behavior, agency costs and ownership structure[J]. Journal of financial economics (4):305-360.

[134]Jensen M C, Meckling W H, 1979. Theory of the firm: managerial behavior, agency costs, and ownership structure[J]. Springer Netherlands (4):305-360.

[135]Jensen M C, Ruback R S, 1983. Market for corporate control: empir-

ica evidence[J]. Journal of Financial Economics (1):5-50.

[136]John K, Ofek E, 1995. Asset sales and increase in focus[J]. Journal of Financial (1):105-126.

[137]Johnson S, Mitton T, 2003. Cronyism and capital controls: evidence from Malaysia[J]. Journal of Financial Economics (2):351-382.

[138]Kaplan S, Weisbach M, 1992. The success of acquisitions: evidence from divestitures[J]. Journal of Finance (1):107-138.

[139]Kedia S, Rajgopal S, 2011. Do the SEC's enforcement preferences affect corporate misconduct? [J]. Journal of Accounting and Economics (3):259-278.

[140]Kelly K R, Ward R W, Treitel S et al., 1976. Synthetic seismograms: a Finite-Difference approach[J]. Geophysics (1):2-27.

[141]Khwaja A I, Mian A, 2005. Do lenders favor politically connected firms? rent provision in an emerging financial market[J]. The Quarterly Journal of Economics (4):1371-1411.

[142]Kim J Y, Finkelstein S, 2009. The effects of strategic and market complementarity on acquisition performance: evidence from the U.S. commercial banking industry, 1989 − 2001[J]. Strategic Management Journal (6):617-646.

[143]Kimura F, Kiyota K, 2006. Exports, FDI, and productivity:dynamic evidence from Japanese firms[J]. Review of World Economics (4): 695-719.

[144]Kish R J, Vasconcellos G M, 1993. An empirical analysis of factors affecting Cross-Border acquisitions: U.S.-Japan[J]. Management International Review (3):227-245.

[145]Knapp M, Gart A, & Chaudhry M, 2006. The impact of mean reversion of bank profitability on post-merger performance in the banking industry[J]. Journal of Banking & Finance, 30(12):3503-3517.

[146]Knickerbocker, F. T, 1973. Oligopolistic reaction and multinational enterprise[J]. The International Executive (2):7-9.

[147]Kojima K, 1978. Direct foreign investment: a Japanese model of mul-

tinational business operations[M]. London: Croom Helm.

[148]Kolstad I, Wiig A, 2012. What determines Chinese outward FDI? [J]. Journal of World Business (1):26-34.

[149]Kostova T, Roth K, 2002. Adoption of an organizational practice by subsidiaries of multinational corporations: institutional and relational effects[J]. The Academy of Management Journal (1):215-233.

[150]Kostova T, Roth K, 2002. Adoption of an organizational practice by subsidiaries of multinational corporations: institutional and regional effects[J]. Academy of Management Journal (1):215-233.

[151]Kostova T, Zaheer S, 1999. Organizationallegitimacy under conditions of complexity: the case of the multinational enterprise[J]. The Academy of Management Review (1):64-81.

[152]Kravis B I, 1982. The location of overseas production and production for export by U. S. multinational firms[J]. Journal of International Economics (12):201-223.

[153]Krugman P, 2000. Capital flows and the emerging economics: theory, evidence, and controversies[M]. Chicago: University of Chicago Press.

[154]Kumar A, 2009. Who gambles in the stock market? [J]. The Journal of Finance (4):1889-1933.

[155]Lall S, 1983. The rise of multinationals from The Third World[J]. Third World Quarterly (3):618-626.

[156]Lambrecht B M, 2004. The timing and terms of mergers motivated by economies of scales[J]. Journal of financial Economics (1):41-62.

[157]Lee B S, Min B S, 2011. Exchange rates and FDI strategies of multinational enterprises[J]. Pacific-Basin Finance Journal (5):586-603.

[158]Lee D, 2013. New evidence on the link between exchange rates and Asset-Seeking acquisition FDI[J]. The North American Journal of Economics and Finance, 24:153-158.

[159]Lev B, Mandelker G, 1972. The microeconomic consequences of corporate mergers[J]. Journal of Business, 85-104.

[160]Lev B, Mandelker G, 1972. The microeconomic consequences of corporate mergers[J]. The Journal of Business (1):85-104.

[161]Li J, Huang X H, 2013. When to initiate an international vertical merger? the impact of negative demand shock[J]. The World Economy (7):843-860.

[162]Li S, Xia J, 2008. The roles and performance of state firms and Non-State firms in China's economic transition[J]. World Development (1):39-54.

[163]Li S, Zhu T., 2006. Can diversified acquisition create value to the shareholder?: about the impact factors of enterprises' Long-Term performance of diversified acquisition[J]. Management World (1):129-137.

[164]Lien Y C, Filatotchev I, 2015. Ownership characteristics as determinants of FDI location decisions in emerging economies[J]. Journal of World Business (4):637-650.

[165]Lin J Y, Cai F, Li Z, 1998. Competition, policy burdens, and State-Owned enterprise reform[J]. The American Economic Review (2):422-427.

[166]Lu J, Liu X, Wang H, 2011. Motives for outward FDI of Chinese private firms: firm resources, industry dynamics andgovernment policies[J]. Management and Organization Review (2):223-248.

[167]Lubatkin M, 1983. Mergers and the performance of the acquiring firm [J]. Academy of Management Review (2):218-225.

[168]Luo Y D, 2002. Product diversification in international joint ventures: performance implications in an emerging market[J]. Strategic Management Journal (1):1-20.

[169]Luo Y, Tung R L, 2007. International expansion of emerging market enterprises: a springboard perspective[J]. Journal of International Business Studies, 38:481-498.

[170]Luo Y, Xue Q, Han B, 2010. How emerging market governments promote outward FDI: experience from China[J]. Journal of Word

Business (1):68-79.

[171]Madura J, 2000. Financial markets and institutions[M]. Cincinnati: South-Western College Publishing.

[172]Magee S P, 1977. Information and the multinational corporation: an appropriability theory of direct foreign investment[D]. Chicago: University of Chicago.

[173]Maksimovic V, Phillips G, 2001. The market for corporate assets: who engages in mergers and asset sales and are there efficiency gains? [J]. Journal of Finance, 56:2019-2065.

[174]Maksimovic V, Phillips G, Prabhala N, 2008. Post-Merger restructuring and the boundaries of the firm[J]. Socical Science Electronic Publishing (2):317-343.

[175]Malatesta P, Thompson R, 1993. Government regulation and structural change in the corporate acquisitions market: the impact of the Williams Act[J]. Journal of Financial and Quantitative Analysis (3): 363-379.

[176]Matsumura T, 1998. Partial privatization in mixed duopoly[J]. Journal of Public Economics (3):473-483.

[177]Matsusaka J G, 1993. Takeover motives during the conglomerate merger wave[J]. The RAND Journal of Economics (1):357-379.

[178]Melitz M, 2003. The impact of trade on intra industry reallocations and aggregate industry productivity[J]. Econometrica (6):1695-1725.

[179]Merrill W C, Schneider N, 1966. Government firms in oligopoly industries: a Short-Run analysis[J]. The Quarterly Journal of Economics (3):400-412.

[180]Mitchell M L, Mulherin J H, 1996. The impact of industry shocks on takeover and restructuring activity[J]. Journal of Financial Economics (2):193-229.

[181]Mitchell M L, Stafford E, 2000. Managerial decisions and long term stock price performance[J]. Journal of Business (3):287-329.

[182]Modigliani F, Miller M H, 1958. The cost of capital, corporation fi-

nance and thetheory of investment[J]. American Economic Review, 48(3):261-297.

[183]Mody A, Negishi S, 2000. The role of Cross-Border mergers and acquisitions in Asian restructuring[M]//Djankov S, Mody A S. Claessens in resolution of financial distress: an international perspective on the design of Bankruptcy Laws. Washington, D. C.: the World Bank.

[184]Moeller S B, Schlingemann F P, 2005a. Global diversification and bidder gains: a comparison between cross-border and domestic acquisitions[J]. Journal of Banking and Finance (3):533-564.

[185]Moeller S B, Schlingemann F P, Stulz R M, 2004. Firm size and the gains from acquisitions[J]. Journal of Financial Economics (2):201-228.

[186]Moeller S B, Schlingemann F P, Stulz R M, 2005b. Wealth destruction on a massive scale? a study of Acquiring-Firm returns in the recent merger wave[J]. Journal of Finance (2):757-782.

[187]Montgomery, Cynthia A, 1979. Diversification market structure and firm performance: an extension of Rumelt's model[R]. Unpublished doctoral dissertation, Purdue University.

[188]Morck R, Yeung B, Zhao M, 2008. Perspectives on China's outward foreign direct investment[J]. Journal of International Business Studies (3):337-350.

[189]Motta M, Ruta M, 2012. A political economy model of merger policy in international markets[J]. Economica, 313:15-136.

[190]Mulherin J H, Boone A L, 2000. Comparing acquisitions and divestitures[J]. Journal of Corporate Finance (2):117-139.

[191]Myers S C, Majluf N S, 1983. Corporate financing and investment decisions when firms have information that investors do not have[J]. Journal of Financial Economics (2):187-221.

[192]Nachum L, Zaheer S, 2005. The persistence of distance? the impact of technology on MNE motivations for foreign investment[J]. Strate-

gic Management Journal (8):747-767.

[193]Neely W P, Rochester D P, 1987. Operating performance and merger benefits: the savings and loan experience[J]. The Financial Review (22):111-129.

[194]Nelson R L, 1959. Merger movements in American industry, 1895-1956[M]. Princeton: NBER Books.

[195]Nicholson R R, Salaber J, 2014. Impact of the financial crisis on the performance of European acquisitions[M]. Lodon: Palgrave Macmillan.

[196]Nocke V, Yeaple S, 2007. Cross-Border mergers and acquisitions vs. Greenfield foreign direct investment: the role of firm heterogeneity [J]. Journal of International Economics (2):336-365.

[197]North D C, 1990. Institutions, institutional change, and economic performance[M]. Cambridge: Cambridge University Press.

[198]Oberhofer H, Pfaffermayr M, 2012. FDI versus exports: multiple host countries and empirical evidence[J]. The World Economy (3):316-330.

[199]Ogawa K, Lee C H, 1996. Returns on capital and Out-Ward direct foreign investment: the case of six Japanese industries[J]. Journal of Asian Economics (4):437-467.

[200]Olante M E, 2013. Overpaid acquisitions and goodwill impairment Losses-Evidence from the US[J]. Advances in Accounting (2):243-254.

[201]Oldenski L, 2011. Export versus FDI: a Task-Based approach[DB/OL]. Oldenski_XvsFDI_Nov2010. pdf.

[202]Owers J E, Lin B, Rogers R C, 2008. Cross-Border mergers and acquisitions using ADRs as consideration[J]. International Review of Economics and Finance (2):306-318.

[203]Pan H, Xia X, Yu G, 2008. Government intervention, political connections and the mergers of local Government-Controlled enterprises [J]. Economic Research Journal (1):41-52.

[204]Patell J M, 1976. Corporate forecasts of earnings per share and stock price behavior: empirical test[J]. Journal of Accounting Research (1):246-276.

[205]Peng M W, Sun S L, Pinkham B et al. , 2009. The Institution-Based view as a third leg for a strategytripod[J]. Academy of Management Perspectives (3):63-81.

[206]Peng M W, Wang D Y L, Jiang Y, 2008. An institution based view of international business strategy: a focus on emerging economics[J]. Journal of International Business Studies (5):920-936.

[207]Philippe A, Patrick B, 1992. An incomplete contract approach to financial contracting[J]. Review of Economics Studies (3):473-494.

[208]Pietrovito F, Pozzolo A F, Salvatici L, 2015. Internationalization choices: an ordered probit analysis at industry level[J]. Empirical Economics (2):561-594.

[209]Rahim K F, Ahmad N, Ahmad I et al. , 2013. Determinants of Cross-Border mergers and acquisition in advanced emerging market acquiring firms[J]. Procedia Economics and Finance (7):96-102.

[210]Rajan R G, Servaes H, Zingales L, 2000. The Cost of diversity: the diversification discount and inefficient investment[J]. Journal of Finance (1):35-80.

[211]Rani N, Yadav S S, Jain P K, 2015. Market response to internationalization strategies: evidence from Indian cross-border acquisitions [J]. IIMB Management Review (2):80-91.

[212]Rau R, Vermaelen T, 1998. Glamour, value, and the post-acquisition performance of acquiring firms[J]. Journal of Financial Economics (2):223-254.

[213]Ravenscraft D J, Scherer F J, 1987. Mergers, sell offs, and economic efficiency[M]. Washington DC: the Brookings Institution.

[214]Reuer J J, Shenkar O, Ragozzino R, 2004. Mitigating risk in international mergers and acquisitions: the role of contingent payments[J]. Journal of International Business Studies (1):19-32.

[215]Rhodes-Kroph M, Viswanathan S, 2004. Market valuation and merger waves[J]. Journal of Finance (6):2685-2718.

[216]Roll R, 1986. The hubris hypothesis of corporate takeovers[J]. Journal of business (2):197-216.

[217]Ross S A, 1977. The Determination of financial structure: the Incentive-Signalling approach[J]. The Bell Journal of Economics (1):23-40.

[218]Rravenscraft D, Harris R S, 1991. The role of foreign acquisitions in foreign direct investment: evidence from the U. S. stock market[J]. Journal of Finance (3):825-844.

[219]Rui H, Yip G S, 2008. Foreignacquisitions by Chinese firms: a strategic intent perspective[J]. Journal of World Business (2):213-226.

[220]Rumelt R P, 1974. Strategy, structure, and economic performance [M]. Cambridge: Division of Research, Harvard Business School.

[221]Rumelt R P, 1982. Diversification strategy and profitability[J]. Strategic Management Journal (4):359-369.

[222]Salant S W, Switzer S, Reynolds R J, 1983, Losses from horizontal merger: the effects of an exoycnous change in industry structure on Cournot-Nash equilibrium[J]. Quarterly Journal of Economics (5): 185-199.

[223]Salter M S, Weinhold W A, 1979. Diversification through acquisition: strategies for creating economic value[M]. New York: Free Press.

[224]Sapienza P, 2004. The effects of government ownership on bank lending[J]. Journal of Financial Economics (2):357-384.

[225]Scharfstein D S, Jeremy C S, 2000. The dark side of internal capital markets: divisional rent seeking and inefficient investment[J]. Journal of Financ, 55:2537-2564.

[226]Scott W R, 1995. Institutions and Organizations [M]. Thousand Oaks, CA: Sage.

[227]Seth A, 1990. Sources of value creation in acquisitions: an empirical

investigation[J]. Strategic Management Journal (6):431-446.

[228]Shahrur H, 2005. Industry structure and horizontal takeovers: analysis of wealth effects on rivals, suppliers, and corporate customers[J]. Journal of Financial Economics (1):61-98.

[229]Shao X, Wu H, Xiao L et al, 2012. The strategic targets and performance of Cross-Border M&A initiated by Chinese firms: an evaluation based on a share market[J]. The Journal of World Economy (5): 81-105.

[230]Shapiro S L, Bootzin R R, Figueredo A J et al. , 2003. The efficacy of Mindfulness-Based stress reduction in the treatment of sleep disturbance in women with breast cancer: an exploratory study[J]. Journal of Psychosom Research (1):85-91.

[231]Shleifer A, Vishny R W, 1993. Corruption[J]. The Quarterly Journalof Economics (3):599-617.

[232]Shleifer A, Vishny R, 1986. Large shareholders and corporate control[J]. Journal of Political Economy (3):461-488.

[233]Shleifer A, Vishny R, 2003. Stock market driven acquisitions[J]. Journal of Financial Economics, 70:295-311.

[234]Showalter D, 1995. Oligopoly and financial structure: comment[J]. American Economic Review (3):647-653.

[235]Sirower M L, 1977. The synergy trap: how companies lose the acquisition game[M]. NewYork: Free Press.

[236]Sleuwaegen L, 1998. Foreign direct investment, cross-border mergers and competition policy in the European Union[M]//Kukasaku K, Kimura F, Urata S. Asia and Europe: beyond competing regionalism. Portland: Sussex Academic Press.

[237]Smith K V, Schreiner J C, 1969. A portfolio analysis of conglomerate diversification[J]. The Journal of Finance (3):413-427.

[238]Sova Z, Havranek T, 2013. Determinants of horizontal spillovers from FDI: evidence from a large Meta-Analysis[J]. World Development, 42:1-15.

[239]Stephen M, Parker D, 1997. The impact of privatization: ownership and the corporate performance in the UK[M]. London and New York: Routledge.

[240]Stillman R, 1983. Examining antitrust policy towards horizontal mergers[J]. Journal of Financial Economics (1-4):225-240.

[241]Stulz R M, 2004. Should we fear derivatives? [J]. Journal of Economic perspectives (3):173-192.

[242]Takagi, Shi, 2011. Exchange rate movements and foreign direct investment (FDI): Japanese investment in Asia, 1987-2008[J]. Japan and the World Economy (4):265-272.

[243]Toxvaerd F, 2003. Strategic merger waves: a theory of musical chairs [J]. Social Science Electronic Publishing (1):1-26.

[244]Uysal V B, Kedia S, Panchapagesan V, 2008. Geography and acquirer returns[J]. Social Science Electronic Publishing (2):256-275.

[245]Venables A, 1996. Equilibrium locations of vertically linked industries[J]. International Economics Review (2):341-359.

[246]Vernon R, 1966. International investment and international trade in product cycle[J]. Quarterly Journal of Economics (2):190-207.

[247]Vives X, 1984. Duopoly information equilibrium: Cournot and Bertrand[J]. Journal of Economic Theory (1):71-94.

[248]Wansley J, Lane W, Yang H, 1983. Abnormal returns to acquired-firms by type of acquisition and method of payment[J]. Financial Management (3):16-22.

[249]Weitzel U, Gerritsen D, 2014. Testing the fire-sale FDI hypothesis for the European financial crisis[J]. Journal of International Money and Finance, 49:211-234.

[250]Wells L T, 1977. The internationalization of firms from developing countries, multinationals from small countries[M]. Massachusetts: MIT Press.

[251]Williamson O E, 1975. Markets and hierarchies: analysis and antitrust implications[M]. New York: Free Press.

[252]Wooldridge JM，2010. Econometric analysis of cross section and panel data[M]. Cambridge：MIT Press.

[253]Wooster R B，2006. US companies in transition economies：wealth effects from expansion between 1987 and 1999[J]. Journal of International Business Studies (2)：179-195.

[254]Wu C，Xie N，2010. Determinants of Cross-Border merger & acquisition performance of Chinese enterprises[J]. Procedia-Social and Behavioral Sciences (2)：6896-6905.

[255]Xing Y，Wan G，2006. Exchange rates and competition for FDI[J]. The Word Economy, 17：197-212.

[256]Xu D，Shenkar O，2002. Institutional Distance and the Multinational Enterprise[J]. The Academy of Management Review (4)：608-618.

[257]Yamakawa Y，Peng M W，Deeds D L，2008. What dries new ventures to internationalize from emerging to developed economies? [J]. Entrepreneurship Theory and Practice (1)：59-82.

[258]Yeaple S R，2003. The complex integration strategies of multinationals and cross-country dependencies in the structure of foreign direct investment[J]. Journal of International Economics (2)：293-314.

[259]Yeh T M，Hoshino Y，2002. Productivity and operating performance of Japanese merging firms：Keiretsu-Related and independent mergers [J]. Japan and the World Economy (3)：347-366.

[260]Zhang J，Zhou C，Ebbers H，2010. Completion of Chinese overseas acquisitions：institutional perspectives and evidence[J]. International Business Review (2)：226-238.

附 录

附表 1 1992—2001 年中国内地企业跨境并购额占世界并购额的比重

年份	中国内地企业跨境并购额 /百万美元	全球跨境并购额 /百万美元	占比/%
1992	573	79280	0.72
1993	485	83064	0.58
1994	307	127110	0.24
1995	249	186593	0.13
1996	451	227023	0.20
1997	799	304848	0.26
1998	1276	531648	0.24
1999	101	766044	0.01
2000	470	1143816	0.04
2001	452	593960	0.08

数据来源:UNCTAD 1992—2001 年的《世界投资报告》。

附表 2 2002—2007 年中国内地企业跨境并购购买额和销售额

年份	购买额/百万美元	交易量/起	销售额/百万美元	交易量/起
2002	1381	78	15889	205
2003	1576	106	3606	307
2004	618	114	5108	351
2005	6041	118	9402	384
2006	12209	118	9520	393
2007	1526	159	8068	437

数据来源:UNCTAD《2015 年世界投资报告》。

附表3 2004年中国内地企业十大跨境并购事件

排名	并购方		目标企业		目标企业所在地区	并购金额/百万美元
	公司	行业	公司	行业		
1	中国投资公司	投资人	MG Rover Ltd	交通运输设备	英国	1907.6
2	中国中化集团公司	石油和天然气,炼油	Inchon Oil Refinery Co Ltd	石油和天然气,炼油	韩国	663.862
3	上海航空工业公司	交通运输设备	Ssangyong Motor Co Ltd	交通运输设备	韩国	530.698
4	中国石油天然气集团公司	石油和天然气,炼油	Plus Petrol Norte SA	石油和天然气,炼油	秘鲁	200
5	盛大集团	商业服务	Actoz Soft Co Ltd	软件打包	韩国	91.7
6	中国石油化工集团公司	石油和天然气,炼油	Ceylon Petroleum-Stations(107)	零售贸易	斯里兰卡	83
7	深圳联合金豪投资发展有限公司	房地产,抵押贷款银行家和经纪人	Supreme Win Investments Ltd	房地产,抵押贷款银行家和经纪人	中国香港	68
8	瑞安房地产有限公司	房地产,抵押贷款银行家和经纪人	Foresight Profits Ltd	投资人	中国香港	43.667
9	美的国际集团有限公司	电子电气设备	Hualing Holdings Ltd	电子电气设备	中国香港	41.4
10	喜力亚太酿酒有限公司	食品制造业	Guangdong Brewery Hldg Ltd	食品制造业	中国香港	39.424

数据来源:SDC 数据库。

附表4 2005年中国内地企业十大跨境并购事件

排名	并购方		目标企业		目标企业所在地区	并购金额/百万美元
	公司	行业	公司	行业		
1	中国海洋石油公司	石油和天然气,炼油	Unocal Corp	石油和天然气,炼油	美国	18472.082
2	中国石油天然气集团公司	石油和天然气,炼油	Petro Kazakhstan Inc	石油和天然气,炼油	英国	4141.179
3	安第斯石油公司	石油和天然气,炼油	EnCana Corp-Ecuador Assets	石油和天然气,炼油	厄瓜多尔	1420
4	China National Agrochemical	化学物与相关产物	Drakkar Holdings SA	食品	比利时	480.92

续表

排名	并购方		目标企业		目标企业所在地区	并购金额/百万美元
	公司	行业	公司	行业		
5	分众传媒控股有限公司	广告服务业	Infoachieve Ltd	广告服务业	中国香港	183
6	G-Baby Holdings Ltd	其他产品制造行业	Geoby Intl Hldg Ltd	其他产品制造行业	中国香港	122.5
7	大庆油田有限公司	石油和天然气,炼油	Soco Intl PLC-Mongolian Asts	石油和天然气,炼油	蒙古国	93
8	平安信托投资有限责任公司	投资	Ping An Securities Ltd	投资	中国香港	36.291
9	Richard Li Tzar-Kai	投资	Hong Kong Economic Journal	印刷、出版服务	中国香港	36.006
10	TCL集团股份有限公司	电子电气设备	TCL Commun Tech Holdings Ltd	通信设备	中国香港	25.641

数据来源:SDC 数据库。

附表5　2006 年中国内地企业十大跨境并购事件

排名	并购方		目标企业		目标企业所在地区	并购金额/百万美元
	公司	行业	公司	行业		
1	中国石化公司	石油和天然气,炼油	OAO Udmurtneft	石油和天然气,炼油	俄罗斯	3501
2	中国海洋石油有限公司	石油和天然气,炼油	NNPC-OML 130	石油和天然气,炼油	尼日利亚	2692
3	中国海洋石油有限公司	投资	Nations Energy Co Ltd	石油和天然气,炼油	加拿大	1955.611
4	中国建设银行股份有限公司	商业银行,银行控股公司	Bank of America (Asia) Ltd	商业银行,银行控股公司	中国香港	1248.687
5	中国银行股份有限公司	商业银行,银行控股公司	Singapore Aircraft Leasing	商业服务	新加坡	965
6	Mansarovar Energy Columbia Ltd	石油和天然气,炼油	Omimex de Colombia Ltd	石油和天然气,炼油	哥伦比亚	850
7	中国国际航空股份有限公司	空运、海运运输	Cathay Pacific Airways Ltd	空运、海运运输	中国香港	694.538
8	中国国际航空股份有限公司	空运、海运运输	CNAC	空运、海运运输	中国香港	377.876
9	绝对伏特加投资股份公司	投资	Absolute Europe AG	投资	瑞士	287.644
10	中钢集团	批发贸易品	Samancor Chrome-Chrome Mine	采矿业	南非	201.559

数据来源:SDC 数据库。

附表 6　十大行业分类及各行业包括的每种产品的 SIC-4 位码

行业分类	SIC-4 位码
金融保险	**保管机构** 6011、6019、6021—6022、6029、6035—6036、6061—6062、6081—6082、6091、6099 **非保管之信用机构** 6111、6141、6153、6159、6162—6163 **证与商品现货经纪人，经销商，交换与服务** 6211、6221、6231、6282、6289 **保险** 6211、6321、6324、6331、6351、6361、6371、6399、6411 **控股及其他投资公司** 6712—6719、6722、6726、6732—6733、6792、6794、6798—6799
通信电子和软件外包行业	**公式机器及电脑设备** 3511、3519、3523—3524、3531—3537、3541—3549、3552—3556、3559、3561—3569、3571—3572、3575、3577—3579、3581—3582、3585—3586、3589、3592—3594、3596、3599 **电脑及其他设备** 3612—3613、3621、3624—3625、3629、3631—3635、3639、3641、3643—3648、3651—3652、3661、3663、3669、3671—3672、3674—3679、3691—3692、3694—3695、3699 **通信服务** 4812、4813、4822、4832—4833、4841、4899 **计算机服务业** 7371—7376
能源与自然资源行业	**农、林、牧、渔业** 0111、0112、0115、0116、0119、0131、0132、0133、0134、0139、0161、0171、0172、0173、0175、0179、0181、0191、0211、0212、0213、0214、0219、0241、0251、0253、0254、0259、0271、0272、0273、0279、0291、0711、0721、0722、0723、0724、0741、0742、0751、0752、0761、0762、0781、0782、0783、0811、0831、0851、0861、0912、0913、0919、0921、0971 **采矿业** 1011、1021、1031、1041、1044、1061、1081、1094、1099、1221、1222、1231、1241、1311、1321、1381、1382、1389、1411、1422、1423、1429、1442、1446、1455、1459、1474、1475、1479、1481、1499 **石油冶炼行业** 2911、2951—2952、2992、2999 **金属及金属制品** 3312—3313、3315—3317、3321—3322、3324—3325、3331、3334、3339、3341、3351、3353—3357、3363—3366、3369、3398—3399、3411—3412、3421、3423、3425、3429、3431—3433、3441—3444、3446、3448—3449、3451—3452、3462—3463、3465—3466、3469、3471、3479、3482—3484、3489、3491—3497、3499

行业分类	SIC-4 位码
制造业	**食物与类似产品** 2011、2013、2015、2021、2022、2023、2024、2026、2032、2033、2034、2035、2037、2038、2041、2043、2044、2045、2046、2047、2048、2051、2052、2053、2061、2062、2063、2064、2066、2067、2068、2074、2075、2076、2077、2079、2082、2083、2084、2085、2086、2087、2091、2092、2095、2096、2097、2098、2099、 **烟草制造业** 2111、2121、2131、2141、 **纺织产品制造业** 2211、2221、2231、2241、2251—2254、2257—2259、2261、2262、2269、2273、2281、2282、2284、2295—2299、2311、2321—2323、2325—2326、2329、2331、2335、2337、2339、2341、2342、2353、2361、2369、2371、2381、2384—2387、2389、2391—2397、2399 **木材及家具制造业** 2411、2421、2426、2429、2431、2434—2436、2439、2441、2448—2449、2451—2452、2491—2493、2499、2511—2512、2514—2515、2517、2519、2521—2522、2531、2541—2542、2591、2599 **纸类、印刷制造业** 2611、2621、2631、2652—2653、2655—2657、2671—2679 2711、2721、2731—2732、2741、2752、2754、2759、2761、2771、2789、2791、2796 **橡胶类、塑料及皮制品制造业** 3011、3021、3052—3053、3061、3069、3081—3089、3111、3131、3142—3144、3149、3151、3161、3171—3172、3199 **非金属制品制造业** 3211、3221、3229、3231、3241、3251、3253、3259、3261—3264、3269、3271—3275、3281、3291—3292、3295—3297、3299 **交通设备制造业** 3711、3713—3716、3721、3724、3728、3731—3732、3743、3751、3761、3764、3769、3792、3795、3799 **测量分析仪器、钟表制造业** 3812、3821—3827、3829、3841—3845、3851、3861、3873 **其他制造业** 3911、3914—3915、3931、3942、3944、3949、3951—3953、3955、3961、3965、3991、3993、3995—3996、3999

续表

行业分类	SIC-4 位码
服务业	旅馆,房屋出租,露营与其他小旅馆 7011、7021、7032—7033、7041 个人服务 7211—7213、7215—7219、7221、7231、7241、7251、7261、7291、7299 企业服务 7311—7313、7319、7322—7323、7331、7334—7336、7338、7342、7349、7352—7353、7359、7361、7363、7377—7379、7381—7384、7389 车辆修理,服务与停车 7513—7515、7519、7521、7532—7534、7536—7539、7542、7549 各类修理服务 7622—7623、7629、7631、7641、7692、7694、7699 电影、娱乐服务 7812、7819、7822、7829、7832—7833、7841、7911、7922、7929、7933、7941、7948、7991—7993、7996—7997、7999 其他剩余服务 8011、8021、8031、8041—8043、8049、8051—8052、8059、8062—8063、8069、8071—8072、8082、8092—8093、8099、8111、8211、8221—8223、8231、8243—8244、8249、8299、8322、8331、8351、8361、8399、8412、8422、8611、8621、8631、8641、8651、8661、8699、8711—8713、8721、8731—8734、8741—8744、8748、8811、8999
批发零售贸易	批发业 5012—5015、5021、5023、5031—5033、5039、5043—5049、5051、5052、5063—5065、5072、5074—5075、5078、5082—5085、5087—5088、5091—5094、5099、5111—5113、5122、5131、5136—5137、5139、5141—5149、5153—5154、5159、5162、5169、5171—5172、5181—5182、5191—5194、5198—5199 零售业 5211、5231、5251、5261、5271、5311、5331、5399、5411、5421、5431、5441、5451、5461、5499、5511、5521、5531、5541、5551、5561、5571、5599、5611、5621、5632、5641、5651、5661、5699、5712—5714、5719、5722、5731、5734—5736、5812—5813、5912、5921、5932、5941—5949、5961—59633、5983—5984、5989、5992—5995、5999
房地产	6512—6515、6517、6519、6531、6541、6552—6553
医药化工行业	化学物与相关产物 2812—2813、2816、2819、2821—2824、2833—2836、2841—2844、2851、2861、2865、2689、2873—2875、2879、2891—2893、2895、2899
公共设施	建筑行业 1521、1522、1531、1541、1542、1611、1622、1623、1629、1711、1721、1731、1741、1742、1743、1751、1752、1761、1771、1781、1791、1793、1794、1795、1796、1799 电、天然气、水等运输 4612、4613、4619、4911、4922—4925、4931—4932、4939、4941、4952—4953、4959、4961、4971
交通运输	4011、4013、4111、4119、4121、4131、4141—4142、4151、4173、4212—4215、4221—4222、4225—4226、4231、4311、4412、4424、4432、4449、4481、4482、4489、4491—4493、4499、4512、4513、4522、4581、4724—4725、4729、4731、4741、4783、4785、4789

附表7　1994—2002 年中国内地企业发起的跨境并购行业分布

排名	目标企业所在行业	事件数/起	披露交易额的事件数/起	交易额/百万美元	平均交易额/百万美元
1	金融保险	84	58	1682.93	29.02
2	制造业	82	48	875.22	18.23
3	通信电子和软件外包行业	68	35	1211.71	34.62
4	能源和自然资源行业	58	33	3634.209	110.1275
5	服务业	57	28	414.56	14.81
6	交通运输	37	25	824.85	32.99
7	零售、批发贸易	28	17	355.25	20.90
8	公共设施	23	12	174.71	14.56
9	房地产	23	17	517.11	30.42
10	医药化工	16	9	98.91	10.99
	总计	476	282	9789.462	34.71

注：参考顾露露等(2010)的研究，分成 10 个大的行业，每个行业中的产品依据 SIC-4 位码分类，详见附表 6。每个行业的企业跨境并购交易量和交易额的数据来自 SDC 数据库。

附表8　1994—2007 年目标企业区域分布

年份	目标企业所在地区
1994	澳大利亚(1)、比利时(1)、中国香港(12)、印度(1)、印度尼西亚(1)、日本(1)、马来西亚(1)、菲律宾(1)、新加坡(1)、西班牙(1)、斯里兰卡(1)、美国(3)
1997	澳大利亚(2)、法国(3)、德国(1)、中国香港(34)、日本(4)、哈萨克斯坦(2)、菲律宾(2)、新加坡(2)、中国台湾(2)、美国(4)
2002	澳大利亚(2)、阿塞拜疆(1)、加拿大(3)、法国(2)、德国(4)、中国香港(32)、印度尼西亚(5)、约旦(1)、马来西亚(1)、新西兰(3)、挪威(1)、新加坡(7)、韩国(2)、西班牙(1)、中国台湾(1)、美国(8)
2003	澳大利亚(4)、阿塞拜疆(2)、厄瓜多尔(1)、中国香港(25)、印度尼西亚(1)、日本(3)、哈萨克斯坦(6)、新加坡(1)、韩国(2)、斯里兰卡(1)、泰国(5)、美国(6)
2004	澳大利亚(5)、阿塞拜疆(1)、比利时(1)、巴西(2)、加拿大(2)、塞浦路斯(1)、法国(2)、德国(5)、中国香港(51)、伊朗(1)、英国属地曼岛(1)、日本(2)、中国澳门(2)、墨西哥(1)、尼日利亚(2)、巴布亚新几内亚(1)、秘鲁(1)、俄罗斯(1)、新加坡(7)、韩国(3)、斯里兰卡(1)、突尼斯(1)、英国(2)、美国(7)、曼联阿拉伯(1)
2005	澳大利亚(7)、比利时(1)、英属维尔京群岛(3)、加拿大(4)、智利(1)、丹麦(1)、厄瓜多尔(1)、法国(1)、德国(5)、海地(1)、中国香港(39)、印度尼西亚(1)、意大利(1)、日本(1)、中国澳门(1)、马来西亚(1)、蒙古国(1)、荷兰(1)、巴基斯坦(1)、菲律宾(1)、俄罗斯(3)、新加坡(10)、韩国(2)、泰国(2)、英国(4)、美国(11)

续表

年份	目标企业所在地区
2006	阿根廷(1)、澳大利亚(15)、英属维尔京群岛(4)、柬埔寨(1)、加拿大(4)、哥伦比亚(1)、法国(1)、中国香港(47)、印度尼西亚(2)、日本(5)、约旦(1)、莱索托(1)、马来西亚(3)、蒙古国(1)、荷兰(2)、新西兰(1)、尼日利亚(3)、朝鲜(1)、俄罗斯(3)、新加坡(6)、南非(1)、瑞典(1)、瑞士(1)、中国台湾(4)、泰国(1)、英国(3)、美国(12)、津巴布韦(1)
2007	阿鲁巴岛(1)、澳大利亚(32)、比利时(1)、英属维尔京群岛(4)、加拿大(6)、开曼群岛(2)、捷克共和国(1)、丹麦(1)、法国(2)、德国(4)、希腊(1)、中国香港(76)、印度(3)、印度尼西亚(2)、意大利(2)、日本(1)、哈萨克斯坦(1)、吉尔吉斯斯坦(1)、中国澳门(2)、马来西亚(4)、蒙古(1)、荷兰(1)、尼日利亚(2)、挪威(1)、巴基斯坦(3)、菲律宾(1)、葡萄牙(1)、新加坡(12)、南非(2)、西班牙(1)、中国台湾(1)、泰国(3)、英国(12)、美国(26)、乌兹别克斯坦(1)、越南(2)、津巴布韦(2)

数据来源:SDC数据库,括号中的数字表示当年目标企业属于该地区的中国内地企业跨境并购的交易量。

附表9 2009年中国内地企业十大跨境并购事件

排名	并购方		目标企业		目标企业所在地区	并购金额/百万美元
	公司	行业	公司	行业		
1	中国铝业股份有限公司	金属及其制品	Hamersley Iron Pty Ltd	采矿业	澳大利亚	5150.128
2	中国铝业股份有限公司	金属及其制品	Rio Tinto PLC	采矿业	英国	4535.001
3	中国铝业股份有限公司	金属及其制品	Rio Tinto Escondida Ltd	采矿业	智利	3388
4	兖州煤业股份有限公司	采矿业	Felix Resources Ltd	采矿业	澳大利亚	2806.879
5	中国铝业股份有限公司	金属及其制品	Rio Tinto Ltd	采矿业	澳大利亚	2627
6	中国中化集团公司	石油和天然气,炼油	Nufarm Ltd	化学产品	澳大利亚	2290.166
7	中国中化集团公司	电力、瓦斯、水服务	Athabasca Oil Sands Assets	石油和天然气、炼油	加拿大	1737.064
8	中国投资公司	投资	AES Corp	电力、瓦斯、水服务	美国	1580.907
9	福布罗投资公司	投资	Teck Resources Ltd	采矿业	加拿大	1502.261
10	中国五矿	金融及金融制品	OZ Minerals Ltd-Certain Assets	采矿业	澳大利亚	1386

数据来源:SDC数据库。

附表 10　2010 年中国内地企业十大跨境并购事件

排名	并购方		目标企业		目标企业所在地区	并购金额/百万美元
	公司	行业	公司	行业		
1	中国石化集团	石油和天然气，炼油	Repsol YPF Brasil SA	石油和天然气，炼油	巴西	7111
2	上海航空工业公司	投资	Syncrude Canada Ltd	石油和天然气，炼油	加拿大	4650
3	CSG（澳大利亚）企业有限公司	石油和天然气，炼油	Arrow Energy Ltd	石油和天然气，炼油	澳大利亚	3163.878
4	中国海洋石油公司	石油和天然气，炼油	Bridas Corp	石油和天然气，炼油	阿根廷	3100
5	中国中化集团公司	石油和天然气，炼油	Peregrino Project, Campos Basin	石油和天然气，炼油	巴西	3070
6	中国石化集团	石油和天然气，炼油	Occidental Argentina Expl	石油和天然气，炼油	阿根廷	2450
7	烟台万华聚氨酯股份有限公司	化学产品	Borsod Chem Zrt	化学产品	匈牙利	1700.539
8	光明食品（集团）有限公司	商业服务	CSR Ltd-Sucrogen	农、林和渔业	澳大利亚	1610.175
9	中国化工农化总公司	化学产品	Makhteshim Agan Industries Ltd	化学产品	以色列	1542.18
10	浙江吉利	交通运输设备	Volvo Personvagnar AB	批发贸易商品	瑞典	1500

数据来源：SDC 数据库。

附表 11　2011 年中国内地企业十大跨境并购事件

排名	并购方		目标企业		目标企业所在地区	并购金额/百万美元
	公司	行业	公司	行业		
1	中石油国际有限公司	电力、瓦斯、水服务	EnCana Corp-Cutbank Ridge	石油和天然气，炼油	加拿大	5433.14
2	上海航空工业公司	投资	Petrogal Brasil Ltda	石油和天然气，炼油	巴西	4800
3	中国投资有限责任公司	投资	GDF SueZExploration Business	电力、瓦斯、水服务	法国	3258.714
4	投资集团	投资	Tullow Oil-Exploration Areas	石油和天然气，炼油	乌干达	2900

续表

排名	并购方		目标企业		目标企业所在地区	并购金额/百万美元
	公司	行业	公司	行业		
5	中国长江三峡集团公司	电力、瓦斯、水服务	EDP-Renewable Assets	电力、瓦斯、水服务	葡萄牙	2610.966
6	中国蓝星（集团）有限公司	化学产品	Elkem AS	金属及金属制品	挪威	2184.611
7	上海航空工业公司	投资	Daylight Energy Ltd	石油和天然气，炼油	加拿大	2070.027
8	投资集团	投资	China Gas Holdings Ltd	电力、瓦斯、水服务	中国香港	2026.905
9	中国铌投资	投资	CBMM	采矿业	巴西	1950
10	中国石化集团	石油和天然气，炼油	Australia Pacific LNG Pty Ltd	石油和天然气，炼油	澳大利亚	1765

数据来源：SDC 数据库。

附表 12　2012 年中国内地企业十大跨境并购事件

排名	并购方		目标企业		目标企业所在地区	并购金额/百万美元
	公司	行业	公司	行业		
1	投资公司	投资	International Lease Finance	商业服务	美国	4230
2	大连万达集团有限公司	房地产,抵押贷款银行家和经纪人	AMC Entertainment Holdings Inc	电影制作和发行	美国	2600
3	Tiptop Energy Ltd	石油和天然气，炼油	OML 138 Block	石油和天然气，炼油	尼日利亚	2500
4	上海航空工业公司	投资	Devon Energy Corp-Assets	石油和天然气，炼油	美国	2500
5	中国海洋石油有限公司	石油和天然气，炼油	BG Group PLC-Queensland Curtis	石油和天然气，炼油	澳大利亚	2002.182
6	成栋投资有限责任公司	投资	Uralkaliy	化学产品	俄罗斯	2000
7	光明食品（集团）有限公司	商业服务	Weetabix Ltd	食品	英国	1938.36
8	北京卓越航空有限公司	航天和飞机	Hawker Beechcraft Acquisition	航天和飞机	美国	1790
9	上海航空工业公司	投资	Talisman Energy (UK) Ltd	石油和天然气，炼油	英国	1500
10	中国联通	通信	China Unicom(Hong Kong) Ltd	通信	中国香港	1413.252

数据来源：SDC 数据库。

附表 13　2013 年中国内地企业十大跨境并购事件

排名	并购方		目标企业		目标企业所在地区	并购金额/百万美元
	公司	行业	公司	行业		
1	中国石油天然气集团公司	石油和天然气,炼油	Kashagan Oilfield	石油和天然气,炼油	哈萨克斯坦	5000
2	双汇有限公司	食品	Smithfield Foods Inc	食品	美国	4752.384
3	中国石油股份有限公司	石油和天然气,炼油	ENI East Africa SpA	石油和天然气,炼油	莫桑比克	4210
4	投资集团	投资	Castle Peak Power Co Ltd	电力、瓦斯、水服务	中国香港	3096.168
5	上海航空工业公司	投资	Apache Corp-Egypt Oil & Gas	石油和天然气,炼油	埃及	2950
6	国家电网国际发展有限公司	电力、瓦斯、水服务	SPI（Australia）Assets Pty Ltd	电力、瓦斯、水服务	澳大利亚	2856.084
7	中石油勘探与开发	石油和天然气,炼油	Petrobras Energia Peru SA	石油和天然气,炼油	秘鲁	2600
8	中国中化集团公司	石油和天然气,炼油	Block BC-10, Parque das Conchas	石油和天然气,炼油	巴西	1540
9	中国石油天然气集团公司	石油和天然气,炼油	Yamal SPG	石油和天然气,炼油	俄罗斯	1116
10	证券投资者保护公司	投资	Chesapeake Energy-Mississippi	石油和天然气,炼油	美国	1020

数据来源:SDC 数据库。

附表 14　2008—2014 年中国内地企业跨境并购目标企业区域分布

年份	目标企业所在地区
2008	澳大利亚(25)、比利时(1)、巴西(1)、英属维尔京群岛(6)、加拿大(18)、开曼群岛(3)、乍得(1)、智利(1)、塞浦路斯(1)、萨尔瓦多(1)、法国(2)、德国(6)、中国香港(58)、匈牙利(1)、印度(3)、印度尼西亚(3)、意大利(4)、日本(5)、哈萨克斯坦(1)、肯尼亚(1)、中国澳门(1)、马来西亚(4)、墨西哥(1)、蒙古国(3)、荷兰(1)、秘鲁(2)、菲律宾(1)、葡萄牙(1)、俄罗斯(2)、新加坡(13)、南非(3)、韩国(4)、中国台湾(4)、乌克兰(6)、英国(6)、美国(25)、越南(2)
2009	安哥拉(1)、澳大利亚(51)、奥地利(1)、巴巴多斯(3)、巴西(3)、英属维尔京群岛(9)、加拿大(19)、开曼群岛(1)、智利(4)、哥伦比亚(2)、丹麦(1)、爱沙尼亚(1)、芬兰(2)、法国(5)、德国(1)、中国香港(48)、印度(2)、印度尼西亚(5)、以色列(2)、意大利(5)、象牙海岸(1)、日本(11)、哈萨克斯坦(3)、中国澳门(1)、墨西哥(1)、蒙古国(2)、纳米比亚(1)、荷兰(3)、新西兰(3)、秘鲁(1)、波兰(1)、俄罗斯(1)、新加坡(9)、南非(1)、韩国(2)、瑞典(3)、中国台湾(7)、泰国(3)、特立尼达拉岛(1)、英国(9)、美国(33)、赞比亚(1)

续表

年份	目标企业所在地区
2010	阿根廷(2)、澳大利亚(36)、巴巴多斯(1)、白俄罗斯(1)、比利时(2)、百慕大群岛(6)、巴西(6)、英属维尔京群岛(12)、加拿大(19)、开曼群岛(2)、智利(5)、哥伦比亚(1)、刚果(1)、丹麦(1)、埃及(3)、法国(2)、德国(2)、加纳(1)、几内亚(1)、中国香港(49)、匈牙利(6)、印度尼西亚(3)、爱尔兰(1)、以色列(2)、意大利(4)、牙买加(3)、日本(17)、哈萨克斯坦(2)、吉尔吉斯斯坦(1)、利比里亚(1)、马来西亚(3)、墨西哥(1)、蒙古国(7)、莫桑比克(1)、荷兰(3)、新西兰(1)、挪威(2)、菲律宾(1)、波兰(1)、葡萄牙(1)、俄罗斯(3)、塞拉利昂(3)、新加坡(7)、南非(1)、韩国(5)、西班牙(2)、瑞典(1)、叙利亚(1)、中国台湾(7)、塔吉克斯坦(1)、泰国(2)、土耳其(1)、英国(4)、美国(36)、越南(5)、津巴布韦(1)
2011	阿根廷(2)、澳大利亚(38)、奥地利(3)、巴巴多斯(1)、比利时(1)、巴西(8)、英属维尔京群岛(2)、柬埔寨(3)、加拿大(25)、捷克(3)、厄立特里亚国(1)、法国(7)、德国(12)、希腊(1)、中国香港(40)、印度尼西亚(4)、意大利(3)、日本(16)、哈萨克斯坦(1)、科威特(1)、老挝(1)、马来西亚(2)、墨西哥(1)、蒙古国(3)、荷兰(9)、挪威(3)、菲律宾(5)、波兰(1)、葡萄牙(2)、新加坡(11)、南非(2)、韩国(1)、西班牙(1)、瑞典(3)、瑞士(1)、中国台湾(3)、塔吉克斯坦(1)、泰国(6)、特立尼达拉岛(1)、土耳其(1)、乌干达(1)、英国(6)、美国(45)、曼联阿拉伯(1)、越南(2)
2012	澳大利亚(34)、奥地利(2)、玻利维亚(2)、巴西(5)、英属维尔京群岛(5)、柬埔寨(1)、加拿大(17)、哥伦比亚(2)、克罗地亚(2)、塞浦路斯(1)、丹麦(2)、厄瓜多尔(1)、法国(8)、加蓬(4)、格鲁吉亚(1)、德国(16)、中国香港(48)、匈牙利(1)、印度尼西亚(3)、爱尔兰(1)、意大利(3)、日本(7)、中国澳门(1)、马来西亚(1)、荷兰(3)、新西兰(1)、尼日利亚(1)、挪威(1)、阿曼(1)、卡塔尔(1)、俄罗斯(5)、塞尔维亚(1)、新加坡(5)、南非(4)、韩国(4)、西班牙(7)、瑞典(3)、瑞士(3)、中国台湾(1)、塔吉克斯坦(1)、泰国(3)、乌克兰(1)、英国(14)、美国(41)、委内瑞拉(1)、越南(3)
2013	阿根廷(1)、澳大利亚(26)、奥地利(2)、比利时(4)、巴西(7)、英属维尔京群岛(2)、柬埔寨(2)、喀麦隆(1)、加拿大(11)、智利(1)、哥伦比亚(1)、哥斯达黎加(2)、丹麦(1)、多米尼加共和国(1)、埃及(1)、法国(8)、加蓬(1)、德国(17)、中国香港(58)、印度(4)、伊拉克(1)、以色列(1)、意大利(6)、日本(4)、哈萨克斯坦(3)、立陶宛(1)、卢森堡(2)、马来西亚(1)、墨西哥(1)、蒙古国(1)、莫桑比克(1)、纳米比亚(1)、荷兰(2)、新西兰(4)、尼日利亚(3)、巴基斯坦(1)、秘鲁(2)、葡萄牙(1)、罗马尼亚(1)、俄罗斯(5)、塞拉利昂(1)、新加坡(12)、斯洛伐克(1)、南非(3)、西班牙(7)、瑞典(4)、瑞士(3)、中国台湾(4)、泰国(1)、英国(10)、美国(31)、越南(1)
2014	阿根廷(2)、澳大利亚(15)、比利时(2)、百慕大群岛(2)、巴西(4)、英属维尔京群岛(2)、柬埔寨(2)、加拿大(6)、开曼群岛(1)、塞浦路斯(1)、捷克共和国(2)、丹麦(4)、爱沙尼亚(1)、法国(10)、加蓬(1)、德国(21)、几内亚(2)、中国香港(55)、印度(1)、伊拉克(1)、爱尔兰(2)、以色列(6)、意大利(11)、日本(6)、哈萨克斯坦(3)、卢森堡(2)、马来西亚(1)、墨西哥(1)、尼泊尔(1)、荷兰(6)、新西兰(4)、巴基斯坦(1)、葡萄牙(2)、俄罗斯(2)、沙特阿拉伯(1)、新加坡(15)、南非(2)、韩国(6)、西班牙(5)、瑞典(1)、瑞士(2)、中国台湾(10)、泰国(1)、土耳其(2)、乌干达(1)、乌克兰(1)、英国(12)、美国(62)、越南(1)

数据来源：SDC数据库，括号中的数字表示当年目标企业属于该地区的中国内地企业跨境并购的交易量。

附表 15　2003—2007 年中国内地企业跨境并购行业分布

排名	目标企业所在行业	事件数/起	披露交易额的事件数/起	交易额/百万美元	平均交易额/百万美元
1	金融保险	146	97	30606.66	315.53
2	能源和自然资源行业	144	87	42959.61	493.79
3	通信电子和软件外包行业	80	35	1922.38	54.93
4	服务业	71	34	1519.57	44.69
5	制造业	65	36	3531.06	98.09
6	零售、批发贸易	36	16	589.75	36.86
7	交通运输	23	11	1243.23	113.02
8	医药化工	21	7	2794.06	399.15
9	公共设施	18	11	460.79	41.89
10	房地产	8	5	283.39	56.68
	总计	612	339	85910.5	253.42

注：参考顾露露等(2010)的研究分成 10 个大的行业，每个行业中的产品依据 SIC-4 位码分类，详见附表 6。每个行业的企业跨境并购交易量和交易额的数据来自 SDC 数据库。

附表 16　2008—2014 年中国内地企业跨境并购行业分布

排名	目标企业所在行业	事件数/起	披露交易额的事件数/起	交易额/百万美元	平均交易额/百万美元
1	能源与自然资源行业	509	359	153755.17	428.29
2	通信电子和软件外包行业	331	198	16341.76	82.53
3	制造业	281	150	19208.52	128.06
4	金融保险	247	143	28114.62	196.61
5	服务业	160	94	19265.18	204.95
6	批发零售贸易	118	75	11983.18	159.78
7	医药化工	80	55	10554.17	191.89
8	公共设施	87	45	22830.82	507.35
9	交通运输	56	24	6954.16	289.76
10	房地产	45	28	3465.83	123.78
11	建筑业	17	11	436.73	39.70
	总计	1931	1182	292910.14	247.81

附表 17 1994—2007 年中国内地各行企业发起的跨国并购交易量

（单位：起）

目标企业所在行业	总量	1994	1995	1996	1997	1998	1999	2000	2001	2002	2003	2004	2005	2006	2007
房地产	23		2		5	2	3			3		1		3	4
服务业	120	1	1	2	4	9	2	13	11	6	11	7	16	10	27
公共设施	36	1	1		3	2	5	2	3	1	1	4	5	4	4
交通运输	46	3	1	2	3	1	5	2		3	1	7		8	7
金融保险业	219	6	3	3	10	10	11	10	6	14	11	27	20	34	54
能源与自然资源行业	188	5	2	6	6	6	3	1	3	12	18	24	21	30	51
批发零售贸易	68	4			10	2		2	1		2	7	8	1	27
通信电子和软件外包行业	133	1	2	2	7		3	5	9	15	4	14	14	22	26
医药化工行业	36		4	2	1	3		2		2	5	1		5	8
制造业	132	4	4	4	7	7	9	7	8	17	7	8	20	10	20

注：参考顾露露等（2011）的研究分成 10 个大的行业，每个行业中的产品依据 SIC-4 位码分类，详见附表 6。每个行业的企业跨境并购交易量和交易额的数据来自 SDC 数据库。

附表 18 2008—2014 年中国内地各行企业跨境并购交易量

（单位：起）

目标企业所在行业	总量	2008	2009	2010	2011	2012	2013	2014
房地产	45	3	10	7	8	4	6	7
服务业	160	20	16	14	32	22	20	36
公共设施	87	7	12	12	13	17	16	10
交通运输	56	4	10	11	8	6	10	7
金融保险业	247	37	39	43	21	40	28	39
能源与自然资源行业	509	55	89	104	80	73	61	47
批发零售贸易	118	14	13	20	16	16	21	18
通信电子和软件外包行业	331	40	37	42	49	52	43	68
医药化工行业	80	10	8	13	12	10	8	19
制造业	281	31	30	28	46	33	58	55

注：参考顾露露等（2010）的研究分成 10 个大的行业，每个行业中的产品依据 SIC-4 位码分类，详见附表 6。每个行业的企业跨境并购交易量和交易额的数据来自 SDC 数据库。

附表 19　并购方并购前后生产成本差异化分析(前后 5 年的销售成本与销售额比值衡量)

企业股票代码	并购年份	生产效率均值		差异化分析		企业股票代码	并购年份	生产效率均值		差异化分析	
		并购前	并购后	T-test	M-W-test			并购前	并购后	T-test	M-W-test
000021	2009	1.042	1.016	3.09***	4.80**	002643	2013	1.174	1.101	—	1.80
000039	2009	1.061	1.058	0.11	0.00	300003	2011	2.607	1.765	5.56***	3.86**
000049	2012	1.032	1.072	−1.05*	1.00	300005	2013	1.224	1.300	—	2.14**
000060	2008	1.144	1.086	1.03	0.30	300049	2011	1.456	1.146	4.38***	3.86**
000063	2006	1.051	1.022	2.52**	4.03**	300061	2010	1.063	1.065	—	0.00
000066	2003	0.907	0.985	−4.09***	6.03***	300078	2013	1.427	1.340	—	2.00
000100	2005	1.001	0.991	0.35	0.20	300079	2013	1.495	1.288	—	0.50
000338	2013	1.225	1.188	—	1.00	300080	2012	1.050	0.994	0.59	0.33
000404	2012	1.027	1.041	−0.93	1.78	300118	2011	1.081	0.974	0.85	0.33
000410	2004	0.986	1.019	−1.21*	1.63*	300123	2012	1.143	1.052	2.41**	3.00*
000527	2010	1.041	1.198	−2.26**	5.40**	300130	2012	1.195	1.037	1.94*	3.00*
000528	2011	1.092	1.048	2.33**	2.40	300137	2013	1.275	1.167	—	0.50
000566	2012	1.161	1.114	0.41	1.00	300192	2012	1.169	1.128	4.28***	3.00*
000623	2011	1.108	1.133	−0.99	1.67	300194	2013	1.455	1.229	—	1.80
000636	2012	1.018	1.026	−0.12	0.11	300203	2012	1.189	1.089	1.97	2.40
000703	2012	0.981	1.003	−0.44	1.00	300247	2012	1.251	1.107	1.49	0.33
000709	2010	1.050	1.004	2.69**	6.55**	300249	2012	1.151	1.063	1.55	0.00
000725	2003	1.039	1.073	−0.19	0.24	300269	2012	1.110	1.234	−1.38**	0.00
000778	2006	1.153	1.047	3.24***	7.50***	300279	2012	1.090	1.039	1.55	2.40
000800	2009	1.056	1.010	2.36**	4.80**	600005	2012	1.061	1.004	0.96	2.78*
000807	2011	1.036	0.984	2.05**	5.40**	600019	2004	1.225	1.113	2.44	3.94**
000836	2010	0.968	0.936	−2.02**	1.14	600066	2011	1.068	1.101	−2.64**	5.40**
000852	2011	1.121	1.070	2.27	4.26**	600073	2011	0.965	1.016	−2.67**	5.40**
000869	2013	1.584	1.439	—	2.25	600079	2011	1.100	1.227	−1.79**	0.60
000876	2008	1.010	1.003	0.45	0.53	600089	2012	1.102	1.185	−1.55*	0.09
000887	2009	0.931	1.142	−1.23*	0.06	600100	2008	1.021	1.001	5.34***	7.50***
000930	2011	0.918	1.012	−2.03**	2.40	600104	2011	1.016	1.033	−0.60	0.27
000938	2007	1.003	1.000	1.06	0.83	600110	2010	1.132	0.925	3.61***	6.55**
000972	2004	1.030	1.012	0.86	0.88	600143	2013	1.054	1.030	—	2.25
000982	2008	0.943	1.075	−2.12**	4.03**	600166	2009	1.008	1.009	−0.06	0.03
001696	2010	1.102	1.092	0.72	0.18	600169	2011	1.059	0.985	4.84***	5.40**
002004	2011	1.248	1.086	4.31***	5.40**	600211	2007	1.004	1.189	−2.29***	3.33*
002005	2004	1.058	0.998	2.06**	2.40	600219	2007	1.201	1.118	2.61**	8.08***
002008	2012	1.106	1.148	−0.70	0.77	600221	2008	0.967	1.059	−1.78*	2.91*
002011	2011	1.082	1.019	2.89**	4.27**	600234	2013	0.731	0.234	—	2.25
002017	2010	1.033	1.022	1.32	2.91*	600267	2010	1.146	1.103	1.16	1.64
002023	2012	1.252	1.386	−2.68**	4.00**	600309	2010	1.298	1.260	0.82	0.41
002045	2008	1.125	1.049	2.63	3.94**	600319	2004	1.088	1.006	3.14***	6.00**
002048	2007	1.066	1.069	−0.14	0.00	600321	2013	1.006	0.994	—	0.25
002050	2009	1.141	1.125	1.12	1.48	600331	2011	1.085	0.921	1.27	0.60

续表

企业股票代码	并购年份	生产效率均值		差异化分析		企业股票代码	并购年份	生产效率均值		差异化分析	
		并购前	并购后	T-test	M-W-test			并购前	并购后	T-test	M-W-test
002070	2009	1.093	1.061	1.64*	2.46	600338	2010	0.894	0.967	−1.69*	0.41
002073	2013	1.689	1.293	—	1.00	600346	2011	0.990	0.940	1.16	0.60
002083	2008	1.076	1.159	−2.32**	3.76*	600352	2013	1.118	1.318	—	2.25**
002097	2007	1.162	1.060	4.34***	3.75*	600365	2007	0.822	0.909	−0.43	0.03
002172	2008	1.054	1.541	0.41	0.20	600366	2009	1.052	1.184	−3.28***	5.63**
002202	2008	1.201	1.996	−1.79*	2.40	600389	2012	1.011	1.107	−1.79**	1.78
002220	2010	1.117	1.122	−0.62	0.73	600418	2013	1.019	1.004	—	1.00
002255	2013	1.149	1.059	—	2.25	600419	2008	0.936	0.862	1.16	1.63
002259	2011	1.032	1.002	1.49	1.80	600432	2008	1.272	1.042	3.16***	6.82***
002281	2012	1.142	1.053	2.15**	3.75*	600458	2011	1.080	1.030	3.16***	5.40**
002282	2010	1.233	1.051	3.09**	3.43*	600478	2011	1.009	0.951	6.08***	5.40**
002293	2009	1.198	1.263	—	2.14	600500	2008	1.035	1.015	1.90	2.70
002295	2010	1.044	0.988	5.09***	3.43*	600507	2012	1.031	1.066	−2.02**	4.00**
002309	2013	1.064	1.029	—	0.77	600519	2013	3.006	3.197	—	1.25*
002345	2012	1.161	1.097	2.30**	3.43*	600531	2010	1.027	0.982	2.98***	4.55**
002351	2011	1.246	1.215	0.27	0.43	600580	2013	1.061	1.056	—	0.09
002295	2010	1.044	0.988	5.07***	3.43*	600597	2010	0.999	1.030	−1.67*	3.68**
002309	2013	1.064	1.029	—	0.77	600599	2012	1.041	0.966	0.97	0.11
002345	2012	1.161	1.097	2.30**	3.43*	600616	2012	1.188	1.122	1.61*	1.78
002360	2013	1.229	1.259	—	0.50	600623	2011	1.013	1.056	−1.62**	2.40
002382	2011	1.069	1.047	1.33	1.33	600660	2007	1.207	1.218	−1.23	0.30
002383	2012	1.018	0.873	1.24	1.33	600680	2012	0.920	0.989	−2.85**	4.00**
002384	2010	1.150	1.017		2.00	600686	2013	1.024	1.020	—	0.25
002399	2013	1.555	1.494		0.00	600690	2008	1.055	1.106	−3.16***	4.03**
002422	2012	1.281	1.219	1.87*	3.00*	600703	2011	0.972	1.293	−1.72**	0.07
002437	2013	1.674	1.339	—	0.50	600735	2011	1.310	1.073	0.45	1.67
002440	2011	1.233	1.301	−0.55	0.33	600746	2010	1.030	1.000	1.05	0.23
002459	2012	0.942	0.750	0.89	1.33	600775	2004	0.916	0.868	1.69	2.70
002466	2012	1.134	1.069	0.47	0.00	600808	2013	0.994	0.998	—	0.25
002475	2013	1.160	1.240		2.00	600835	2012	1.069	1.083	—	1.78
002486	2013	1.149	1.097	—	2.00	600839	2006	0.968	1.007	−0.87	0.13
002510	2013	1.126	1.148	—	2.00	600843	2004	0.965	0.921	0.98	0.53
002528	2013	1.094	0.958	—	2.00	600884	2009	1.038	1.004	2.14**	4.80**
002531	2012	1.202	1.195	0.31	0.00	600887	2012	1.011	1.071	−1.92**	4.00**
002567	2012	1.035	1.039	−0.36	0.60	600962	2008	1.082	0.997	3.15***	4.81**
002583	2011	1.108	1.017	−0.56	1.80	600970	2013	1.056	1.008	—	2.25
002606	2012	1.066	1.040	3.78**	2.40	600978	2012	1.165	1.158	0.30	0.11
002611	2013	1.269	1.238		1.80	601600	2008	1.301	0.962	3.02**	6.00**
002621	2012	1.526	1.579	−1.79**	0.60	601718	2013	3.606	1.012	—	2.00
002623	2013	1.423	1.045	—	2.00	900956	2005	1.045	1.039	0.21	0.30

注：*、**、***分别表示在10%、5%和1%水平上显著。

附表 20　并购方并购前后生产成本差异化分析（前后 3 年的销售成本与销售额比值衡量）

企业股票代码	并购年份	生产效率均值		差异化分析		企业股票代码	并购年份	生产效率均值		差异化分析	
		并购前	并购后	T-test	M-W-test			并购前	并购后	T-test	M-W-test
000021	2009	1.015	1.006	0.09	1.19	002643	2013	1.174	1.101	—	1.80
000039	2009	1.043	1.065	−1.14	3.86**	300003	2011	2.437	1.587	6.09***	3.86**
000049	2012	1.074	1.072	0.17	0.00	300005	2013	1.211	1.231	—	1.80
000060	2008	1.179	1.092	1.31	0.43	300049	2011	1.368	1.141	3.30**	3.86**
000063	2006	1.040	1.029	0.86	0.42	300061	2010	1.063	1.022	—	1.80
000066	2003	0.886	0.974	−5.11***	3.86**	300078	2013	1.346	1.215	—	1.80
000100	2005	1.001	0.980	0.57	1.19	300079	2013	1.513	1.288	—	0.20
000338	2013	1.096	1.067	—	1.80	300080	2012	1.047	0.994	0.57	0.33
000404	2012	1.019	1.041	−2.00*	3.00*	300118	2011	1.071	0.915	0.91	0.33
000410	2004	1.000	1.034	−2.48**	2.33	300123	2012	1.142	1.044	2.33*	3.00**
000527	2010	1.042	1.064	−2.08**	2.33	300130	2012	1.252	1.052	4.88***	3.00**
000528	2011	1.109	1.018	7.71***	3.85**	300137	2013	1.241	1.151	—	1.80
000566	2012	1.095	1.114	−0.92	0.00	300192	2012	1.151	1.085	4.94**	2.40
000623	2011	1.108	1.132	−0.85	1.19	300194	2013	1.296	1.128	—	1.80
000636	2012	1.052	1.001	1.02	0.33	300203	2012	1.189	1.088	1.97*	2.40
000703	2012	1.028	1.002	0.75	0.00	300247	2012	1.201	1.073	1.02	0.60
000709	2010	1.021	1.002	1.73*	3.85**	300249	2013	1.126	1.063	—	0.20
000725	2003	1.038	0.877	2.13**	3.85**	300269	2012	1.106	1.119	−1.83*	2.00
000778	2006	1.092	1.051	2.31**	3.86**	300279	2012	1.090	1.038	1.55	2.40
000800	2009	1.060	1.031	1.19	1.33	600005	2012	1.004	1.004	0.02	0.00
000807	2011	1.013	0.964	3.31**	3.86**	600019	2004	1.269	1.136	4.29***	3.86**
000836	2010	0.987	0.967	0.467	0.43	600066	2011	1.079	1.099	−1.78*	3.86**
000852	2011	1.103	1.055	2.51**	3.85**	600073	2011	0.958	1.011	−2.08*	3.86**
000869	2013	1.610	1.438	—	1.80	600079	2011	1.148	1.157	−2.99**	3.43*
000876	2008	0.988	0.999	−0.54	1.19	600089	2012	1.065	1.079	−1.77*	2.33
000887	2009	1.050	1.103	−1.03	0.42	600100	2008	1.023	1.003	3.83***	3.86**
000930	2011	0.931	0.986	−2.20**	2.33	600104	2011	1.044	1.033	0.46	0.43
000938	2007	1.001	0.99	2.31**	3.85**	600110	2010	1.052	0.954	3.79***	3.85**
000972	2004	1.043	1.036	0.47	0.43	600143	2013	1.063	1.029	—	1.80
000982	2008	0.975	1.046	−1.24*	3.33*	600166	2009	1.017	1.012	0.28	0.05
001696	2010	1.119	1.087	1.92*	2.33	600169	2011	1.062	0.982	4.70***	3.86**
002004	2011	1.271	1.244	0.78	0.20	600211	2007	0.925	1.002	−2.03*	3.86**
002005	2004	1.283	1.281	0.98	0.20	600219	2007	1.201	1.134	1.11	1.19
002008	2012	1.102	1.092	0.35	0.33	600221	2008	0.978	1.058	−1.83*	1.19
002011	2011	1.083	1.018	2.67**	3.86**	600234	2013	0.381	0.173	—	1.80
002017	2010	1.034	1.016	2.91**	3.85**	600267	2010	1.089	1.077	0.57	0.43
002023	2012	1.285	1.386	−2.78**	3.00*	600309	2010	1.222	1.269	−1.66*	1.19
002045	2008	1.095	1.073	0.73	0.42	600319	2004	1.081	1.035	2.62**	3.86**
002048	2007	1.060	1.074	−0.47	0.04	600321	2013	0.948	0.995	—	0.20
002050	2009	1.143	1.131	0.38	0.43	600331	2011	0.972	0.921	0.81	0.43

续表

企业股票代码	并购年份	生产效率均值		差异化分析		企业股票代码	并购年份	生产效率均值		差异化分析	
		并购前	并购后	T-test	M-W-test			并购前	并购后	T-test	M-W-test
002070	2009	1.059	1.063	−0.14	0.05	600338	2010	0.997	1.069	−1.85*	2.33
002073	2013	1.101	1.022	—	0.20	600346	2011	0.969	0.929	0.66	0.05
002083	2008	1.075	1.040	2.54**	2.33	600352	2013	1.089	1.235	—	1.80
002097	2007	1.161	1.067	6.66***	3.00**	600365	2007	0.767	0.816	−0.18	0.05
002172	2008	1.022	0.991	0.16	0.00	600366	2009	1.071	1.220	−2.23**	2.33
002202	2008	1.200	1.216	−1.80*	3.33*	600389	2012	0.976	1.107	−4.08**	3.00*
002220	2010	1.105	1.109	−0.28	0.04	600418	2013	1.017	1.002	—	1.80
002255	2013	1.124	1.052	—	1.80	600419	2008	0.943	0.926	0.56	0.43
002259	2011	1.011	0.946	1.74*	2.33	600432	2008	1.314	1.032	2.50**	3.85**
002281	2012	1.105	1.053	1.38	1.33	600458	2011	1.086	1.025	3.87***	3.86**
002282	2010	1.232	0.994	11.85***	3.00*	600478	2011	1.001	0.951	3.44**	3.85**
002293	2009	1.198	1.190	—	0.20	600500	2008	1.022	1.021	0.21	0.05
002295	2010	1.044	0.994	7.33***	3.00*	600507	2012	1.048	1.066	−1.84*	3.00**
002309	2013	1.033	1.028	—	0.20	600519	2013	3.285	3.197	—	0.20
002345	2012	1.145	1.094	2.13*	3.00*	600531	2010	1.008	0.983	1.15	1.19
002351	2011	1.189	1.108	2.41**	3.86**	600580	2013	1.028	1.044	—	0.20
002295	2010	1.043	0.994	7.33***	3.00*	600597	2010	0.993	1.027	−1.21	1.19
002309	2013	1.033	1.028	—	0.20	600599	2012	0.987	0.773	4.33**	3.00**
002345	2012	1.145	1.093	2.13*	3.00*	600616	2012	1.198	1.122	1.59	1.33
002360	2013	1.224	1.259	—	2.00	600623	2011	1.016	1.110	−1.78*	3.05*
002382	2011	1.049	1.039	0.55	0.33	600660	2007	1.188	1.222	−0.38	0.43
002383	2012	1.017	0.872	1.23	1.33	600680	2012	0.929	0.989	−2.56**	3.00**
002384	2010	1.149	1.018	—	1.80	600686	2013	1.019	1.019	—	0.20
002399	2013	1.479	1.247	—	1.80	600690	2008	1.031	1.049	−7.01***	3.86**
002422	2012	1.243	1.178	3.07**	3.00*	600703	2011	1.466	1.593	−2.16**	2.33
002437	2013	1.296	1.339	—	0.20	600735	2011	0.993	1。073	−5.68***	3.85**
002440	2011	1.232	1.290	−0.51	0.33	600746	2010	1.016	1.002	0.30	0.05
002459	2012	0.908	0.749	0.67	0.33	600775	2004	0.939	0.861	1.71*	2.33
002466	2012	1.128	0.995	0.68	0.33	600808	2013	0.977	0.998	—	0.20
002475	2013	1.143	1.127	—	0.20	600835	2012	1.065	1.083	−5.62***	3.00*
002486	2013	1.091	1.025	—	1.80	600839	2006	0.933	1.008	−0.91	0.05
002510	2013	1.127	1.147	—	1.80	600843	2004	0.942	0.936	0.11	0.43
002528	2013	1.026	0.958	—	1.80	600884	2009	1.014	1.011	0.23	0.43
002531	2012	1.188	1.142	1.20	1.33	600887	2012	1.034	1.071	−2.64**	3.00*
002567	2012	1.025	1.016	1.67	2.40	600962	2008	1.083	1.011	1.93*	2.33
002583	2011	1.108	1.006	—	1.80	600970	2013	1.045	1.008	—	1.80
002606	2012	1.063	1.032	3.50**	2.40	600978	2012	1.132	1.152	−1.55	1.33
002611	2013	1.256	1.145	—	1.80	601600	2008	1.114	0.973	1.54	1.33
002621	2012	1.526	1.578	−1.79*	0.60	601718	2013	1.029	1.011	—	1.80
002623	2013	1.327	1.044	—	1.80	900956	2005	0.999	1.029	−2.29**	2.33

注：*、**、***分别表示在10%、5%和1%水平上显著。

附表 21　并购方并购前后生产成本差异化分析(前后 5 年的总成本与营业收入比值衡量)

企业股票代码	并购年份	生产效率均值		差异化分析		企业股票代码	并购年份	生产效率均值		差异化分析	
		并购前	并购后	T-test	M-W-test			并购前	并购后	T-test	M-W-test
000021	2009	0.977	0.989	−2.221**	−2.008*	002643	2013	0.835	0.854	−0.559	−0.577
000039	2009	0.927	0.943	−0.953	−0.730	300003	2011	0.402	0.599	−1.963*	−1.549
000049	2012	0.954	0.933	0.950	0.490	300005	2013	0.800	0.798	0.055	0.707
000060	2008	0.873	0.928	−1.463*	−0.913	300049	2011	0.692	0.858	−1.237	−1.162
000063	2006	0.974	1.028	−1.995**	−1.643	300061	2010	—	—	—	—
000066	2003	1.051	1.028	0.724	0.067	300078	2013	0.707	0.747	−1.188	−0.655
000100	2005	1.011	1.037	−1.462*	−1.333	300079	2013	0.691	0.836	−3.111**	−1.964**
000338	2013	0.881	0.935	−2.519**	−1.938*	300080	2012	0.877	1.063	−5.045***	−2.121**
000404	2012	1.025	0.954	3.293***	2.449	300118	2011	0.882	0.954	—	−1.464
000410	2004	1.021	0.994	0.920	0.548	300123	2012	0.938	0.958	−0.612	−0.926
000527	2010	0.962	0.930	1.655*	0.745	300130	2012	0.895	1.027	−4.429***	−1.852*
000528	2011	0.929	0.953	−1.344	−1.358	300137	2013	0.721	0.799	−4.069***	−1.964**
000566	2012	0.938	0.999	−0.597	−0.735	300192	2012	0.850	0.874	—	−0.707
000623	2011	0.876	0.855	1.194	0.731	300194	2013	0.702	0.838	−2.077*	−1.732*
000636	2012	0.949	0.973	−1.054	−0.980	300203	2012	0.798	0.895	—	−1.414
000703	2012	3.174	0.999	0.892	0.980	300247	2012	0.743	0.923	—	−1.414
000709	2010	0.947	0.996	−4.211***	−2.739	300249	2013	0.812	0.901	−4.269***	−1.732*
000725	2003	0.960	1.241	−1.187	−1.549	300269	2012	0.881	0.909	—	−1.414
000778	2006	0.877	0.966	−3.383***	−2.739***	300279	2012	0.955	0.979	—	−1.414
000800	2009	0.882	0.927	−1.935**	−1.643	600005	2012	0.934	1.035	−2.155**	−2.449**
000807	2011	0.963	1.005	−2.380**	−1.776	600019	2004	0.825	0.878	−1.383	−1.279
000836	2010	1.198	1.094	0.443	−0.548	600066	2011	0.933	0.903	4.910***	2.611
000852	2011	0.886	0.964	−2.085**	−2.611	600073	2011	1.042	0.982	8.385***	2.611
000869	2013	0.857	0.919	−3.613***	−2.236	600079	2011	0.971	0.876	1.180	1.567
000876	2008	1.030	1.064	−0.764	−0.365	600089	2012	0.915	0.941	−1.850*	−1.470
000887	2009	3.385	0.895	1.302	0.548	600100	2008	1.019	1.024	−0.487	−0.365
000930	2011	1.152	1.024	3.067***	2.193	600104	2011	1.036	1.268	−5.515***	−2.611***
000938	2007	0.995	0.989	1.890**	1.643	600110	2010	1.245	1.392	−0.652	−0.730
000972	2004	1.004	2.345	−1.527*	−2.558**	600143	2013	0.950	0.966	−2.258**	−1.640
000982	2008	1.163	0.951	2.504**	2.191	600166	2009	0.994	0.981	1.254	1.461
001696	2010	1.126	0.923	1.275	2.008	600169	2011	0.937	1.000	−3.502***	−2.402**
002004	2011	0.818	5.442	−1.020	−2.611***	600211	2007	1.019	1.012	0.213	0.548
002005	2004	—	—			600219	2007	0.839	0.944	−3.893***	−2.326**
002008	2012	0.920	0.873	1.615*	1.715	600221	2008	1.027	0.946	1.256	0.913
002011	2011	0.998	1.062	−2.251**	−2.193**	600234	2013	1.550	3.102	−3.734***	−1.936*
002017	2010	0.960	0.955	0.516	0.183	600267	2010	0.920	0.930	−0.512	−0.365
002023	2012	0.790	1.157	−2.224**	−1.960*	600309	2010	0.835	0.945	−3.489***	−2.556**
002045	2008	0.906	0.936	−1.550*	−1.807*	600319	2004	0.907	0.990	−3.233***	−2.393**
002048	2007	0.993	1.016	−0.844	−0.667	600321	2013	0.959	1.081	−3.167***	−1.938*
002050	2009	0.883	0.892	−0.427	0.160	600331	2011	1.084	1.102	−0.470	−0.313

续表

企业股票代码	并购年份	生产效率均值		差异化分析		企业股票代码	并购年份	生产效率均值		差异化分析	
		并购前	并购后	T-test	M-W-test			并购前	并购后	T-test	M-W-test
002070	2009	0.928	0.948	−0.829	−0.775	600338	2010	1.342	1.097	1.340	0.365
002073	2013	0.790	0.967	−3.386***	−2.236**	600346	2011	0.987	1.107	−2.007**	−2.193**
002083	2008	0.943	0.958	−0.933	−1.333	600352	2013	0.975	0.860	3.318***	2.236
002097	2007	0.856	0.921		−1.000	600365	2007	1.325	1.086	0.515	−1.643
002172	2008	0.912	1.043		−1.500	600366	2009	0.959	1.424	−2.020**	−1.826*
002202	2008	0.800	0.932		−1.500	600389	2012	0.996	0.942	1.099	1.225
002220	2010	0.901	0.896	0.551	0.516	600418	2013	0.955	0.980	−1.565*	−1.342
002255	2013	0.860	0.925	−5.095***	−2.236**	600419	2008	1.152	1.558	−0.770	−1.095
002259	2011	0.984	0.990	−0.400	−0.447	600432	2008	0.812	0.925	−2.286**	−1.826*
002281	2012	0.861	0.956	−4.374***	−2.121**	600458	2011	0.929	0.961	−2.202**	−1.984**
002282	2010	0.807	0.934		−1.500	600478	2011	1.001	1.089	−2.930***	−1.776*
002293	2009	—	—		—	600500	2008	0.977	0.994	−1.238	−0.913
002295	2010	0.945	1.054		−1.500	600507	2012	0.972	0.948	2.106**	1.960
002309	2013	0.934	1.004	−4.378***	−2.121**	600519	2013	0.643	0.696	−1.276	−1.342
002345	2012	0.853	0.901	−5.321***	−2.121**	600531	2010	0.965	0.995	−2.777***	−2.146**
002351	2011	0.901	0.914	−0.072	0.000	600580	2013	0.955	0.946	1.184	1.043
002295	2010	—	—		—	600597	2010	1.009	0.983	1.490*	1.643
002309	2013	—	—		—	600599	2012	1.011	20.39	−3.232***	−1.960*
002345	2012	—	—		—	600616	2012	0.943	0.982	−3.507***	−2.205**
002360	2013	0.829	0.837	−0.226	−0.655	600623	2011	0.979	0.982	−0.113	−0.313
002382	2011	0.929	0.935		−0.878	600660	2007	0.996	0.982	0.306	0.913
002383	2012	0.960	1.165	−1.605	−1.852	600680	2012	1.041	1.041	−0.026	0.000
002384	2010	—				600686	2013	0.963	0.951	1.235	0.745
002399	2013	0.633	0.714	−1.742*	−1.528*	600690	2008	0.964	0.931	2.670**	2.008
002422	2012	0.794	0.834	−0.971	−0.926	600703	2011	86.68	0.728	1.310	0.522
002437	2013	0.710	0.737	−0.840	−0.655	600735	2011	1.053	0.941	1.963*	1.984
002440	2011	0.858	0.802	—	0.878	600746	2010	0.963	0.985	−1.008	−0.868
002459	2012	0.933	1.284	−2.275**	−1.852*	600775	2004	1.086	1.328	−1.602*	−1.826*
002466	2012	0.883	1.070	−1.507	−1.389	600808	2013	0.997	1.023	−0.953	−1.043
002475	2013	0.876	0.885	−0.765	−0.655	600835	2012	0.922	0.913	1.464*	1.225
002486	2013	0.878	0.988	−1.281	−1.964**	600839	2006	1.053	0.987	1.172	1.278
002510	2013	0.915	0.878	2.845**	1.964	600843	2004	1.050	1.785	−1.742*	−2.008**
002528	2013	0.971	1.168	−2.433***	−1.528	600884	2009	2.519	0.978	1.843**	0.730
002531	2012	0.846	0.833	0.851	0.463	600887	2012	1.008	0.974	1.980**	2.205
002567	2012	0.979	0.978		0.000	600962	2008	0.963	1.039	−3.136***	−2.132**
002583	2011	—	—	—	—	600970	2013	0.951	0.981	−1.566*	−1.342
002606	2012	0.927	0.938	—	−0.707	600978	2012	0.848	0.853	−0.340	−0.490
002611	2013	0.770	0.862	−2.068*	−1.732*	601600	2008	0.714	1.056	−7.597***	−2.558*
002621	2012	0.652	0.599	—	1.414	601718	2013	−0.834	0.981	−0.996	−0.655
002623	2013	0.688	0.909	−2.784**	−1.852*	900956	2005	0.950	0.977	−1.146	0.000

注：*、**、***分别表示在10%、5%和1%水平上显著。

附表 22　并购方并购前后生产成本差异化分析(前后 5 年总成本 TTM 与营业收入比值衡量)

企业股票代码	并购年份	生产效率均值		差异化分析		企业股票代码	并购年份	生产效率均值		差异化分析	
		并购前	并购后	T-test	M-W-test			并购前	并购后	T-test	M-W-test
000021	2009	0.977	0.989	−2.221**	−2.008**	002643	2013	0.835	0.854	−0.559	−0.577
000039	2009	0.927	0.943	−0.953	−0.730	300003	2011	0.402	0.599	−1.963*	−1.549
000049	2012	0.954	0.933	0.950	0.490	300005	2013	0.800	0.798	0.055	0.707
000060	2008	0.873	0.928	−1.463*	−0.913	300049	2011	0.692	0.858	−1.237	−1.162
000063	2006	0.974	1.028	−1.995**	−1.643	300061	2010	—	—	—	—
000066	2003	1.051	1.028	0.724	0.067	300078	2013	0.707	0.747	−1.188	−0.655
000100	2005	1.011	1.037	−1.462*	−1.333	300079	2013	0.691	0.836	−3.111**	−1.964**
000338	2013	0.881	0.935	−2.519**	−1.938*	300080	2012	0.877	1.063	−5.045***	−2.121**
000404	2012	1.025	0.954	3.293***	2.449**	300118	2011	0.882	0.954	—	−1.464
000410	2004	1.021	0.994	0.920	0.548	300123	2012	0.938	0.958	−0.612	−0.926
000527	2010	0.962	0.930	1.656*	0.745	300130	2012	0.895	1.027	−4.429***	−1.852*
000528	2011	0.929	0.953	−1.344	−1.358	300137	2012	0.721	0.799	−4.069***	−1.964**
000566	2012	0.938	0.999	−0.597	−0.735	300192	2012	0.850	0.874	—	−0.707
000623	2011	0.876	0.855	1.194	0.731	300194	2013	0.702	0.838	−2.077**	−1.732*
000636	2012	0.949	0.973	−1.054	−0.980	300203	2012	0.798	0.895	—	−1.414
000703	2012	3.174	0.999	0.892	0.980	300247	2012	0.743	0.923	—	−1.414
000709	2010	0.947	0.996	−4.211***	−2.739***	300249	2013	0.812	0.901	−4.269***	−1.732*
000725	2003	0.960	1.241	−1.187	−1.549	300269	2012	0.881	0.909	—	−1.414
000778	2006	0.877	0.966	−3.383***	−2.739***	300279	2012	0.955	0.979	—	−1.414
000800	2009	0.882	0.927	−1.935**	−1.643	600005	2012	0.934	1.035	−2.155	−2.449
000807	2011	0.963	1.005	−2.380**	−1.776	600019	2004	0.825	0.878	−1.383	−1.279
000836	2010	1.198	1.094	0.443	−0.548	600066	2011	0.933	0.903	4.910***	2.611**
000852	2011	0.886	0.964	−2.085**	−2.611	600073	2011	1.042	0.982	8.386***	2.611**
000869	2013	0.857	0.919	−3.613**	−2.236	600079	2011	0.971	0.876	1.180	1.567
000876	2008	1.030	1.064	−0.764	−0.365	600089	2012	0.915	0.941	−1.850*	−1.470
000887	2009	3.385	0.895	1.302	0.548	600100	2008	1.019	1.024	−0.487	−0.365
000930	2011	1.152	1.024	3.068***	2.193***	600104	2011	1.036	1.268	−5.515***	−2.611***
000938	2007	0.995	0.989	1.891*	1.643	600110	2010	1.245	1.392	−0.652	−0.730
000972	2004	1.004	2.345	−1.527*	−2.558**	600143	2013	0.950	0.966	−2.258**	−1.640
000982	2008	1.163	0.951	2.504**	2.191	600166	2009	0.994	0.981	1.254	1.461
001696	2010	1.126	0.923	1.275	2.008*	600169	2011	0.937	1.000	−3.502***	−2.402**
002004	2011	0.818	5.442	−1.020	−2.611***	600211	2007	1.019	1.012	0.213	0.548
002005	2004	0.920	0.873	1.615*	1.715	600219	2007	0.839	0.944	−3.893***	−2.326**
002008	2012	0.998	1.062	−2.251**	−2.193**	600221	2008	1.027	0.946	1.256	0.913
002011	2011	0.960	0.955	0.516	0.183	600234	2013	1.550	3.102	−3.734***	−1.936*
002017	2010	0.790	1.157	−2.224**	−1.960*	600267	2010	0.920	0.930	−0.512	−0.365
002023	2012	0.906	0.936	−1.550*	−1.807*	600309	2010	0.835	0.945	−3.489***	−2.556**
002045	2008	0.993	1.016	−0.844	−0.667	600319	2004	0.907	0.990	−3.233***	−2.393**
002048	2007	0.883	0.892	−0.427	0.160	600321	2013	0.959	1.081	−3.167***	−1.938*
002050	2009	0.920	0.873	1.615*	1.715	600331	2011	1.084	1.102	−0.470	−0.313

续表

企业股票代码	并购年份	生产效率均值		差异化分析		企业股票代码	并购年份	生产效率均值		差异化分析	
		并购前	并购后	T-test	M-W-test			并购前	并购后	T-test	M-W-test
002070	2009	0.928	0.948	−0.829	−0.775	600338	2010	1.342	1.097	1.340	0.365
002073	2013	0.790	0.967	−3.386***	−2.236**	600346	2011	0.987	1.107	−2.007**	−2.193**
002083	2008	0.943	0.958	−0.933	−1.333	600352	2013	0.975	0.860	3.319***	2.236**
002097	2007	0.856	0.921	—	−1.000	600365	2007	1.325	1.086	0.515	−1.643
002172	2008	0.912	1.043	—	−1.500	600366	2009	0.959	1.424	−2.020**	−1.826*
002202	2008	0.800	0.932	—	−1.500	600389	2012	0.996	0.942	1.099	1.225
002220	2010	0.901	0.896	0.551	0.516	600418	2013	0.955	0.980	−1.565*	−1.342
002255	2013	0.860	0.925	−5.095***	−2.236**	600419	2008	1.152	1.558	−0.770	−1.095
002259	2011	0.984	0.990	−0.400	−0.447	600432	2008	0.812	0.925	−2.286**	−1.826*
002281	2012	0.861	0.956	−4.374***	−2.121**	600458	2011	0.929	0.961	−2.202**	−1.984**
002282	2010	0.807	0.934	—	−1.500	600478	2011	1.001	1.089	−2.930***	−1.776*
002293	2009	—	—		—	600500	2008	0.977	0.994	−1.238	−0.913
002295	2010	0.945	1.054	—	−1.500	600507	2012	0.972	0.948	2.106**	1.960*
002309	2013	0.934	1.004	−4.378***	−2.121**	600519	2013	0.643	0.696	−1.276	−1.342
002345	2012	0.853	0.901	−5.321***	−2.121**	600531	2010	0.965	0.995	−2.777***	−2.146**
002351	2011	0.901	0.914	−0.072	0.000	600580	2013	0.955	0.946	1.184	1.043
002295	2010	—	—		—	600597	2010	1.009	0.983	1.490	1.643
002309	2013	—	—		—	600599	2012	1.011	20.39	−3.232***	−1.960*
002345	2012	—	—		—	600616	2012	0.943	0.982	−3.507***	−2.205**
002360	2013	0.829	0.837	−0.226	−0.655	600623	2011	0.979	0.982	−0.113	−0.313
002382	2011	0.929	0.935	—	−0.878	600660	2007	0.996	0.982	0.306	0.913
002383	2012	0.960	1.165	−1.605*	−1.852*	600680	2012	1.041	1.041	−0.026	0.000
002384	2010	—	—		—	600686	2013	0.963	0.951	1.235	0.745
002399	2013	0.633	0.714	−1.742*	−1.528	600690	2008	0.964	0.931	2.671**	2.008**
002422	2012	0.794	0.834	−0.971	−0.926	600703	2011	86.68	0.728	1.310	0.522
002437	2013	0.710	0.737	−0.840	−0.655	600735	2011	1.053	0.941	1.963**	1.984*
002440	2011	0.858	0.802	—	0.878	600746	2010	0.963	0.985	−1.008	−0.868
002459	2012	0.933	1.284	−2.275**	−1.852*	600775	2004	1.086	1.328	−1.602**	−1.826*
002466	2012	0.883	1.070	−1.507	−1.389	600808	2013	0.997	1.023	−0.953	−1.043
002475	2013	0.876	0.885	−0.765	−0.655	600835	2012	0.922	0.913	1.464	1.225
002486	2013	0.878	0.988	−1.281	−1.964**	600839	2006	1.053	0.987	1.172	1.278
002510	2013	0.915	0.878	2.845**	1.964**	600843	2004	1.050	1.785	−1.742*	−2.008**
002528	2013	0.971	1.168	−2.433**	−1.528	600884	2009	2.519	0.978	1.844*	0.730
002531	2012	0.846	0.833	0.851	0.463	600887	2012	1.008	0.974	1.980*	2.205**
002567	2012	0.979	0.978	—	0.000	600962	2008	0.963	1.039	−3.136***	−2.132**
002583	2011	—	—		—	600970	2013	0.951	0.981	−1.566*	−1.342
002606	2012	0.927	0.938	—	−0.707	600978	2012	0.848	0.853	−0.340	−0.490
002611	2013	0.770	0.862	−2.068**	−1.732*	601600	2008	0.714	1.056	−7.597***	−2.558**
002621	2012	0.652	0.599	—	1.414	601718	2013	−0.834	0.981	−0.996	−0.655
002623	2013	0.688	0.909	−2.784**	−1.852*	900956	2005	0.950	0.977	−1.146	0.000

注：*、**、***分别表示在10%、5%和1%水平上显著。

附表 23　并购方并购前后生产成本差异化分析(前后 5 年利润率衡量)

企业股票代码	并购年份	生产效率均值		差异化分析		企业股票代码	并购年份	生产效率均值		差异化分析	
		并购前	并购后	T-test	M-W-test			并购前	并购后	T-test	M-W-test
000021	2009	0.083	0.031	1.485*	1.643	002643	2013	0.155	0.137	0.527	0.577
000039	2009	3620.4	212.6	1.948**	0.333	300003	2011	0.637	0.385	2.377**	1.549
000049	2012	0.086	0.046	—	1.000	300005	2013	0.174	0.223	−4.292***	−2.121**
000060	2008	0.133	0.073	1.458*	0.913	300049	2011	0.279	0.183	1.101	1.162
000063	2006	0.059	0.025	4.724***	2.738***	300061	2010	—	—	—	—
000066	2003	0.097	0.077	0.463	0.878	300078	2013	0.306	0.263	0.820	0.655
000100	2005	0.082	−0.005	1.545*	1.549	300079	2013	0.375	0.192	4.021***	1.963**
000338	2013	0.206	0.167	1.290	1.342	300080	2012	0.105	−0.005	2.121*	1.851**
000404	2012	0.025	0.070	−1.811*	−1.715*	300118	2011	0.132	−0.013	—	1.464
000410	2004	−0.020	0.024	−1.605*	−1.278	300123	2012	0.134	0.058	2.051*	1.851*
000527	2010	0.594	1.446	−0.734	−0.707	300130	2012	0.203	0.051	6.420***	1.851*
000528	2011	0.083	0.047	1.772*	1.775*	300137	2013	0.238	0.146	7.078***	1.963**
000566	2012	0.067	0.117	−0.862	−0.490	300192	2012	0.141	0.120	—	0.707
000623	2011	480.030	0.538	1.713*	1.851*	300194	2013	0.272	0.153	2.113*	1.732*
000636	2012	0.012	0.063	−0.621	0.490	300203	2012	0.188	0.138	—	0.707
000703	2012	−98.185	0.007	−0.667	−1.852	300247	2012	0.246	0.086	—	1.414
000709	2010	0.054	0.009	4.184***	2.556**	300249	2013	0.165	0.045	3.102**	1.732*
000725	2003	0.051	0.279	−0.489	0.258	300269	2012	0.114	0.120	—	0.000
000778	2006	0.135	0.050	3.941***	2.738***	300279	2012	0.110	0.050	—	1.414
000800	2009	0.056	0.024	1.613*	1.461	600005	2012	0.067	−0.029	2.090**	2.449**
000807	2011	0.038	−0.007	2.319**	2.193**	600019	2004	0.172	0.127	1.177	0.730
000836	2010	−0.050	−0.299	1.363	1.358	600066	2011	0.073	0.097	−2.463**	−2.193**
000852	2011	0.129	0.056	2.221**	2.6111***	600073	2011	−0.003	0.031	−1.537*	−1.149
000869	2013	0.720	0.826	−0.522	−0.447	600079	2011	0.836	0.195	1.040	1.225
000876	2008	0.429	0.057	13.386***	2.7386***	600089	2012	0.209	0.082	2.007**	1.470
000887	2009	−2.479	0.156	−1.277	−1.826*	600100	2008	0.028	0.056	−1.546*	−2.008**
000930	2011	−0.131	−0.037	−1.335	−1.567	600104	2011	0.505	1.156	−3.81***	−2.611***
000938	2007	0.008	0.137	−1.605*	−1.826*	600110	2010	0.340	−0.144	0.770	1.461
000972	2004	0.097	0.595	−2.221**	−1.919*	600143	2013	0.064	0.038	1.185	1.342
000982	2008	−0.148	0.063	−1.686*	−2.191**	600166	2009	0.005	0.005	−0.019	−1.095
001696	2010	2.680	1.214	0.871	0.426	600169	2011	0.059	−0.004	4.255***	2.402**
002004	2011	0.332	0.240	0.946	0.940	600211	2007	0.039	−0.126	0.638	−0.183
002005	2004	—	—			600219	2007	0.161	0.133	0.881	1.278
002008	2012	0.110	0.181	−1.160	−1.225	600221	2008	−0.052	0.046	−1.482*	−1.643
002011	2011	0.087	0.052	1.693*	1.567	600234	2013	−0.840	1.942	−1.694*	−1.640
002017	2010	0.031	0.029	0.227	0.183	600267	2010	0.128	0.101	0.822	0.730
002023	2012	0.427	0.221	1.299	0.490	600309	2010	0.237	0.192	1.728*	1.461
002045	2008	0.157	0.067	2.074**	1.807*	600319	2004	0.098	0.010	3.239***	2.323**
002048	2007	0.098	0.196	−0.884	−0.667	600321	2013	0.033	−0.005	0.924	0.745
002050	2009	0.121	0.113	0.477	0.320	600331	2011	0.119	−0.004	1.542*	0.731

续表

企业股票代码	并购年份	生产效率均值		差异化分析		企业股票代码	并购年份	生产效率均值		差异化分析	
		并购前	并购后	T-test	M-W-test			并购前	并购后	T-test	M-W-test
002070	2009	0.084	0.064	0.963	1.033	600338	2010	−2.468	0.009	−1.171	−1.278
002073	2013	0.405	0.300	0.992	1.043	600346	2011	−0.001	−0.132	1.864**	1.567
002083	2008	0.081	0.034	2.307**	2**	600352	2013	0.174	0.185	−0.216	0.149
002097	2007	0.141	0.066	—	1.500	600365	2007	−0.776	−0.523	−0.386	0.320
002172	2008	0.194	−0.023	—	1.464	600366	2009	0.180	4.177	−1.953**	−2.373**
002202	2008	0.197	0.108	—	1.500	600389	2012	0.007	0.054	−1.025	−1.225
002220	2010	0.098	0.102	−0.396	−0.775	600418	2013	0.017	0.009	0.788	0.745
002255	2013	0.138	0.084	3.854***	2.236**	600419	2008	−0.099	−0.632	0.921	0.548
002259	2011	0.039	0.005	2.284**	1.937*	600432	2008	0.206	0.088	2.268**	2.190**
002281	2012	0.130	0.059	3.907***	2.121**	600458	2011	0.083	0.039	3.278***	2.193**
002282	2010	0.181	0.071	—	1.000	600478	2011	0.019	−0.055	3.673***	2.193**
002293	2009	—	—			600500	2008	0.053	0.026	2.099**	1.643
002295	2010	0.049	0.017	—	0.500	600507	2012	0.027	0.055	−1.863*	−1.715*
002309	2013	0.078	0.059	0.744	0.707	600519	2013	1.144	1.057	0.184	−0.149
002345	2012	0.150	0.100	6.032***	2.121**	600531	2010	0.032	−0.004	2.698**	2.190**
002351	2011	0.181	0.343	−0.536	0.387	600580	2013	0.089	0.063	1.627*	1.342
002295	2010	—	—			600597	2010	0.011	0.036	−1.359	−1.278
002309	2013	—	—			600599	2012	0.074	15.74	−1.142	−1.715*
002345	2012	—	—	—	—	600616	2012	0.177	0.095	1.149	0.980
002360	2013	0.169	0.439	−2.647**	−1.964**	600623	2011	0.019	0.034	−0.610	−0.731
002382	2011	0.065	0.063	—	0.878	600660	2007	0.281	0.299	−0.355	−0.365
002383	2012	0.095	0.310	−1.543*	−0.926	600680	2012	−0.083	−0.046	−1.016	−1.470
002384	2010	—	—			600686	2013	19.26	10.93	0.692	0.447
002399	2013	0.370	0.395	−0.279	−0.218	600690	2008	0.230	0.330	−0.699	−0.548
002422	2012	0.197	0.160	1.807*	1.389	600703	2011	−52.23	0.253	−1.781*	−0.548
002437	2013	0.419	0.233	1.434	1.528	600735	2011	1.151	0.061	1.194	0.980
002440	2011	0.196	0.257	—	−0.293	600746	2010	0.028	−0.001	1.046	1.278
002459	2012	0.073	−0.544	2.144**	1.851*	600775	2004	0.181	0.203	−0.188	−0.183
002466	2012	0.119	0.113	0.042	−0.463	600808	2013	−0.002	−0.040	1.226	1.640
002475	2013	0.191	0.209	−0.171	0.655	600835	2012	550.5	138.4	1.026	0.980
002486	2013	0.116	0.067	0.813	0.655	600839	2006	−0.051	0.020	−1.163	−2.008**
002510	2013	0.115	0.124	−0.733	−0.655	600843	2004	0.024	−0.125	1.524*	2.008**
002528	2013	0.141	0.056	1.399	1.091	600884	2009	1.215	5.994	−1.013	−0.183
002531	2012	0.159	0.163	−0.228	−0.000	600887	2012	0.007	0.063	−2.835	−2.205
002567	2012	0.026	0.047	—	−0.707	600962	2008	0.078	0.012	2.039**	1.705*
002583	2011	—	—		—	600970	2013	0.101	0.013	1.946**	2.236**
002606	2012	0.067	0.047	—	1.414	600978	2012	0.145	0.133	0.845	0.735
002611	2013	0.221	0.135	1.881*	1.732*	601600	2008	0.294	−0.020	9.081***	2.558**
002621	2012	0.361	0.389	—	0.000	601718	2013	0.034	0.011	2.512**	1.963**
002623	2013	0.278	0.069	2.007*	1.732*	900956	2005	0.053	0.033	0.699	−0.548

注：*、**、***分别表示在10%、5%和1%水平上显著。

附表 24　并购方并购前后生产成本差异化分析（前后 5 年 ROAA 衡量）

企业股票代码	并购年份	生产效率均值		差异化分析		企业股票代码	并购年份	生产效率均值		差异化分析	
		并购前	并购后	T-test	M-W-test			并购前	并购后	T-test	M-W-test
000021	2009	0.089	0.031	3.24***	2.739**	002643	2013	0.078	0.073	0.370	0.000
000039	2009	0.154	0.049	3.115***	2.373**	300003	2011	0.173	0.115	2.493**	1.162
000049	2012	0.105	0.281	−1.484*	−1.225	300005	2013	0.120	0.162	−1.280	−1.768*
000060	2008	0.091	0.051	1.102	0.000	300049	2011	0.098	0.041	1.776*	0.775
000063	2006	0.061	0.035	5.273***	2.739***	300061	2010	—	—		
000066	2003	0.080	0.073	0.201	0.294	300078	2013	0.071	0.061	1.753*	0.218
000100	2005	0.064	−0.017	1.237	2.000**	300079	2013	0.084	0.056	2.116*	1.964*
000338	2013	0.139	0.061	2.435**	2.236**	300080	2012	0.058	0.007	5.539***	1.852*
000404	2012	0.031	0.064	−1.836	−1.715	300118	2011	0.086	−0.001		
000410	2004	0.003	0.019	−3.136	−2.556	300123	2012	0.034	0.024	0.727	0.000
000527	2010	0.082	0.090	−0.957	−1.043	300130	2012	0.065	0.050	2.664**	1.852*
000528	2011	0.101	0.022	4.917***	2.611***	300137	2013	0.048	0.059	−2.494***	−1.964**
000566	2012	0.038	0.039	−0.021	0.980	300192	2012	0.062	0.051	—	0.707
000623	2011	0.234	0.116	1.821*	1.358	300194	2013	0.051	0.026	15.505***	1.732**
000636	2012	0.015	0.023	−0.182	0.735	300203	2012	0.081	0.074	—	0.707
000703	2012	0.038	0.010	0.512	0.000	300247	2012	0.078	0.024	—	1.414
000709	2010	0.047	0.005	4.198***	2.373**	300249	2013	0.067	0.018	6.148**	1.732**
000725	2003	0.029	−0.020	1.162	0.775	300269	2012	0.060	0.060		0.000
000778	2006	0.089	0.057	5.773***	2.739***	300279	2012	0.067	0.025		1.414
000800	2009	0.066	0.029	1.254	0.730	600005	2012	0.045	−0.020	2.0784**	2.205**
000807	2011	0.040	0.001	1.600	1.149	600019	2004	0.075	0.068	0.372	−0.183
000836	2010	−0.014	0.012	−0.221	0.365	600066	2011	0.096	0.114	−1.024	−0.940
000852	2011	0.080	0.039	2.428**	2.402**	600073	2011	−0.001	0.026	−2.695	−2.611
000869	2013	0.268	0.151	3.545***	2.236**	600079	2011	0.059	0.058	0.010	−0.104
000876	2008	0.067	0.094	−1.750*	−1.278	600089	2012	0.078	0.030	4.469***	2.449**
000887	2009	−0.002	0.128	−1.539*	−1.095	600100	2008	0.024	0.031	−1.238	−1.146
000930	2011	0.014	−0.029	0.791	−0.104	600104	2011	0.080	0.136	−1.745*	−1.149
000938	2007	0.012	0.049	−2.952*	−2.191**	600110	2010	0.047	0.002	2.748**	2.008**
000972	2004	0.041	0.020	1.258	0.853	600143	2013	0.062	0.041	0.941	1.043
000982	2008	−0.033	0.038	−1.426	−1.643	600166	2009	0.016	0.046	−1.437*	−1.278
001696	2010	0.191	0.121	1.798*	0.730	600169	2011	0.043	−0.002	5.641***	2.402**
002004	2011	0.126	0.044	3.398***	2.611***	600211	2007	−0.004	0.027	−2.338***	−1.278
002005	2004	—	—			600219	2007	0.055	0.055	−0.012	−0.730
002008	2012	0.066	0.116	−1.940*	−2.205**	600221	2008	−0.008	0.025	−2.124***	−1.643
002011	2011	0.066	0.018	2.772**	1.984**	600234	2013	−0.007	−0.018	0.067	0.149
002017	2010	0.044	0.038	0.708	0.183	600267	2010	0.052	0.035	1.556*	0.913
002023	2012	0.064	0.036	1.383	0.490	600309	2010	0.222	0.122	2.592**	1.643
002045	2008	0.058	0.035	1.407	1.291	600319	2004	0.039	0.008	2.605**	2.324**
002048	2007	0.047	0.108	−1.406	−1.333	600321	2013	0.012	−0.005	2.115**	0.149
002050	2009	0.086	0.070	1.068	0.642	600331	2011	0.070	−0.009	1.363	0.940

续表

企业股票代码	并购年份	生产效率均值		差异化分析		企业股票代码	并购年份	生产效率均值		差异化分析	
		并购前	并购后	T-test	M-W-test			并购前	并购后	T-test	M-W-test
002070	2009	0.050	0.024	1.910*	1.549	600338	2010	−0.004	0.111	−1.342	−0.913
002073	2013	0.106	0.032	2.940**	1.640	600346	2011	0.004	−0.028	1.880	1.149
002083	2008	0.030	0.017	2.330**	1.333	600352	2013	0.063	0.115	−4.821***	−1.938*
002097	2007	0.082	0.033	—	1.000	600365	2007	−0.057	−0.016	−0.839	−0.321
002172	2008	0.159	0.004	—	1.500	600366	2009	0.052	0.148	−3.446***	−2.739***
002202	2008	0.116	0.057	—	1.000	600389	2012	0.028	0.054	−0.757	−0.735
002220	2010	0.074	0.046	2.856**	1.291	600418	2013	0.036	0.027	0.475	0.149
002255	2013	0.065	0.032	5.464***	2.236**	600419	2008	−0.045	−0.012	−0.612	−1.095
002259	2011	0.016	0.011	1.007	1.342	600432	2008	0.119	0.018	3.978***	2.739***
002281	2012	0.079	0.053	3.029**	2.121**	600458	2011	0.051	0.023	3.5***	1.776*
002282	2010	0.067	0.024	—	1.000	600478	2011	0.023	0.002	1.7154*	1.358
002293	2009	—	—	—	—	600500	2008	0.111	0.033	2.820**	2.556**
002295	2010	0.061	0.013	—	1.000	600507	2012	0.037	0.049	−0.570	−0.980
002309	2013	0.049	0.020	1.889*	1.768*	600519	2013	0.325	0.219	1.6557*	1.640
002345	2012	0.111	0.057	1.774*	2.121**	600531	2010	0.042	−0.004	2.928***	2.556**
002351	2011	0.143	0.053	1.734*	1.936*	600580	2013	0.063	0.040	1.385	1.640
002295	2010	—	—	—	—	600597	2010	0.033	0.049	−1.003	−1.095
002309	2013	—	—	—	—	600599	2012	0.039	0.026	0.835	0.735
002345	2012	0.085	0.105	−3.732**	−1.964*	600616	2012	0.026	0.036	−0.891	−0.940
002360	2013	0.039	0.052	—	0.878	600623	2011	0.091	0.146	−3.924***	−2.373***
002382	2011	0.030	0.033	−0.549	−0.463	600660	2007	−0.010	−0.005	−0.286	0.245
002383	2012	—	—	—	—	600680	2012	0.096	0.060	0.650	0.447
002384	2010	0.104	0.053	1.666*	1.964	600686	2013	0.082	0.156	−1.779*	−2.008***
002399	2013	0.084	0.045	2.735**	1.185*	600690	2008	0.005	0.080	−1.097	−1.470
002422	2012	0.070	0.089	−4.033***	−1.964**	600703	2011	0.073	0.075	−0.018	−1.149
002437	2013	0.102	0.136	—	−0.293	600735	2011	0.015	−0.001	0.520	0.183
002440	2011	0.032	−0.147	1.772	1.852*	600746	2010	0.048	0.028	1.524	1.826*
002459	2012	0.036	0.027	0.299	0.000	600775	2004	−0.002	−0.037	1.178	1.043
002466	2012	0.088	0.099	−0.423	−0.218	600808	2013	0.128	0.160	−1.183	−0.980
002475	2013	0.063	0.010	2.387**	0.655	600835	2012	−0.038	0.016	−1.092	−1.643
002486	2013	0.044	0.046	−0.316	−0.655	600839	2006	0.017	0.012	0.117	0.913
002510	2013	0.028	0.020	0.490	0.218	600843	2004	0.050	0.040	0.507	1.278
002528	2013	0.047	0.062	−6.078***	−1.852*	600884	2009	0.019	0.107	−1.959***	−2.449***
002531	2012	0.062	0.046	—	0.000	600887	2012	0.041	0.002	2.757**	2.132**
002567	2012	—	—	—	—	600962	2008	0.075	0.014	0.136	2.236**
002583	2011	0.042	0.029	—	1.414	600970	2013	0.052	0.049	0.320	0.490
002606	2012	0.084	0.045	2.556*	1.732*	600978	2012	0.149	−0.014	6.781***	2.000**
002611	2013	0.089	0.050	—	—	601600	2008	0.042	0.050	−1.185	−1.528
002621	2012	0.067	0.020	1.377	1.732*	601718	2013	0.017	0.038	−1.680*	−1.461
002623	2013	0.050	0.024	1.910*	1.549	900956	2005	−0.004	0.111	−1.342	−0.913

注：*、**、***分别表示在10%、5%和1%水平上显著。

附表 25　政企关联度对企业跨境并购选择的影响

变量	生产总成本/营业收入		利润率		ROA	
	生产成本低	生产成本高	生产成本低	生产成本高	生产成本低	生产成本高
CCI	−0.005**	−0.006***	−0.005*	−0.007***	−0.004*	−0.007***
	(−2.209)	(−2.704)	(−1.828)	(−2.900)	(−1.774)	(−2.957)
sd_mean	0.336***	0.440***	0.094	0.537***	0.116	0.534***
	(4.063)	(5.864)	(0.953)	(8.114)	(1.154)	(8.035)
HHI	1.157***	1.026***	1.275***	0.975***	1.383***	0.906**
	(3.100)	(2.824)	(3.263)	(2.743)	(3.542)	(2.548)
share	−0.203*	−0.296***	−0.215*	−0.279***	−0.188*	−0.296***
	(−1.818)	(−2.763)	(−1.908)	(−2.635)	(−1.646)	(−2.804)
debt	0.001*	0.001*	0.001**	0.001*	0.001**	0.001*
	(1.953)	(1.943)	(1.970)	(1.912)	(1.960)	(1.930)
size	0.016	0.032	−0.014	0.049**	0.003	0.039*
	(0.737)	(1.449)	(−0.610)	(2.281)	(0.123)	(1.811)
Tobin's Q	−0.037**	−0.031**	−0.032**	−0.035**	−0.034**	−0.033**
	(−2.499)	(−2.390)	(−2.372)	(−2.520)	(−2.412)	(−2.489)
CUT1	−0.963***	0.931***	−1.882***	1.028***	−0.985***	1.086***
	(−12.313)	(5.253)	(−13.632)	(5.041)	(−11.895)	(5.564)
CUT2	2.340***	2.339***	1.946***	2.651***	2.366***	2.403***
	(4.509)	(4.530)	(3.596)	(5.240)	(4.427)	(4.751)

注：表中结果采用 Stata.13 软件得到。***、**、* 分别表示在 1%、5%、10% 水平上显著。表中 ROA 采用国泰安数据库中的 ROAA 表示。采用生产总成本/营业收入 TTM、利润率 TTM、ROAB、ROAC 和 ROATTM 衡量生产成本得到的结果一致。

附表 26　双变量 Probit 模型回归结果（目标企业生产成本较高）

变量	双变量 Probit 模型		二元 Probit 模型		双变量 Probit 模型		二元 Probit 模型	
	模型 1a	模型 1b			模型 2a	模型 2b		
	出口	跨境并购	出口	跨境并购	出口	跨境并购	出口	跨境并购
CCI	−0.001	−0.013***	−0.001	−0.013***	−0.002	−0.013***	−0.002	−0.014***
	(−0.592)	(−2.747)	(−0.592)	(−2.747)	(−0.606)	(−2.858)	(−0.605)	(−2.869)
sd_mean	−0.253***	1.189***	−0.253***	1.189***	−0.237***	1.181***	−0.238***	1.179***
	(−4.231)	(13.505)	(−4.234)	(13.526)	(−3.913)	(12.900)	(−3.920)	(12.915)
HHI	1.508***	−1.100	1.508***	−1.103	1.495***	−1.971**	1.495***	−1.978**
	(3.599)	(−1.240)	(3.599)	(−1.244)	(3.516)	(−2.490)	(3.517)	(−2.503)
share	−0.196*	−0.449**	−0.196*	−0.448**	−0.194*	−0.438**	−0.194*	−0.435**
	(−1.710)	(−2.142)	(−1.710)	(−2.130)	(−1.691)	(−2.103)	(−1.692)	(−2.074)
debt	0.001*	−0.000	0.001*	−0.000	0.001*	−0.000	0.001*	−0.000
	(1.915)	(−0.276)	(1.914)	(−0.275)	(1.912)	(−0.120)	(1.910)	(−0.111)

续表

变量	双变量 Probit 模型		二元 Probit 模型		双变量 Probit 模型		二元 Probit 模型	
	模型 1a	模型 1b			模型 2a	模型 2b		
	出口	跨境并购	出口	跨境并购	出口	跨境并购	出口	跨境并购
size	−0.031	0.229***	−0.031	0.229***	−0.031	0.218***	−0.031	0.219***
	(−1.427)	(5.383)	(−1.427)	(5.391)	(−1.416)	(5.120)	(−1.415)	(5.136)
Tobin's Q	−0.034**	−0.052**	−0.034**	−0.052**	−0.034**	−0.039	−0.034**	−0.038
	(−2.458)	(−2.008)	(−2.458)	(−2.002)	(−2.466)	(−1.625)	(−2.467)	(−1.568)
常数项	1.196**	−6.456***	1.196**	−6.458***	1.184**	−6.135***	1.183**	−6.142***
	(2.294)	(−6.284)	(2.294)	(−6.286)	(2.273)	(−5.974)	(2.272)	(−5.975)
Wald test	0.041				0.748			
	(0.840)				(0.387)			

注:企业生产成本采用利润率衡量。模型 1a 和 1b 采用利润率衡量生产成本,模型 2a 和 2b 采用利润率 TTM 衡量生产成本,两个指标数据来国泰安数据库。用世界平均 GDP 增长率衡量市场负向需求冲击时得到一致的结论。

附表 27　双变量 Probit 模型回归结果(目标企业生产成本较低)

变量	双变量 Probit 模型		双变量 Probit 模型		二元 Probit 模型	
	模型 1a	模型 1b	模型 2a	模型 2b		
	出口	跨境并购	出口	跨境并购	出口	跨境并购
CCI	−0.002	−0.024**	−0.002	−0.027**	−0.002	−0.014***
	(−0.897)	(−2.441)	(−0.867)	(−2.245)	(−0.605)	(−2.869)
sd_mean	−0.227***	1.355***	−0.251***	1.332***	−0.238***	1.179***
	(−3.145)	(5.790)	(−3.554)	(6.954)	(−3.920)	(12.915)
HHI	1.556***	−4.078**	1.567***	0.114	1.495***	−1.978**
	(3.585)	(−2.064)	(3.675)	(0.063)	(3.517)	(−2.503)
share	−0.169	−0.267	−0.170	−0.228	−0.194*	−0.435**
	(−1.454)	(−0.604)	(−1.465)	(−0.462)	(−1.692)	(−2.074)
debt	0.001*	0.006**	0.001*	0.005**	0.001*	−0.000
	(1.912)	(2.574)	(1.915)	(2.218)	(1.910)	(−0.111)
size	−0.030	0.049	−0.031	0.132	−0.031	0.219***
	(−1.323)	(0.520)	(−1.349)	(1.381)	(−1.415)	(5.136)
Tobin's Q	−0.033**	0.005	−0.033**	−0.072	−0.034**	−0.038
	(−2.403)	(0.186)	(−2.393)	(−1.007)	(−2.467)	(−1.568)
常数项	1.206**	−2.498	1.227**	−4.299*	1.183**	−6.142***
	(2.250)	(−1.189)	(2.288)	(−1.943)	(2.272)	(−5.975)
Wald test	6.933***		1.004			
	(0.0008)		(0.316)			

注:企业生产成本采用利润率衡量。模型 1a 和 1b 采用利润率衡量生产成本,模型 2a 和 2b 采用利润率 TTM 衡量生产成本,两个指标数据来国泰安数据库。用世界平均 GDP 增长率衡量市场负向需求冲击时得到一致的结论。

附表 28　双变量 Probit 模型回归结果(目标企业生产成本较高)

变量	双变量 Probit 模型		二元 Probit 模型		双变量 Probit 模型		二元 Probit 模型	
	模型 1a	模型 1b			模型 2a	模型 2b		
	出口	跨境并购	出口	跨境并购	出口	跨境并购	出口	跨境并购
CCI	−0.001	−0.014**	−0.001	−0.014**	−0.001	−0.014***	−0.001	−0.015***
	(−0.554)	(−2.558)	(−0.554)	(−2.570)	(−0.550)	(−2.664)	(−0.555)	(−3.281)
sd_mean	−0.259***	1.148***	−0.259***	1.146***	−0.253***	1.158***	−0.266***	1.213***
	(−4.036)	(11.447)	(−4.043)	(11.473)	(−3.956)	(11.546)	(−4.610)	(14.466)
HHI	1.600***	−0.951	1.601***	−0.969	1.586***	−1.064	1.504***	−1.327
	(3.785)	(−0.990)	(3.784)	(−1.010)	(3.755)	(−1.087)	(3.596)	(−1.550)
share	−0.202*	−0.557**	−0.202*	−0.551**	−0.200*	−0.541**	−0.192*	−0.450**
	(−1.757)	(−2.158)	(−1.758)	(−2.117)	(−1.736)	(−2.130)	(−1.684)	(−2.213)
debt	0.001*	0.000	0.001*	0.000	0.001*	0.000	0.001*	0.000
	(1.916)	(0.124)	(1.914)	(0.127)	(1.914)	(0.088)	(1.906)	(0.232)
size	−0.033	0.193***	−0.033	0.193***	−0.031	0.199***	−0.033	0.211***
	(−1.464)	(4.080)	(−1.463)	(4.092)	(−1.405)	(4.238)	(−1.497)	(5.120)
Tobin's Q	−0.034**	−0.017	−0.034**	−0.015	−0.034**	−0.020	−0.035**	−0.041*
	(−2.443)	(−0.764)	(−2.443)	(−0.729)	(−2.448)	(−0.886)	(−2.474)	(−1.716)
常数项	1.210**	−5.745***	1.209**	−5.749***	1.178**	−5.833***	1.223**	−5.859***
	(2.301)	(−4.948)	(2.301)	(−4.942)	(2.243)	(−5.058)	(2.359)	(−5.920)
Wald test	0.459				0.528			
	(0.497)				(0.467)			

注:企业生产成本采用总成本与营业收入比值衡量。模型 1a 和 1b 采用总成本与营业收入比值衡量生产成本,模型 2a 和 2b 采用总成本与营业收入比值 TTM 衡量生产成本,两个指标数据来自国泰安数据库。用世界平均 GDP 增长率衡量市场负向需求冲击时得到一致的结论。

附表 29　双变量 Probit 模型回归结果(目标企业生产成本较低)

变量	双变量 Probit 模型		二元 Probit 模型		双变量 Probit 模型		二元 Probit 模型	
	模型 1a	模型 1b			模型 2a	模型 2b		
	出口	跨境并购	出口	跨境并购	出口	跨境并购	出口	跨境并购
CCI	−0.002	−0.016**	−0.002	−0.016**	−0.002	−0.015**	−0.002	−0.015**
	(−0.924)	(−2.565)	(−0.925)	(−2.538)	(−0.926)	(−2.420)	(−0.927)	(−2.392)
sd_mean	−0.227***	1.300***	−0.227***	1.294***	−0.233***	1.277***	−0.233***	1.272***
	(−3.440)	(9.273)	(−3.449)	(9.329)	(−3.514)	(9.177)	(−3.524)	(9.217)
HHI	1.461***	−2.948**	1.461***	−2.930**	1.476***	−2.593**	1.475***	−2.589**
	(3.399)	(−2.555)	(3.400)	(−2.548)	(3.430)	(−2.301)	(3.431)	(−2.307)
share	−0.163	−0.111	−0.163	−0.113	−0.165	−0.126	−0.165	−0.127
	(−1.409)	(−0.445)	(−1.409)	(−0.448)	(−1.427)	(−0.498)	(−1.427)	(−0.496)
debt	0.001*	0.001	0.001*	0.001	0.001*	0.001	0.001*	0.001
	(1.912)	(0.123)	(1.912)	(0.138)	(1.913)	(0.142)	(1.913)	(0.166)

续表

变量	双变量 Probit 模型		二元 Probit 模型		双变量 Probit 模型		二元 Probit 模型	
	模型 1a	模型 1b			模型 2a	模型 2b		
	出口	跨境并购	出口	跨境并购	出口	跨境并购	出口	跨境并购
size	−0.029	0.226***	−0.029	0.228***	−0.031	0.213***	−0.031	0.215***
	(−1.305)	(3.803)	(−1.303)	(3.858)	(−1.362)	(3.551)	(−1.360)	(3.613)
Tobin's Q	−0.034**	−0.119***	−0.034**	−0.114**	−0.034**	−0.103**	−0.034**	−0.098**
	(−2.416)	(−2.597)	(−2.416)	(−2.434)	(−2.411)	(−2.318)	(−2.412)	(−2.186)
常数项	1.201**	−6.504***	1.201**	−6.559***	1.232**	−6.319***	1.232**	−6.384***
	(2.264)	(−4.845)	(2.263)	(−4.892)	(2.320)	(−4.686)	(2.319)	(−4.736)
Wald test	1.226				1.274			
	(0.268)				(0.259)			

注:企业生产成本采用总成本与营业收入比值衡量。模型 1a 和 1b 采用总成本与营业收入比值衡量生产成本,模型 2a 和 2b 采用总成本与营业收入比值 TTM 衡量生产成本,两个指标数据来自国泰安数据库。用世界平均 GDP 增长率衡量市场负向需求冲击时得到一致的结论。

附表 30　双变量 Probit 模型回归结果(目标企业生产成本较高)

变量	双变量 Probit 模型		二元 Probit 模型		双变量 Probit 模型		二元 Probit 模型	
	模型 1a	模型 1b			模型 2a	模型 2b		
	出口	跨境并购	出口	跨境并购	出口	跨境并购	出口	跨境并购
CCI	−0.002	−0.013***	−0.002	−0.013***	−0.002	−0.014***	−0.002	−0.014***
	(−0.709)	(−2.694)	(−0.709)	(−2.691)	(−0.668)	(−2.913)	(−0.669)	(−2.917)
sd_mean	−0.241***	1.165***	−0.241***	1.165***	−0.236***	1.199***	−0.236***	1.198***
	(−4.066)	(13.063)	(−4.066)	(13.080)	(−3.931)	(13.316)	(−3.935)	(13.348)
HHI	1.465***	−1.037	1.465***	−1.037	1.511***	−1.404	1.512***	−1.409
	(3.502)	(−1.183)	(3.502)	(−1.183)	(3.608)	(−1.541)	(3.608)	(−1.549)
share	−0.191*	−0.573***	−0.191*	−0.573***	−0.191*	−0.512**	−0.191*	−0.511**
	(−1.668)	(−2.667)	(−1.668)	(−2.665)	(−1.667)	(−2.380)	(−1.667)	(−2.362)
debt	0.001*	−0.000	0.001*	−0.000	0.001*	0.000	0.001*	0.000
	(1.917)	(−0.142)	(1.917)	(−0.142)	(1.916)	(0.021)	(1.915)	(0.025)
size	−0.033	0.228***	−0.033	0.228***	−0.029	0.190***	−0.029	0.190***
	(−1.480)	(5.624)	(−1.480)	(5.628)	(−1.302)	(4.430)	(−1.301)	(4.439)
Tobin's Q	−0.034**	−0.045*	−0.034**	−0.045*	−0.035**	−0.037	−0.035**	−0.036
	(−2.460)	(−1.770)	(−2.460)	(−1.771)	(−2.467)	(−1.577)	(−2.467)	(−1.548)
常数项	1.243**	−6.442***	1.243**	−6.442***	1.141**	−5.542***	1.141**	−5.544***
	(2.382)	(−6.456)	(2.382)	(−6.459)	(2.188)	(−5.363)	(2.188)	(−5.362)
Wald test	0.000064				0.198			
	(0.9936)				(0.656)			

注:企业生产成本采用 ROA 衡量。模型 1a 和 1b 采用 ROAA 衡量生产成本,模型 2a 和 2b 采用 ROAB 衡量生产成本,两个指标数据来自国泰安数据库。用世界平均 GDP 增长率衡量市场负向需求冲击或用 ROAC 和 ROATTM 衡量生产成本时得到一致的结论。

附表 31　双变量 Probit 模型回归结果(目标企业生产成本较低)

变量	双变量 Probit 模型		双变量 Probit 模型	
	模型 1a	模型 1b	模型 2a	模型 2b
	出口	跨境并购	出口	跨境并购
CCI	−0.002	−0.027***	−0.002	−0.023**
	(−0.764)	(−2.806)	(−0.798)	(−2.006)
sd_mean	−0.247***	1.505***	−0.256***	1.282***
	(−3.392)	(6.501)	(−3.558)	(6.206)
HHI	1.603***	−4.422**	1.555***	−1.571
	(3.686)	(−2.042)	(3.580)	(−1.043)
share	−0.173	0.339	−0.173	0.167
	(−1.492)	(1.004)	(−1.489)	(0.432)
debt	0.001*	0.006***	0.001*	0.005**
	(1.908)	(2.759)	(1.910)	(2.157)
size	−0.029	0.108	−0.033	0.312***
	(−1.272)	(1.003)	(−1.470)	(4.057)
Tobin's Q	−0.033**	−0.016	−0.033**	−0.076
	(−2.401)	(−0.413)	(−2.392)	(−0.915)
常数项	1.161**	−3.725	1.274**	−8.551***
	(2.167)	(−1.539)	(2.380)	(−4.113)
Wald test	8.638***		4.507**	
	(0.003)		(0.033)	

注:企业生产成本采用 ROA 值衡量。模型 1a 和 1b 采用 ROAA 衡量生产成本,模型 2a 和 2b 采用 ROAB 衡量生产成本,两个指标数据来自国泰安数据库。用世界平均 GDP 增长率衡量市场负向需求冲击或用 ROAC 和 ROATTM 衡量生产成本时得到一致的结论。